노동하는 섹슈얼리티

노동하는 섹슈얼리티

2006년 5월 10일 초판 1쇄 펴냄

펴낸곳 (주)도서출판 삼인

엮은이 다자키 히데아키
옮긴이 김경자
펴낸이 신길순
부사장 홍승권
책임편집 최인수
편집 양경화 강주한
마케팅 이춘호
관리 심석택
총무 서민아

등록 1996.9.16. 제 10-1338호
주소 121-837 서울시 마포구 서교동 339-4 가나빌딩 4층
전화 (02) 322-1845
팩스 (02) 322-1846
E-MAIL samin@saminbooks.com

표지디자인 (주)끄레어소시에이츠
제판 문형사
인쇄 대정인쇄
제책 성문제책

ISBN 89-91097-41-3 03330

값 15,000원

노동하는 섹슈얼리티

자본주의 사회의 성 상품화와 성노동

다자키 히데아키 엮음 | 김경자 옮김

삼인

차례

한국어판 서문

　성매매에 종사하는 당사자에게 무엇이 가장 좋은 것인가? 성매매를 생각할 때, 이것이 근본 문제임은 말할 필요도 없다. 또한 이 질문이 페미니즘 내부에서 성매매를 둘러싸고 격렬하게 대립하고 있는 두 가지 태도, 즉 성매매를 성노예제로 보느냐 또는 노동으로 보느냐 하는 두 태도의 출발점임은 말할 필요도 없다.

　성매매를 성노예제로 보는 편에서는, 성매매가 자발적으로 이루어지며 강제성이 전혀 수반되지 않는다고 해도 성매매 그 자체가 성매매 종사자의 인격을 부정하는 것이므로 성매매는 곧 인권 침해라고 본다. 따라서 성매매에 종사할 '권리' 따위는 있을 수 없다고 주장한다.

　한편, 성매매를 성노동(섹스 워크)으로 보는 편에서는 성매매 종사자의 기본적 인권은 오히려 이들을 노동자로 간주하여 취업의 자유(물론 그만둘 자유도 포함해서)와 거주나 이동의 자유를 보장함으로써 지켜진다고 생각한다. 또 성매매를 성노예제로 보면 결국 성매매라는 직업과 성매매 종사자에게 찍힌 낙인(stigma)을 해소할 수 없다고 주장한다.

이 책은 성매매는 곧 성노동이라는 견지에서 엮은 책이다. 한마디로, '단속'에 대한 저항을 그 기본으로 한다고 할 수 있다. 도처에서 세계화가 진전되면서 특히 2001년 9월 11일 이후에 안전(security)과 규제(control)가 사회의 전면에 부상하게 되었다. 이러한 상황에서 글로벌 도시에 어울리는 도시재개발(Gentrification) 사업을 추진하는 타이베이(臺北) 시에서는 공창이 폐지되었다. 또한 국제적인 인신매매 금지를 둘러싼 움직임이 이민에 대한 규제와 더불어 진행되고 있다.

현재 세계 도처에서 성매매 종사자는 때로는 노숙자와 마찬가지로 도시의 '미관'을 해치는 존재로서, 혹은 이민노동자의 한 범주로서, 나아가 자본주의 자신이 만들어 낸 욕망에 대한 불안을 투영하는 존재('원조교제 여고생')로서 각종 '단속'(프랑스 철학자인 자크 랑시에르Jacques Ranciére가 말하는 경찰police, 자크 랑시에르의 『불화 Mesentente』 참조) 제도와 그 언설에 둘러싸여 있다.

이러한 상황하에 소통을 위한 한 줄기 바람이 필요하다고 여기는 이들에게 이 책이 조금이라도 도움이 된다면, 엮은이로서는 여간 다행스러운 일이라 아니할 수 없다.

2006년 3월 1일
다자키 히데아키

1장

성매매종사자운동이 제기하는 문제들

다자키 히데아키(田崎英明)

성매매 종사자의 해방이란 무엇인가

『섹스 워크(Sex Work)』라는 책이 번역·출판되었다.[1] 이 책은 실제로 성매매에 종사하는 당사자들과 과거에 성매매를 했던 사람들의 글을 모은 것이다. 성매매에 종사하는 당사자들의 소리, 그 운동과 이론은 일본에서도 미지의 분야는 아니다. 그러나 일본의 페미니즘과 그 이론의 내부에서 이루어지는 논의는 실제 성매매 종사자들의 운동과는 단절된 곳에 있는 듯하다. 가령 성매매를 젠더 문제로만 보는 관점이 있다. 이 관점에서는 성매매 여성〔賣春婦〕은 논의에 포함되지만, 성매매 남성〔賣春夫〕은 포함되지 않는다. 또한 성매매 문제를 포르노와 더불어 '성의 상품화' 문제로 다루며, 성을 여성의 성 중심으로 생각하는 경향이 강한 듯하다.(이 책에서는 매춘prostitution에 종사하는 사람을 가리킬 때, 남성·여성의 젠더 구별 없이 '프로스티튜트prostitute'라는 말을 사용한다. 따라서 매춘도 '프로스티션prostition'이라고 부른다.)〔한국어판에서는 '프로스티튜트prostitute'를 성매매 종사자, '프로스티션prostition'은 성

매매로 번역했다—옮긴이]

　가령 캐서린 매키넌(MacKinnon, Catharine)과 같은 페미니스트들
은 젠더(성 차이)란 기본적으로 섹슈얼리티—이 경우 간단히 말하면
성적인 행위—를 중심으로 구성된 것으로 보며, 게다가 섹슈얼리티
그 자체를 폭력적인 것으로 간주한다. 즉 강간이야말로 섹슈얼리티
의 모델이며, 젠더란 그러한 섹슈얼리티에 기초한, 남성에 의한 여성
의 지배 체제에 지나지 않는다. 그리고 포르노는 젠더라는 지배 체제
의 재생산 장치로서, 남성에게 여성에 대한 폭력적 지배 방식과 그
결과로 얻어지는 쾌락—지배의 쾌락인 사디즘—을 가르치는 장치
인 것이다. 따라서 매키넌과 안드레아 드워킨(Dworkin, Andrea)은
포르노를 여성에 대한 인권 침해로 보고, 포르노를 금지할 법제화를
요구한다. 이렇게 이해된 섹슈얼리티/젠더 체제 속에서 성매매는 젠
더의 관계, 즉 불평등한 남녀 관계의 전형적인 예로 간주된다. 따라
서 이들은 성매매 폐지를 요구해야만 한다고 본다. 그리고 성매매는
여성에 대한 남성 지배가 가장 노골적으로 이루어지는 폭력이자 인
권 억압이라고 보기 때문에, 성매매 종사자가 되지 않는 것이 특히
여성에게 바람직하다는 것이다.

　실제 성매매 종사자들은 여러 가지 폭력에 노출되어 있다. 먼저 손
님의 폭력이 있는데, 현실적으로 성매매 종사자가 손님에게 살해된
경우가 있고, 살해까지는 아니더라도 상해를 입는 일이 흔하다. 경영
자나 '기둥서방'의 폭력도 있다. 또 단속의 이름을 빌린 경찰관들의
폭력도 있다. 그뿐만 아니다. 더욱 여러 겹의 폭력이 성매매 종사자

들을 둘러싸고 있다. 가령 성매매 종사자에 대한 상해사건 재판에서 만약 다른 직업을 가진 사람이나 주부가 피해자였다면 더 무거운 형이 가해자에게 내려졌을 터인데, 피해자가 성매매 종사자라는 이유만으로 가벼운 판결이 내려진 사례도 있다.

애당초 손님이 성매매 종사자들에게 폭력을 휘두르는 것은 이들에 대한 차별의 결과이지만, 그러한 피해를 입고 구제를 신청해도 법정에서 경시된다. 법정도 매스컴도 성매매 종사자에 대한 편견을 공유하고 있어서, 성매매 종사자들은 물리적 폭력에다 언어와 이미지에 의한 폭력이 더해지는 상황에 처해 있다. 이는 구조적 폭력, 구조화한 폭력이라고 하겠다.

이러한 상황 아래서, 이러한 상황에 대해서 성매매 종사자들의 운동이 생겨났다.

성매매 종사를 그만두고 싶은 사람이 당연히 있다. 그만두고는 싶지만 그만두지 못하는 사람도 있다. 그리고 그만두고 싶지는 않지만 좀 안전한 상태에서 성매매를 했으면 하는 사람들도 있다. 성매매 종사자의 요구도 다 같을 수는 없다. 여기에는 여러 요소가 들어 있으며, 그에 따라 다양한 형태의 운동이 요구된다. 그리고 현실적으로 미국을 비롯한 세계 각지에서 성매매 종사자와 성매매 종사자였던 사람들에 의한 운동이 전개되어 왔다.

하나는 성매매 종사를 그만두고 싶은 사람이 그만둘 수 있도록, 성매매를 하지 않고도 살아갈 수 있도록 지원하는 '탈성매매 운동'이다. 이는 성매매 종사자였던 이들이 중심이 되어, 자신들이 성매매 종사자였을 때 받은 폭력과 억압을 고발하면서 동료였던 이들이 그런 상황에서 벗어날 수 있도록 지원하는 운동이다. 이들은 때로 매키넌의 이론에 의거해 '탈성매매 운동'을 전개한다.

또 하나는 성매매 종사자 자신, 즉 현재도 성매매 종사자인 사람들이 성매매는 노동의 하나인 직업이라고 주장하면서 자신들에게도 다른 직업에 종사하는 노동자와 동등한 권리를 보장해 줄 것을 요구하는 운동이다. 성매매를 섹스 워크, 즉 성노동으로 보는 이론은 이러한 성매매 종사자 권리 운동의 내부에서 나온 이론이라고 이해할 수 있다. 성노동 논의는 경제학자와 사회학자들이 하는 질문인 '노동이란 무엇인가'와 같은 어려운—기술적인—이론에서 나온 것이 아니다. 이는 성매매 종사자 자신들이 살아갈 필요에 의해서 나온 것이다. 이 운동에서 정식으로 요구하는 것은 '성매매 종사자가 될 자유와 성매매 종사를 그만둘 자유'이다.

가령 강제 성매매가 자주 이런 논의의 대상이 된다. 일본에서 여성 이주노동자에 대한 강제 성매매의 결과, 여러 사건이 일어났다. 예컨대 성매매를 강제당한 여성이 그 상황에서 벗어나려는 일념에서 직접적인 억압자인 가게의 경영자 또는 관리자를 살해한 사건이 일어났고, 이들의 재판을 지원하는 운동이 있다(이 운동을 하는 치모토 히데키 千本秀樹 씨도 이 책에 글을 썼다). 실제로 기본적 인권이 무시된 상황에서 강제로 성매매를 시키는 경우가 있다. 그런 경우는 당연히 허용되어서는 안 된다. 이때 문제는 '보통' 회사 근무에서는 하기

싫은 일이 많고 정말 그 일이 싫어지면 그만둘 수 있는 데 비해, 성매매 종사자는 정말 싫어져도 그 일을 그만둘 수 없는 상황에 종종 처한다는 점이다. 그러니까 성매매 일을 그만두고 싶을 때 그만둘 수 없다는 것이 문제인데, 다른 한편으로 그 일을 하고 싶을 때 할 자유도 인정해야 하지 않겠는가, 혹은 인정되어야 하지 않겠는가 하는 논의가 있다.

이는 아직 일본의 운동 속에서 소수의 논의일지 모른다. 그러나 일본의 여성 이주노동자 중에는 일본에서 할 일이 성매매라는 것을 모르고 일본에 와서 강제로 그런 노동―노동이냐 아니냐가 문제가 된다―인 성매매에 종사하는 경우가 있다. 한편, 처음부터 성매매 일을 알고 일본에 간 경우, 또 알고는 있었지만 조건이 그렇게 열악할 줄은 몰랐다는 경우도 있다. 또는 애초부터 성매매를 할 목적으로 일본에 와서 괜찮은 조건에서 일한 후 고향에 돌아가기도 하는데, 고향에 돌아갈 때까지는 성매매 일을 그만두려고 하지 않는 사람도 있다. 여러 부류의 사람들이 있다.

일본에서 성매매 일을 해서 목돈을 벌어 고향에 돌아가려는 사람들에게서, 본국에서는 벌 수 없는 수입을 벌 기회를 빼앗는 것이 과연 옳은가 하는 문제도 당연히 생겨난다. 따라서 일률적으로 논할 수는 없다. 실제로 본인이 그런 조건을 만족스럽게 여기며 일하는 성매매 종사자에게까지 성매매 종사자가 되어서는 안 된다고 해도 좋은가, 성매매 종사자가 되지 말라고 하는데 그러면 성매매를 할 때만큼의 소득을 보장할 수 있는가 하는 것도 문제가 된다.

이만한 비용과 위험을 감수하면 그만한 수입이 있을 것이라는 계산 아래 어느 정도 합의하에 성매매 일을 하는 사람이 있으므로, 본인이 납득할 만한 수입이 일본에서든 본국에서든 보장될 수만 있다면 괜찮다. 그렇지 않은 상황에서, 곧 그에 상응하는 수입을 얻을 수 있는 길을 어떤 식으로든 보장하지 못하는데, 성매매는 여성의 인권에 대한 억압이니 해서는 안 된다고 하면서 그렇게 고수입을 얻을 수 있는 길을 막는 것이 옳은가 하는 것이 문제가 된다.

이것이 일종의 자유주의 혹은 좌파 운동이 안고 있는 문제라고 생각하는데, 그런 운동에서는 성매매 종사자를 모종의 억압과 착취를 당한 사람으로, 무구한 '희생자'이며 전혀 나쁘지 않다고 보려고 한다. 즉 속아서 일본에 가서 하는 수 없이 성매매에 종사하는, 무구하고 순수한 사람들이어서 그들을 지원한다, 혹은 그들이 무구하므로 지원한다는 측면이 있지는 않은가? 요컨대, 본국에서 착실하게 땀 흘려 일하며 가난하지만 열심히 사는 대신 일확천금을 꿈꾸며 일본에서 성매매를 하려는 사람들에 대해서, 자본주의적 쾌락의 유혹에 빠져서는 안 된다는 태도를 취하고 있는지도 모른다. 그렇지만 자신들은 자본주의적 쾌락이 넘쳐나는 사회에서 나름대로 물건을 사고 소비하며 살면서, 다른 사람들에게는 당신들 생활이 실은 더 순수하고 자본주의 따위에 오염되지 않은 멋진 생활이니 그 생활을 지키라고 한다면, 그것은 설득력이 없다.

실제로 이는 성매매 종사자만의 문제가 아니다. 가령 이주노동자로 외국이나 일본에 가서 몇 년간 열심히 일해서 돈을 벌면, 고향에 돌아가서 으리으리한 저택을 지을 수 있다. 일본인이 평생 열심히 일해도 일본에서는 절대 살 수 없는, 호화로운 집에서 살기도 한다. 저택에서만 살면 된다는 것은 아니지만, 아무튼 그런 집을 짓겠다든가 그 밖에 여러 욕망을 일방적으로 부정한대도 소용없는 일이다.

오히려 일본인에게는 그런 기회가 없으니까, 즉 일본인이 다른 나라에 가서 일하면 일확천금을 얻어 부자가 될 기회가 없으니까 타인에게 자기 나라에서 착실히 일하라고 하는 것일지도 모른다고 의심해야 할 일이 아닌가? 만약 임금 격차가 있어서, 금전적으로 과분한 조건의 일자리가 있어서, 거기서 몇 년간 일하면 저택도 짓고 몇 년은 놀면서 지낼 수 있다면 어떨까?

어느 나라에서도 어떤 상황에서도 보호받아야 할 기본적 인권을 억압받는 사람들, 가령 강제 노동을 당하는 사람들에 대한 지원은 당연한 일이다. 그러면 그 외의 경우는 어떠한가? 명백한 강제 노동이 아닌 자발적인 성매매 종사자들에게도 강제 노동을 당하는 사람들 대하듯 똑같이 대응하는 것이 과연 옳은가 하는 문제를 진지하게 생각해 봐야 한다(물론 어느 나라의 경우에도 성매매 종사자 지원 운동을 하는 사람들은 이 부분을 진지하게 고민한다).

이 책에서는 기본적으로 성매매 종사자가 된다는 것, 즉 무엇이 참기 힘든 인권 침해인가 하는 것은 고려하지 않고 어떤 조건이 갖춰지면 성매매 종사자로 일해 돈을 벌어서 생활할 양식을 얻는 것은 다른 직업과 비교해서 그리 다르지 않다고 본다.

오늘날 성매매에 관해서 또는 성매매 종사자의 운동에 관해서 두 가지 흐름이 대항하고 있는 듯하다. 앞서 언급한 대로, 하나는 성매매를 성매매 종사자(인 여성)뿐만 아니라 여성 총체에 대한 권리 침해라고 보면서 젠더 문제를 중심에 두는 운동으로, 성매매 종사자가 그 일을 벗어나도록 지원하는 '탈성매매 운동'이다. 또 하나는 성매매 종사자가 성매매 종사 노동자로서 마음 놓고 안전하게 일할 수 있는 조건을 요구해 나가는 운동이다.

이 두 운동은 어느 쪽이든 기본적으로는 성매매 종사자 또는 성매매 종사자였던 이들의 운동이며, 성매매에 관여한 적이 없는 사람들의 운동이 아니다. 가령 일본 등지에서도 자신은 성을 사지 않는다는 남성이 성의 상품화는 좋지 않다고들 하는데, 그런 류의 논의가 아니다. 즉 자신은 성의 상품화에 의존하지 않고 살아갈 수 있다고 성의 상품화를 부정하므로 성을 사지 않는다는 사람들이 논의할 차원이 아니다. 이 두 운동은 실제로 성매매에 종사하는 사람들의 내부에서 나온 운동이다. 한편에 성매매에 종사했을 때 여러 억압을 받았으므로 성매매는 안 된다고 하는 사람들이 있고, 다른 한편에는 성매매를 계속할 수 있는 안전한 조건을 요구하는 이들이 있다. 이론가가 밖에서 '성의 상품화가 옳으니 그르니' 논하는 것이 아니라, 당사자들이 목소리를 내고 있는 것이다.

노예인가 노동자인가

성매매는 안 된다는 것과 성매매 그 자체는 다른 직업과 결코 다르지 않으나 현재 처한 상황이 좋지 않을 뿐이라는 두 견해는 단적으로 성매매가 노동인가, 아니면 노예제인가 하는 대립으로 나타난다.

성매매는 전부 남성에 의한 여성의 노예화이므로 부정되어야 한다는 논의를 대표하는 사람이 캐슬린 배리(Barry, Kathleen)이며, 캐슬린의 책 『성의 식민지(Female Sexual Slavery)』는 일본어로 번역되었다.[2] 그리고 매키넌도 이 흐름에 속한다고 볼 수 있다. 일본에서는 성매매를 성적 노예제로 여기는 담론이 더 잘 알려져 있는 것으로 보인다.

이에 대해 성매매 그 자체는 다른 직업과 다름없는 직업이라는 담론에서는 당연히 성매매 종사자는 노동자이며, 노동자의 기본적 권리를 갖고 있다고 본다. 가령 직업 선택의 자유로서 직업을 선택하는 것도 그만두는 것도 자유이며, 주거도 자유이다. 비좁은 방에 갇혀서 24시간 감시를 받으며 외출도 마음대로 못한다면, 당연히 노동자의 기본적 권리가 짓밟히는 것이다. 또 손님에게 위협을 받고 폭력을 당한다는 것은 있을 수 없는 일이다. 노동자의 기본적 권리를 인정받으려고 '성매매는 성노동'이라는 논의를 전개하는 것이다. 성매매는 어떤 여성들, 혹은 어떤 남성들이 자신이 생활할 양식을 얻는 정당한 수단 중 하나이다. 따라서 그 직업에 종사했다고 해서 각종 차별과 편견을 받을 이유도 없고, 또 그 직업에 종사한다고 해서 사회적으로 여러 면에서 불리할 것도 없다고 주장한다.

일본에서 성매매에 종사하다가 가령 손님에게서 성병에 감염되었다고 하자. 일하다가 병을 얻었으니 노동 재해를 인정받아서 치료비가 나오는가 하면 결코 그런 일은 없다. 애당초 일본의 성매매 종사자가 사회보험이 완비된 상태에서 일하고 있는가 하는 것도 의심스럽다. 손님에게 폭력을 당했을 때 치료비를 청구할 수 있는지조차도 의심스럽다. 일본 성노동의 현황을 보면, 소위 '풍속영업'에는 특수욕장(浴場)협회라는 경영자 단체가 있다. 에이즈에 관해서도 경영자 단체가 전문가를 불러 강연회를 열기도 한다. 이는 경영상 안전성을 주무기로 삼아야 하기 때문이다. 그러나 거기서 일하는 사람들이 현실적으로 자신들이 안전하게 일할 환경을 경영자와 정부에게 요구할 수 있는가 말이다. 사는 쪽의 소비자뿐만 아니라 파는 쪽의 경영자도 법적으로 보호 대상이다. 그들은 표면상으로는 성매매의 경영자가 아니기 때문이다. 그래서 성매매 일을 하는 사람들만 법적인 보호를 받지 못하는 그런 상황에 처해 있다.

성매매 종사자들의 조합은 세계에 많이 있다. 그런 조합의 당초 목적이 무엇인가 하면 자신의 몸을 보호하는 것이다. 손님의 폭력, 화대 미지급과 같은 일이 있다. 이를 방지하려고 하면, 이번에는 기둥서방이 이들을 지켜 준다는 명목으로 돈을 빼돌리는 식이 되어 버린다. 그래서 손님의 폭력에서 자신의 몸을 보호하고, 또 기둥서방 등에 의한 부당한 착취에서 자신을 지키고자 조합을 만들었다.

폭력으로 말하자면 손님뿐만 아니라 기둥서방의 폭력도 있고, 더욱이 경찰의 단속이 있을 때는 경찰에게서 폭력을 당하기도 한다. 미국 등지에서도 경찰이 때리고 발로 걷어차고, 강간하는 등 성적 폭력도 휘두른다. 그런 억압적 상황 아래서 자신의 몸을 지키고자 조합을 만드는 것이다.

그런 조합 활동이 있어서 그것을 기반으로 앞서 언급한 두 흐름의 운동이 전개되었다. 또한 미국과 유럽의 여러 나라에서 1960년대 이후 페미니스트 혹은 여성해방운동가들이 성매매 종사자들의 조직화를 꾀했던 경위도 있다. 이를 배경으로 성매매가 성노예제인가, 성노동인가 하는 논쟁이 지속되어 왔다.

일본에 비교적 잘 알려진 성노예제론에서는 가부장제, 즉 여성 총체에 대한 남성 총체의 지배인 가부장제의 극한 형태를 성매매로 본다. 포르노에 관한 논의도 마찬가지여서 가부장제 사회에서 여성의 자유와 의지, 주체성이 무시되고 여성은 단지 대상(객체), 남성의 성적 욕망에 찬 시선이나 행위를 받는 수동적인 대상이 된다는 것이다. 여성은 항상 남성 지배의 희생자로 여겨진다. 그 가장 극한 형태가 성매매라는 것이다.

성매매가 성적 노예제라는 견해의 근거로는 자발적으로 성매매 종사자가 되려는 사람이 아무도 없다는 점을 든다. 자발적으로 자유 의사에 따라 성매매 종사자가 되려는 사람은 없으며, 어떤 형태로든 강요를 받아 성매매 종사자가 된다, 성매매 따위는 하지 않아도 된다면 아무도 하려고 하지 않을 것이다, 처음 대면하는, 본 적도 없고 알지도 못하는 남자와 섹스를 하는 일은 아무도 하려는 사람이 없을 것이라는 논지다. 가령 선진국의 성매매 종사자 중에는 언뜻 보기에 자발적으로 성매매에 종사하는 듯한 여성이 있지만, 실은 가부장제 아래 남녀 간의 불평등이 있어서 여성이 성매매 종사자가 된 것이므로 구조적인 강제와 같은 것이 있다고 본다.

남북 격차와 같이 확연하고 보이기 쉬운 구조에서는 그 강제력이 일목요연하게 드러난다. 여성 이주노동자가 성매매 종사자가 되는 것은 애초에 본국에서 할 일이 없고, 또 가부장제의 결과 여성이 열악한 저임금 상태에 처하며 교육을 받을 기회도 박탈되어, 손쉽게 현금 수입을 얻으려면 성매매 종사자의 길밖에 없다는 상황 때문이다. 그 경우 여성이 성매매로 흘러드는 구조적 메커니즘은 쉽게 보인다. 그러나 선진국에서는 여성이 조건 괜찮은 일반 기업에 취직할 수 있다(즉 비공식적인 부분 이외에 편입된다). 일본 같은 나라에서는 남녀 간 임금 격차가 아직 크지만, 선진국에서는 남녀 간 임금 격차가 꽤 좁혀졌다. 그런데 왜 일부러 성매매 종사자가 되는가? 본인이 자유 의지로 자유롭게 직업을 선택한 결과, 그렇게 된 것인가? 아니다. 그런 경우에도 남성과 여성 사이의 어떤 구조적 차별과 억압으로 인해 여성이 성매매 종사자라는 직업을 하는 수 없이 택한 것이지 자유 의지로 택한 것이 아니므로 노동이 아니라 성노예 상태인 것이며, 실제로 겹겹이 폭력에 노출되어 있으니 노동자가 아니라 노예와 마찬가지라는 논지다.

이에 대해 성매매를 성노동으로 보는 쪽에서는 어떤 식으로 대응하는가? 성매매 종사자가 되기로 선택하는 일은 분명히 완전한 자유 의지라고 할 수는 없다. 그러나 그것은 다른 직종과 같은 정도에서 자유로운 선택일 수는 있다. 직업 선택의 자유가 있다 한들 현대 사회에서 누구나 정말 원하는 직종에 취업할 수 있는 것은 아니다. 가령 프로 음악가가 되고 싶은 사람이 모두 다 프로 음악가가 되지는 않는다. 대학 교수가 되고 싶어도 되지 못하는 경우가 많다(내 주위에는 프로 음악가가 되고 싶었지만 되지 못하고 대학교수를 하는 사람도 있다). 즉 기본적으로 직업 선택에서 완전한 자유란 없다.

또한 마르크스주의에서 자주 나오는 논의인데, 노동자는 노동력을 팔지 않고는 살 수 없다. 즉 직업 선택의 자유 안에 취직하지 않을 자유는 포함되지 않는다. 취직하지 않고 살아갈 수 있는 사람은 극소수이며, 어쨌든 취직하지 않을 수 없다. 일할 것이냐 일하지 않을 것이냐는 선택의 기로에서 일을 해야만 살아갈 수 있다는 면에서는 대체로 구조적인 강제가 있다. 그런 의미에서 어떤 직업도 완전히 자유롭게 선택하는 것은 아니다. 모두 일하지 않고 살아갈 수 있는데도 굳이 일하는 쪽을 택한다면 진정으로 자유 의지로 일한다고 할 수 있겠지만, 아마 그런 사람은 없을 것이다. 그런 점에서 성매매 종사를 선택하는 것과 다른 직업을 선택하는 것에는 본질적으로 차이가 없다. 성매매를 노동이라고 간주하는 데 아무런 지장이 없다. 노동의 당연한 권리를 인정하라는 형태로 각종 억압 상황을 비판하고 이를 바꾸어 나가는 일은 충분히 가능하다고 주장한다.

성매매가 노동이라는 논의의 전제와, 성매매는 성노예제이자 남성의 여성에 대한 지배라는 논의에는 일치하지 않는 논점이 더 있다. 서두에서 성매매 종사자는 남성과 여성 양쪽을 모두 포함한다고 했다. 즉 성매매 종사자 중에는 여성만이 아니라 남자 매춘부(賣春夫)도 있다. 남자 매춘부를 찾는 손님이 남성일 수도 여성일 수도 있다. 손님이 남성이라면 그 손님이 이성애자일 수도 동성애자일 수도 있다.

성매매를 젠더적인 차별과 억압으로 파악하면 성매매 종사자가 여성만이 아니라는 문제를 명쾌히 설명할 수 없다. 성매매 종사자에 대한 차별이 성매매 종사자가 여성이기 때문인가? 아니면 성매매 종사자가 돈을 받고 성을 팔기 때문인가? 이 두 가지는 종종 중첩되지만, 같은 것은 아니며 각기 독립되어 있다.

돈을 받고 섹스를 하기 때문에 차별을 받는 것이라면, 이는 섹스의 방법을 가지고 차별을 받는다는 점에서 실은 동성과 섹스한다 하여 차별받는 동성애자에 오히려 가깝다. 누구와 어떤 섹스를 하든, 여성이기 때문에 차별을 받는 여성 차별, 젠더 차별과는 다른 점이 있다. 여성 차별은 남성과 섹스를 하기 때문에 차별을 받는 것이 아니므로 섹슈얼리티 차별과는 다르다.

즉 성매매 종사자에 대한 차별은 젠더 차별인가? 섹슈얼리티 차별인가? 성노예제로 파악하면서 특히 가부장제에 관계된 것으로 이를 이해하면 성매매 종사자에 대한 차별이라는 고유 문제가 사라져 버리고, 전부 여성 차별의 문제로 용해될지도 모른다.

그렇게 되면, 전에 이성애 페미니즘이 레즈비언 페미니즘에 대해서 당신들도 여성들이니 우리와 함께 행동하라고 해서, 양편 사이에 반발이 생겨나 어떤 국면에서는 대항 관계가 형성되었던 것과 같은 문제가 일어날지도 모른다. 따라서 성매매 종사자에 대한 사회적 차별과 억압이 도대체 어디에서 오는가 하는 점은 좀더 신중하게 생각해야 한다.

성매매 종사자들에 대한 차별은 물론 여성에 대한 구조적 억압과 관계가 있지만, 그것이 단지 한 가지 원인, 한 가지 구조, 한 가지 메커니즘에서 유래하지 않는다는 점은 분명하다. 성매매 종사자가 안고 있는 문제의 개별성·고유성을 고려하려면 남성의 여성에 대한 차별과 억압이라는 젠더 관점으로만 파악하는 것은 옳지 않다.

또한 성매매야말로 바로 가부장제적 지배의 극한 형태인 성노예제라 하고 성매매 이외의 부분은 마치 노예제가 아니라 그보다 나은 영역인 듯 논한다면, 그것은 오히려 문제가 있다. 만약 자유 의지를 완전히 관철할 수 없는 세계를 노예제라고 한다면, 마르크스주의에서 임금노예라 하듯이 임금노동자는 그야말로 모두 노예이며, 주부도 노예이다. 이들을 동일하게 노예제로 부르지 않고 성매매만을 노예제로 본다면 그 외의 부분에 면죄부를 주게 되고, 그 결과 차별적·억압적 구조를 온존시키는 것이 아닌가?

오히려 성매매를 성노동으로 파악해서 노동자의 기본적 권리를 요구하는 형태로 나아가야 하지 않을까 한다. 가령 에이즈에 관해서 말하자면, 미국의 조사에서는 성매매 종사자가 손님에게서 HIV, 소위 에이즈 바이러스에 감염되는 비율은 그다지 높지 않다고 한다. 이는 성매매 종사자 운동이 활발해서, 성매매 종사자의 직업 훈련 시에 자신의 몸을 지키고 손님에게도 안전한 섹스(HIV 감염의 가능성을 낮춘 섹스)법 등을 교육하기 때문이다. 성매매 종사자에게는 안전한 섹스의 프로라는 자부심이 있다. 손님에게 안전한 섹스를 분명하게 교육하는 것이 성매매 종사자의 일이다.

따라서 손님에게서 감염되는 비율은 그다지 높지 않다. 오히려 개인적인 상대자에게서 감염될 가능성이 높다. 일을 할 때는 노동자의 자부심이 있어서 안전한 섹스를 한다. 그러나 미국에도 가부장제적인 지배가 있어서, 개인적인 섹스에서는 상대자인 남성과 대등한 관계를 만들지 못하고 안전한 섹스를 하지 못해서 감염되는 것이다.

노동자로 일한다는 것은 결코 부정적인 측면만 있지 않다. 각종 제도·법이 보장되면 손님과 계약을 맺고 대등한 관계에서 일할 수 있다. 오히려 이쪽이 스스로 섹슈얼리티를 관리할 수 있다. 이런 섹스는 합의하지만, 그런 부분은 합의하지 않는다는 식으로 자신의 섹스를 관리할 수 있다. 즉 팔고 싶지 않으면 팔지 않을 수도 있다. '성매매 종사자는 성노동자이다' 라는 주장의 요체는 바로 자신의 섹슈얼리티에 관한 자기결정을 노동에 관철하는 것이다.

'희생자화' 에 맞서서

성매매 종사자는 노동자이지 단순한 '희생자' 가 아니다. 남성의 여성에 대한 지배의 '희생자' 가 되어 성매매 종사자로 전락한 것이 아니며, 주체성을 갖는 인간이자 노동자이다. 그리고 손님 관계 또는 넓은 의미에서 타인과 맺는 관계는 자신이 결정하고 조정한다. 그런 힘과 권한을 가진 존재이다. 1995년 베이징에서 개최된 제4차 세계여성회의에서는 '힘의 증진(empowerment)' 이 키워드였는데, 바로 여성이 자신의 힘을 강화하는 흐름 속에서 성매매 종사자의 권리, 노동자로서의 권리를 요구하는 운동이 생성되었던 것이다.

성매매를 성노예제로 보는 쪽에서는 성매매 종사자를 종종 '희생자'로, 무슨 일방적인 피해자로 간주하는 측면이 있는 듯하다. 누군가를 희생자로 다루는 '희생자화(victimization)'의 문제이다. 이는 성노동과 성매매 종사자를 둘러싼 논의에서뿐만 아니라 후식민주의(postcolonialism)와 같은 민족 문제와 제3세계 문제에서도 종종 논의되며, 성폭력 피해자—오늘날은 '희생자'가 아닌 '서바이버(survivor, 생존자)'로 불린다—를 논할 때도 문제가 된다.

가령 개발 문제를 둘러싸고 선진국의 자유주의 페미니스트들이 제3세계 여성들을 한데 묶어 각종 '희생'을 강요받는 존재라고 말할 때 무슨 일이 일어나는가? 선진국의 자유주의 여성운동가들은 '개발' 안에 페미니즘 프로그램을 끼워 넣고자 노력한다. 그들은 '제3세계 여성'에 대해 현재의 가부장제 지배에 희생을 당한, 약한 처지에 놓인 희생자라는 식으로 논하며 '개발'을 정당화한다. 이는 제3세계 여성들은 아직 힘이 약하고 수동적이므로 개발 과정에서 여성의 경제적 지위를 향상해야만 이들이 주체가 되어 당당하고 (남성, 선진국 여성과) 대등하게 행동할 수 있다는 주장이다. 이를 위해서는 개발이 필요하며, 개발 프로그램 안에 여성의 지위 향상 계획을 어떻게 편입하느냐가 중요하다는 논리를 펴는 것이다.

그러나 현실은, 제3세계 국가들이 '개발'하고 '발전'—어느 쪽도 영어로 development이다—하고자 만든 체제야말로 극히 가부장제적인 제도이며, '구조 조정'의 이름으로 여성에게 각종 억압을 강요하고 있다. 따라서 여성의 지위 향상을 위한 개발이라고 하면서도 개발 그 자체가 여성의 지위를 낮추는 악순환을 불러일으킨다. 선진국의 페미니스트와 제3세계 여성을 매개하는 세계적인 구조가 있으며, 그 속에서 선진국 페미니스트의 담론이 제3세계 여성의 억압에 가담하는 결과를 낳는다. 성산업에서 국제적 분업이 이루어지고, 성노동에도 세계적인 구조가 존재한다. 그때 여전히 선진국 페미니스트들이 제3세계 여성들에 대해 수동적인 희생자라고 말하는 구도가 재생산된다면, 제3세계 여성은 언제까지나 수동적인 존재이며 선진국의 페미니스트들이 계몽해 주어야 비로소 주체가 되는 존재에 머물 가능성이 있다.

선진국의 페미니스트들은 제3세계 여성이 아무것도 모르고 선진국 수준에 전혀 미치지 못한다는 논의를 하기 십상이다. 또는 제3세계의 각종 문제점이나 그 사회에 깊이 관련된 쟁점—군사정권에 맞서거나 개발독재에 저항하는 등—이 있어서 그에 관계되는 일을 하면 그것은 페미니즘이 아니라고 비판하기도 한다. 가령 미국의 베티 프리단(Friedan, Betty)인지 뭔지 하는 사람은 리고베르타 멘추〔Rigoberta Menchu, 과테말라 선주민운동의 지도자로서 군사독재정권하에서 '농민통일위원회'를 중심으로 선주민족의 저항 투쟁을 전개했고, 중남미의 인디언 인권 신장에 기여한 공로로 1992년 노벨평화상을 수상했다—옮긴이〕의 운동에 대해, "그건 페미니즘이 아니다. 페미니스트는 평화주의자여야 하는데, 여성 문제가 아닌 다른 일에 관여하는 사람은 페미니스트가 아니다"고 비판했다. 선진국 페미니스트의 언설이 세계적 수준의 여성 연대를 분단시키고 대립시키기도 한다.

다른 처지에 놓인 제3세계 여성들에게서 선진국 페미니즘에서 본 주체성을 찾고자 하면 확실히 그녀들이 주체로 보이지 않을지도 모른다. 그때 선진국의 페미니스트들은 제3세계 여성들을 자신들과 같은 주체로 만들고자 할지도 모른다. 그렇지만 선진국의 페미니스트들이 생각하는 주체성과는 다른 형태의 주체성이 있지 않을까? 제3세계 여성에게서 여러 형태의 주체성을 놓치지 않는 관점이 중요하다. 그와 마찬가지로 성매매 종사자 자신들의 권리 요구 운동에 대해서도, 선진국의 페미니스트가 설정한 여성의 입장은 아니지만, 억압에 맞서 인간의 권리를 지키려는 각종 투쟁의 하나이자 여러 입장의 하나로 이해하는 일이 무엇보다 중요하다. 인간의 권리나 인권을 말하면 선진국 중심주의라고 할지도 모르겠지만, 다양한 입장에서 억압에 맞서 투쟁하는 사람들이 있고, 각 입장에 따라 투쟁 방식도 다양하게 마련이다. 억압이 있는 곳이라면 어디라도 인간의 투쟁이 있으므로 그 다양한 투쟁과 연휴·연대하는 속에서 '인간의 권리'가 비로소 떠오르지 않을까? '피억압자'를 일방적으로 억압과 착취를 당할 뿐인, 소외되고 물상화(대상화)한 존재로만 보지 말고, 항상—거기에 있는—움직이고 투쟁하는 존재로서 혹은 주체성을 가진 존재로서 이해하는 것이 중요하다.

성매매 종사자가 아닌 사람이 성매매 종사자와 연대하고자 할 때도 멋대로 생각해서 "당신들에게 필요한 것은 이것이죠? 이것이 당신들의 행복이에요"라는 식으로 자신들이 그린 행복이나 해방의 형상을 상대방에게 밀어붙여서는 안 된다. 하물며 상대방이 "그렇지 않아요, 저희들의 행복은 그런 것이 아니에요"라고 하는데도, 상대방이 오히려 이상하다는 식으로 단정해서는 안 될 것이다. 역시 성매매 종사자의 운동은 성매매 종사자들의 주체성의 발로임을 이해할 필요가 있다. 성매매 종사를 그만두는 선택도 그녀들의 주체성의 발로이지만, 성매매 종사자가 일을 하면서 그 일을 계속하고자 벌이는 각종 투쟁도 주체성의 한 측면인 것이다.

성매매 종사자들의 운동이 있고 경험이 있다. 여성이 '남성처럼' 되는 것이 행복한 것인가? 아니면 '남성처럼' 되는 것과는 다른 상태가 해방이고 행복한 상태인가? 또는 여성이, 여성이 아니게 되는 것이 행복한 것인가? 그 외의 다른 길이 있는가? 페미니즘은 이렇게 질문하는 듯한데, 그와 같은 논리로 성매매 종사자가 성매매 일을 그만두는 '탈 성매매'가 해방이고 행복한 상태인가? 아니면 성매매 종사자가 자신의 일을 하면서 해방될 수 있는가? 이것이 성매매종사자 운동에서 성노동을 주장하는 쪽의 질문이라고 생각된다. 그 '해방'은 아마 성매매 종사자가 아닌 사람들 혹은 성매매 종사자를 포함해서 많은 사람들이 지금까지 생각해 온 행복이나 해방된 상태를 더욱 변형한 곳에 있을지도 모른다. 그 질문에 대답할 수는 없지만 그 질문을 받아들여 고찰해 보는 것이 이 책의 의도이다.

성노동의 개념 — 성노동과 젠더의 관계

지금까지 성매매 종사자 문제에 관해 서술했는데, 여기서는 '성노동이란 무엇인가'에 관해 언급하고자 한다. 성노동을 어느 범위까지 볼 것인가 하는 것인데, 이를 개념적으로 규정하기는 대단히 어렵다. 먼저 정의가 있고 그로부터 규정할 수 있는 것이 아니기 때문이다. 지금까지 서술한 범위에서 성노동은 대체로 성매매, 소위 매춘을 가리키지만, 여기에는 오럴 섹스 등도 포함되며, 좁은 범위로 삽입 성교에 한정할 뜻은 없다. 성노동자의 개념을 '어떤 형태로든 성적인 쾌락을 소비자에게 주는 유형·무형의 상품 생산에 종사하는 노동자'라고 하면, 그 범위가 넓어진다. 즉 포르노 출연자와 제작자도 포함될 수 있으며, 부르세라숍[bloomer+sailor blouse+shop의 합성어로, 일본에서 여고생이 입던 블루머(짧은 반바지)나 세일러복, 속옷을 수집광에게 파는 가게를 말한다—옮긴이]에 교복 등을 팔러 간 여고생도 포함될지 모른다. 혹은 성적 쾌락은 다양한 형태로 생산되므로 성적인 냄새가 나지 않는 상품이 현대 자본주의 사회에서 있을 수 있는가 하는 문제도 나온다.

만약 성노동자를 '어떤 종류의 육체적 접촉을 통해 상대방에게 쾌락을 줌으로써 돈을 버는 사람'으로 정의하면, 전업 주부도 그렇지 않은가 하는 이야기가 된다. 실제로 조반나 프랑카 달라 코스타(Dalla Costa, Giovanna Franca)의 『사랑의 노동(Un Lavoro d'Amore)』[3]에서는 주부도 기본적으로 노동자이며, 주부가 행하는 섹스도 노동이라는 관점에서 운동을 구상한다. 그러나 여기서는 전업 주부는 포함하지 않기로 한다.

성노동이 노동인가에 대해서는 경제학과 사회학 분야에서 여러 논의가 있는데, 이는 정의(定義) 문제이다. 마르크스주의에서는 자본 축적에 공헌한 것은 전부 노동이므로 가치 증식을 위한 행위나 가치가 감소하지 않도록 하는 행위도 다 노동으로 본다. 형식적으로 생각하면 성매매는 당연히 노동이다. 노예 노동과 같이 돈을 주지 않고 이루어지는 것도 당연히 노동이다. 따라서 노예제와 노동 개념은 대립하지 않는다.

다만, '매춘'이 '노동'이라는 데에 사람들이 반발하는 것은, 성이란 인간의 근원적인 영위여서 돈으로 거래하는 것은 좋지 않다는 생각, 성매매에 처음부터 붙어 다니는 각종 차별 의식으로 인해 자신의 일과 성매매 종사자들의 일을 같은 선상에 놓고 논하고 싶지 않은 점 때문이라고 생각된다.

너무 개념적으로 면밀히 정의하면 여기서 누락되거나 잘 설명할 수 없는 예가 나오므로 개념과 정의는 느슨하게 해두는 편이 좋다.

만약 형식적으로 정의하면 공통된 부분에만 주목해서, 섹스를 하고 돈을 받는 것이니 주부와 성매매 노동자는 전혀 다르지 않다는 식이 된다. 성노동의 개념적 정의만 보면 실제로 어디서 구별하면 좋은지 잘 모른다. 그런데도 우리는 감각적·직감적으로 구별한다. 바로 차별과 편견의 형태로 확연히 구별할 뿐인데, 그러한 차별과 편견이 어디서 어떻게 해서 만들어졌는지를 생각해 봐야 한다.

집단으로서 떠오른 '성매매 종사자'

19세기 유럽에서 성매매 종사자는 어떤 특징을 가진 집단으로 이해되었다. 한 사람 한 사람의 성매매 종사자가 아니라 성매매 집단이 존재하고, 또한 그 집단은 다른 사회 집단과는 명확히 다른 특징을 갖는다고 생각했다. 성매매를 하는 사람을 포함해 대부분 사람들은, 성매매 하는 사람을 자신과는 다른 인간, 다른 유형의 인간이라고 생각하게 된 것으로 보이는데, 그러한 관념이 생겨난 것은 19세기 유럽이었다. 그즈음 노동자 계급은 생활이 어려워서 여성도 밖에서 일하며 생활을 영위했다. 이에 반해 부르주아 계급 여성은 기본적으로 남편의 아이를 낳아서 키우는, 집 안에 갇힌 존재였다. 노동자 계급 여성은 일자리가 없을 때에는 성매매를 해서 돈을 벌기도 했다. 성매매는 대부분 다른 직업을 가진 여성들의 일시적 수입원이었다고 보는 쪽이 당시의 실태에 가깝다.

그런데 19세기에는 공중위생학과 경찰이 결합되어 도시의 군중을 조사해서 민중을 개별적으로 파악하게 된다. 그 속에서 각종 사회 집단이 나왔다. 그 당시 사람들은 사회가 어떤 특정한 특징을 가진 집단으로 구성된 것으로 보았다. 그 과정에서 성병이 문제로 부상한다. 19세기에 성이 문제가 된 것은 거칠게 말하면, 개인의 '건강'과 집단의 '건강'이 포개지는 지점이 성이기 때문이었다. 당시 유행한 '인구론'이 제시한 것은, 인구 특히 '위험한 집단'의 인구가 지나치게 늘어나면 개인이 '건강'해도 사회의 '건강'을 해치며, 또 개인이 건강하지 못하면 그 부분이 유전과 성병의 형태로 사회를 건강하지 못하게 하므로, 사회 쪽에서 적절히 개인의 '건강'을 조직해야 한다는 식이다. 이러한 사고에서 성이 권력의 중심적인 조준점이 되었다.

이렇게 해서 성병이 사회에 퍼지는 것을 막고자 성매매 종사자를 통제해야 할 대상으로서, 게다가 개인이 아닌 통계적인 집단으로서 파악하려는 사고방식이 나왔다. 이렇게 되면 그 집단은 어떤 특징만 뽑아내서 통계상 구성된 집단이 되고, 그것이 실체로 표상(表象)되었다.

이는 최근의 일로 말하면 에이즈와 유사하다. 에이즈를 일으키는 HIV 바이러스를 감염시키는 행위, 가령 콘돔을 사용하지 않은 섹스가 문제 되는 것은 그런 행위이기 때문인데, 그것은 누구나 하는 행위이다. '위험 집단'이라는 공중위생학적 개념이 있는데, 이는 어떤 특정 집단이 어떤 병에 걸리기 쉬우면 그 집단이 공유하는 특징을 뽑아내서 생각하는 것이다. 그런데 방송과 언론에 보도되면서 '위험 집단'의 개념이 왜곡되어, 어떤 병이 특정한 '위험 집단'의 병인 양 여겨졌다. 특정한 실체가 없는, 통계상의 집단에 불과한데도 말이다. 즉 서로 보지도 알지도 못하는 사람들이 통계적으로 이런 행위를 한다는 특징만 뽑아서 만든 숫자상의 집단인데도, 실제로 존재하는 것처럼 간주되었던 것이다. 물론 미국 등에서는 '게이 커뮤니티'가 실제로 존재하며, 게이 커뮤니티가 에이즈 위기에 대응해서 운동하고 있다. 그러나 공중위생학에서는 어떤 특징을 뽑아내어 그것을 공유하는 통계상의 집단을 상정할 뿐인데, 그 집단에 대한 차별·편견이 생겨나는 것이다. 또한 반대로 자신은 그 집단에 속하지 않으니 그 병과는 관계없다고 생각하기도 한다.

이와 같은 일이 19세기 성매매 종사자들에게 일어났다. 노동자 계급 여성들의 일시적 수입원으로 성매매가 이루어졌음에도, 성매매 종사자들을 한 집단으로 상정하고자, 일반적인 노동자 여성과는 다른 유형의 여성이 존재하며 마치 그런 사람들이 성매매를 하는 양, 성매매를 하는 여성과 다른 일을 하는 여성은 전혀 상관없다고 구별하게 되었다. 성매매 외의 직업을 가진 여성은 착실하게 일하고 '건강'하며, 성매매를 하는 여성은 육체적·도덕적으로 '건강하지 못한' 존재로 보게 되었다.

성병을 통제하려는 의도에 따라 어떤 집단이 상정되고, 그 집단에 대한 판에 박히고 편견이 가득한 인상이 만들어지게 되었다. 소위 '일반 대중'이 자신과 전혀 다른 사람이 성매매를 한다는 확신을 갖게 된 것도 이 시대의 일이다.

또한 성매매 종사자의 전업화도 병 관리와 관계된다. 성병을 국가가 잘 관리하려면 어떤 사람이 우연히 성매매를 해서는 곤란하다. 그것을 전담하는 사람을 만들어서 그들을 모아 감시하는 쪽이 편하다. 그런 상황에서 공중위생학과 문학, 신문 등에 의해 형성된 표상의 뒤를 좇아 성매매 종사자 집단을 실체화했다.

당시 사교계에 양가집 규수는 나가지 않았다. 집 밖에 있는 여성은 언뜻 보기에 화려하게 차려입은 상류 부인처럼 보였지만, 실은 하층계급 출신자들이었다. 즉 외관과 내면의 분리·불일치가 성매매 종사자들을 따라다니는 표상이었다. 또는 겉은 건강하게 보여도 실은 건강하지 않았는데, 성병도 있었고 결핵도 있었다. 겉보기에는 건강하게 보이지만, 안을 들여다보면 병든 것이다. 그렇게 내면과 외면이 불일치하다는 인식은 '한마디 말을 하면 그 목소리가 겉보기와는 전혀 딴판인 성매매 종사자'라는, 근거 없고 틀에 박힌 견해로 대표되었다. 목소리는 외관과 예상을 뒤엎고 내면의 진실이 표현되는 장소였다.

여기에 전제가 된 것은 상층 부르주아 계급과 노동자 계급 사이의 격차이다. 그 격차를 둘러싸고 줄거리(plot, 음모)가 만들어졌다. 성매매 종사자는 외관적으로만 계급 상승을 이루며, 그 자체도 보이기 위한 존재일 뿐이라는 것이다. 그러면 정말 계급 상승을 이룬 여성은 누구인가? 바로 주부이다. 주부는 부르주아와 결혼을 통해 실제로 계급 상승을 이룬 여성을 말한다.

여기에 19세기 부르주아 사회의 (여성에 관한) 분할이 존재한다. 부르주아의 부인은 집 안에 갇힌 존재였던 한편, 밖에 있던 여성은 누구인가 하면 매춘부인 성매매 종사자였다. 그런데 실은 당시 파리의 노상에서 물건을 파는─벤야민(Benjamin, Walter)이 논한 파사주〔passage: 아케이드〕론의 대상─사람은 잡화를 파는 여성이었다. 노상은 여성들이 노동하는 장소였다. (오늘날 '구조 조정'의 대상이 된 제3세계 국가들에서도 그렇다.) 그런데 도시 재개발 등을 이유로 여성이 쫓겨났다. 노상에서 여성이 노동자로서 일하는 모습이 사라진 것이다. 그러면 노상에 남은 여성은 누구인가? 바로 거리의 여자, 즉 매춘부다. 그러므로 그때까지 일반 여성 노동자와 성매매 종사자는 구별되지 않았는데, 도시의 노상에서 여성 노동자가 쫓겨나는 과정에서, 성매매 종사자만이 밖에 남겨진 것이다. 노동자 계급 여성은 집 안이나 공장에서 일하게 되었다. 부르주아 계급 여성은 집 안에서 아이를 낳아 키우고, 거리에서 일하는 노동자 여성은 전부 성매매 종사자라는 분할이 생겨났다.

한편, 어디에도 예외는 있다. 당시 부르주아 여성은 아이를 낳기만 하고 직접 키우지 않아서 유모와 가정교사 형태로 노동자 계급이나 타민족 여성을 고용했다. 여기에는 가사를 돌보고 돈을 받는 '가정부(domestic worker)'가 포함되어 있었다. 그래서 부르주아 가정에서는 처는 아이만 낳고, 남편의 섹스는 밖에서 매춘부가 담당하고, 식사를 만들고 아이를 양육하는 일은 노동자 계급 여성인 가정부가 담당했다. 그런데 애매한 영역에서 가사 노동을 하는 노동자 계급 여성의 존재를 무시하는 형태로 가사와 노동, 또는 섹스와 노동의 분할이 이루어졌고, 그와 병행해서 노동에 대한 심상에서 성매매가 제외되었다. 마치 세상에는 금전이 매개되지 않은 가정의 영역과, 금전으로

거래되는 가정 밖 노동의 영역이 따로 나뉘어 있는 것처럼 이분된 표
상이 만들어졌다.

생식과 쾌락의 분할 이전으로

19세기 부르주아 사회에서 생식을
담당하는 여성과 쾌락을 담당하는 여성을 구별하게 되었다. 여기까
지는 섀넌 벨(Bell, Shannon)의 『성매매 종사자의 신체를 읽고, 쓰
고, 다시 쓴다』[4]에 주로 의거했다. 이 책에서, 가부장제의 한 특징
이 생식과 쾌락의 분리에 있음을 알 수 있다. 남자가 자신의 자손인
아이를 남기는 것이 중요한 사회에서는 누가 아이의 아버지인가가
중요하다. 그렇게 남성이 아들에게 재산을 물려주는 시스템이 만들
어지면, 여성의 성 행동은 아무래도 통제 대상이 된다. 그래서 쾌락
의 역할이 생식의 역할과 분리된 것이다. 여성을 '본처'와 '첩', 또
는 처와 매춘부의 두 가지 범주로 분할하는 것이야말로 가부장제의
요청에 따른 것이다. 그에 대한 반대는 모든 여성이 아이를 낳는 여
성이 되면 된다는 이야기가 아닐 터이니, 모든 여성이 '매춘부'가
아닌 '처'가 되는 것으로는 해결되지 않는다. 오히려 생식을 담당하
는 여성과 쾌락을 담당하는 여성이라는 남성 측의 구별을 뛰어넘은
여성의 존재를 어떻게 다시 한 번 만들어 내느냐 하는 것이, 벨의
생각이었다.

여기서 등장하는 것이 플라톤이다. 가령 『향연(Symposion)』에서
소크라테스에게 에로스의 신비를 가르친 디오티마(Diotima)는 누구

인가? 좀 억지가 있지만, 벨은 헤타이라, 즉 당시의 매춘부에 해당하는 사람이라고 한다. 혹은 아스파시아(Aspasia)를 생각해도 좋다. 『메네크세노스』에서 플라톤은 소크라테스의 입을 통해 매춘부인 그녀야말로 페리클레스의 변론술 선생이라고 말한다. 즉 민주주의의 기본인 변론술도 매춘부 여성이 가르쳤던 것이다. 철학과 민주주의의 기원에 매춘부가 있었다는 말이다. 고대 그리스에서 매춘을 하고 철학도 가르치며, 민주주의의 근간을 가르쳤던 헤타이라는 원래 신전에서 일하는 여성이었다. 그들은 상대방에게 성적 쾌락을 주고 자신들도 느끼며, 그뿐만 아니라 문화를 생성해내는 힘을 가진 여성이었다. 벨은 쾌락과 생식으로 여성이 분할되기 이전의 여성으로서 헤타이라의 모습을 그렸다.

가부장제의 근간인 여성의 분할을 어떤 방법으로 극복할 수 있느냐가 한 가지 큰 문제가 되리라고 생각한다. 성매매 종사자 외의 직업을 갖거나 주부가 되는 것만으로는 문제가 해결되지 않는다. 성매매 종사자와 처로 분할된 그 자체를 탈구축하는 것, 그것이 성매매 종사자운동이 갖는 가능성의 하나가 아닐까?

2장

성매매를 하는 신체 생산

가네지카 사다후미(金塚貞文)

성매매 또는 성 상품화 일반에 관해 지금까지 주로 페미니즘의 안팎에서 많은 논의가 전개되었다. 지금까지 논의된 수준을 알려고 할 때 『페미니즘의 주장』[5]은 아주 좋은 재료를 제공한다. '과격한' 페미니스트들이 성매매와 성의 상품화를 한데 묶어 성차별로 공격하고 경멸해 온 것에 대해, 비페미니즘 측뿐만 아니라 페미니즘 내부에서도 더 '냉정한' 논의의 필요성이 제기되는 현 상황에서, 위의 책은 한 가지 답을 시도한 것이라고 하겠다.

이 책에 등장하는 남성 논객인 하시즈메 다이사부로(橋爪大三郎)와 세치야마 카쿠(瀬地山角) 두 사람의 논의 차를 무시하고 그 대강을 요약하면 다음과 같다. 남성이 일방적으로 향수하고 착취하는 쪽에 서며 여성이 일방적으로 고통을 받고 착취당하는 쪽에 선다는 가해·피해 관계는, 성매매를 포함한 성 상품화의 필연적이고 본질적인 부분이 아니다. 오히려 이를 둘러싼 사회적 왜곡으로 인해 밖에서 이식된 것이므로 성 상품화를 성차별 또는 악으로 규정지을 수 없다.

성적 쾌락 추구의 자유라는 개인의 인권을 인정하고 경제 외적 강제를 동반하지 않는 상품경제 법칙이 옳다고 한다면, 성 상품화는 성매매를 포함해서 그 밖의 경제 행위와 마찬가지로 경제 행위의 하나로 인정해야 한다. 따라서 내용을 봐서 좋은 상품화와 나쁜 상품화를 구별해서 문제 삼을 필요가 있다는 것이다.

한편, 이러한 견해에 대해 페미니즘적 관점에서 반론한 에하라 유미코(江原由美子)는 오직 여성이 처한 현상, 즉 유형·무형의 성차별 현상을 문제 삼으며, 경제 외적 강제의 유무나 상품경제 법칙만으로는 문제를 충분히 납득할 수 없다고 강조하는 데 머물러, 좀 분명치 않은 논의가 되었다.

요컨대 차별이 존재하는 현상 운운은 별도로 치고, 상품경제가 옳고 성적 쾌락 추구가 옳다면 필연적으로 성 상품화도 경제 행위의 하나로 옳은 것이 된다는 점이 양자에게 공통된다. 그리고 거기서 성차별 현상과 상품경제 논리 및 쾌락 추구 공인은 별도의 것이며, 따라서 개별적으로 논의되어야 한다는 것이 쌍방의 암묵적인 전제이다. 즉 현 상황의 성매매와 성 상품화는 왜곡(소외)되어 있지만, 그 본질은 왜곡과는 아무런 상관이 없다는 것이다. 이는 철학적으로 말하면, 아주 익숙한 '현상(現象)과 본질의 이원론'에 다름이 아니다. 현상은 본질의 소외된 형태이며, 현상에서 소외(왜곡)된 부분을 제거한 것이 본질이라는 논리이다. 그렇게 말하면 1960년대 '연애의 본질'이니 '에로티시즘의 본질'이니 하며 논쟁을 벌였던 일이 생각난다. 항간의 연애와 에로티시즘은 이빨 빠진 것처럼 허전한 것이라며, 진정한 연애와 에로티시즘에 대해 이러쿵저러쿵 주장하던 논의였다. 항간의 연애와 에로티시즘밖에 모르던 나는 이러한 논의가 몹시 서먹하게 느껴졌다. 또 도대체 그보다 더 숭고하고 진정한 연애를 알 수나 있을까, 하는 생각이 들었다. 지금 그(녀)들의 논의를 앞에 두고, 나는 그때와 같은 서먹함을 느낀다. 현 상황을 분명히 그대로 용인할 수는 없다. 즉 나쁜 성매매와 나쁜 성 상품화가 만연하고 있는데, 진정한(상품경제와 인권의 논리에 맞는) 성매매 여성과 진정한 성 성품화가 더 좋은 것이라고 한들, 나와 같이 나쁜 것에 영향을 받은 머리로는 도저히 그 본질이라고 할까, 좋은 성매매니 좋은 성 상품화니 하는 따위는 상상할 수 없다. 아니, 나쁜 것에 영향을 받은 머리를 열심히 굴리니 하나 생각난다. 생활협동조합운동과 같은 감각으로 생산자(서비스 제공자)와 소비자를 연결하는 형태를 생각할 수 있겠다. 생협이 좋은 포르노와 좋은 성매매 여성을 골라서 소비자에게 배달 하는 것은 어떨까? 생협 운영에 페미니스트와 양심적인 소비자가 관여한다면, 이는 절대 안전하다고 할까, 반드시 좋은 상품을 제공할 수 있을 터이다. 생협의 무농약 채소를 먹고, 생협의 포르노를 보고, 생협의 성매매 여성과 섹스한다니, 왠지 몸도 마음도 건강해질 것 같다! "더 좋은 성 상품화를 향해"를 진지하게 주장하는 세치야마 씨가 특히 이 부분을 진지하게 고려해서 꼭 실현해 주었으면 한다.

농담은 이 정도로 하고 본론으로 돌아가자. 성매매와 성 상품화에서 그(녀)들의 공통된 전제는 본질과 현상의 이원론이며, 그 대전제는 성매매를 포함한 성 상품화에 관한, 양자의 실로 소박하면서도 공통된 이해이다. 그(녀)들에게 성 상품화란 단순히 금전과 교환해서 성적인 것과 성적인 서비스를 제공하거나 받는 것에 지나지 않는다. 그러므로 그(녀)들은, 에도(江戸) 시대의 유곽과 식민지 시대의 일본군 '위안부', 현재의 여고생 성매매가 모두 서비스를 제공한다는 점에서 매한가지이며, 다만 강제인가 자발적인가 하는 차이밖에 없다고 본다. 요컨대 전자가 나쁜 성매매이고 후자가 (약간 유보하는 듯하지만) 좋은 성매매라는 차이밖에 없다는 것이다. 확실히 금전과 교환해서 성적 서비스를 제공하는 것이지만, 거기서 말하는 성적 서비스에는 차이가 없을까? 반대로 말하면, 성매매를 하는 남자들의 요구에는 차이가 없을까? 매춘(賣春)과 매춘(買春)은 같은 말이지만 시대에 따라 그 의미가 다르지 않을까? 그러나 이러한 질문을 그(녀)들이 제기한 적은 없다.

왜 그(녀)들이 이러한 질문을 제기하지 않는가 하면, 그(녀)들에게 성이란, 유일하고 초역사적이며 영원불변하는 '성'만이 존재하기 때문이다. 같은 말과 같은 행위라도 의미하는 바가 변할 수 있다는 점을 그(녀)들은 이해하지 못한다. 그 기법이든 과격함이든 결국은 '현상(現象)'이 시대와 함께 변한 것이며, 그것이 의미하는 '내실＝본질＝성'은 인류사(아니 동물사)가 시작된 이래 변하지 않았다는 '성 본질론', 이것이 그(녀)들의 논의에 깔린 전제이다. 바꿔 말하면, "우연히 상품화하거나 상품화하지 않은 성이 존재한다" 또는 "처음에 성이 있었고 상품사회에서 그 일부분이 상품으로 되었다"는 소박한 '성의 본질론'이 그(녀)들에게 근본적이고 공통된 이해 사항이다. 금전을 매개로 성매매를 하든 그렇지 않든 거기서 실현되는 '성'은 어차피 남성과 여성의 섹스이며, 어느 시대나 어느 곳에서나 변하지 않는다는 것이다. 그렇기 때문에 그(녀)들의 논의는 상품이 된 성을 요구하는 사람도 있고 상품이 되지 않은 성을 요구하는 사람도 있는데, 다만 전자도 경제 법칙에 따른다면 비난할 수 없다는 정도이다. 또는 성이란 전인격적인 커뮤니케이션인데 상품이 된 성에는 진정한 성의 희열이 있을 수 없다는 정도의 논의에 머물렀다. 결국 이러한 논리적 전제에 서 있기 때문에 그(녀)들은 성 상품화를 마치 '성'이라는 불변적이고 보편적인 실체의 상품화라고 본다. 그런 까닭에 성 상품화에 대한 선악의 판단을, 요컨대 그것이 상품화의 규칙을 따르는가, 즉 '성' 상품화가 자본주의 경제 법칙에 의해 구성된 사회(이하 상품사회라고 부른다)의 규칙에 적합한가 하는 질문으로 축소해 버렸다. 그것은 마치 상품사회에서 낯선 상품인 성이 상품사회에 들어가려고 할 때, 상품 교환소를 대신해서 그 상품의 적격 여부를 따지고 준수해야 할 규칙을 논하는 것과 같지 않은가?

나는 이하의 논의를 진행하면서 이러한 '성 본질론'은 취하지 않겠다. 나쁜 성매매와 나쁜 성 상품화가 만연하고 성차별이 존재하는 현 상황에서 상품경제의 논리 및 쾌락 추구 공인, 즉 상품사회의 규칙은 원래 예외라고 하는 현상과 본질의 이원론은 취하지 않는다. 나는 여기서 다음과 같은 관점에서 논의를 진행하고자 한다. 상품사회는 좋은 것이든 나쁜 것이든 성매매를 포함한 성 상품화를 왜 재생산=생산하는가? 그것은 상품사회 속 어디에 위치하는가? 그리고 그것은 상품사회에 어떠한 효과를 가져오는가? 이러한 관점에서 논의를 진행하고자 하는 것은 현재 존재하는, 확대 재생산되는 현 상황이야말로 그 선악을 판단하기 이전에 고려해야 할 문제이기 때문이다. 현재 존재하며 재생산되는 사실로부터 상품사회에 적지 않은 역할=필요성이 있다는 점을 확인해야 하기 때문이다. 우리가 선악을 판단하기 이전에 상품사회가 그것의 필요 여부를 냉철히 판단하여 그 존재의 시비를 가릴 것이다. 성매매와 성 상품화가 존재·존속하는 것은 그것이 악이라는 논리적 근거가 희박하기 때문도, 악으로 간주할 세력이 약하기 때문도 아니다. 그 전에 상품사회가 그것의 존재·존속을 허락하고 또 장려하기 때문이 아닌가? 부정할 논리적 근거가 희박해서 존속하는 것이 아니라, 존속하기 때문에 부정할 논리가 성립하기 어려운 것이 아닌가? ― "현실적인 것은 합리적이며, 합리적인 것은 현실적이다." (헤겔)

이상과 같은 관점에서 나는 성 상품화(이하 단서를 붙이지 않을 경우에는 성매매를 포함하는 의미로 사용함)에 관해 다음의 세 측면을 차례로 고찰하겠다. 먼저 성적 행위가 경제 행위의 실현이라는 측면을 살펴본다. 다음으로 성적 쾌락 추구의 승인·장려라는 측면을 살펴본 후, 마지막으로 자위행위를 하는 신체, 즉 소비자인 성적 인간의 생산이라는 측면을 고찰함으로써 바로 성 상품화가 상품사회의 재생산과 아주 깊이 관련됨을 논증하고자 한다.

경제 행위로서의 섹스

성 상품화를 "성에 관련된 행위나 정보가 상품 형태로 (금전을 매개로 하여) 유통되는 것"(세치야마, 괄호 안은 동어 반복으로 불필요한 오해를 불러일으킬 수 있으므로 삭제해야 한다고 필자는 생각한다)이라고 정의한다면, 그것은 금전과 교환해서 성적 행위를 하거나, 성적인 것을 보여주고 보는 당사자들의 느낌과 의식을 벗어난 그 이상의 것을 의미한다고 봐야 한다. 즉 그것은 당사자 간의 의도를 벗어나 사회적 의미를 갖는다. 구체적으로 말하면, 성적 행위가 동시에 경제 용어로 기술할 수 있는 경제적 행위·경제 활동이 됨을 의미한다. 섹스를 한다는 것은 한쪽에게는 성적 서비스인 노동이 되며, 다른 한쪽에게는 서비스를 누리는 소비 활동이 된다. 따라서 성적인 것을 보이는 일은 가령 포르노 생산 활동이 되며, 보는 것은 가령 포르노 상품을 구매하는 소비 활동이 된다는 의미이다. 말하자면, 당사자만의 은밀한 일이 경제 활동의 공개된 자리로 나오면 더 이상 은밀한 일이 아니게 되어 버린다. 그것은 성적 행위를 기술하는 용어가 (가령 사랑과 유혹이라는 말에서 경제학 전문 용어로) 바뀌는, 단순한 서술상의 변화에 그치는 일이 아니다. 먼저 그것은 현실적으로 숫자로 제시되는 경제 활동이 되어 경제사회에 파급 효과를 가져온다. 성매매는 그것이 합법인 나라에서는 직접적으로, 비합법인 나라에서는 그 밖의 수치에 얹혀서 계산되는 식으로 해서 간접적으로 GNP를 향상한다. 비근한 예로 일본에서 (합법적인) 헤어 누드[hair와 nood의 합성어로 음모가 드러난 나체 사진을 말한다. 일본에서는 1993년 후반부터 출판 금지가 풀려 일부 잡지와 주간지에 게재되기 시작했다—옮긴이] 상품화가 출판계 일부에 호황을 가져다준 일이 기억에 새롭다. 그러한 의미에서 성 상품화는 눈에 보이는 형태로 상품사회에 일정하게 공헌하는 것이 틀림없다.

그런데 그뿐만이 아니다. 성적 행위가 경제 활동이 된다는 데에는, 가령 사랑과 유혹의 법칙 또는 그 지배에서 벗어나 시장경제의 법칙 아래 놓이게 되며, 시장경제의 지배 아래 들어간다는 의미가 함축되어 있다. 즉 당사자들에게만 한정된 직접 거래가 아닌, 금전을 매개로 하여 상품이 된 성의 생산자, 판매자, 소비자가 된다는 것이다. 요컨대 성적인 인간에게만 개방된 경제 거래에 그치지 않고, 나아가 성적 행위와 정보가 시장에서 거래될 수 있다는 암묵적 이해를 사회적으로 공유함을 의미한다. 성적인 것을 상품으로 생산하고, 상품으로 유통하고, 상품으로 소비할 수 있다는 것은 성적인 것이 시장에서 상품으로 존재하며, 그러한 존재를 사회에서 공통된 이해 사항으로 용인함에 다름 아니다. 성적인 것(행위, 정보)이 당사자들에게만 한정된 직접 거래에 그친다면, 사랑과 유혹의 자의적인 물물 교환 내지 부등가 교환이 될 가능성을 배제할 수 없다. 그런 까닭에 성적인 것을 앞에 두고 사람들은 불평등한 상태로 있는 것이다. 그러나 성적인 것이 상품으로 유통된다면, 시장경제의 법칙에 따른 교환에 의해서 원리적으로는 만인이 평등하게 접근할 수 있게 된다. 그러므로 가령 누군가 상품이 된 성을 사고파는 형태로 그 거래에 직접 관계하지 않아도, 성적인 것은 사회구성원 전체에게 항상 접근할 수 있는 상품으로 존재하며, 그러한 존재로 이해될 때 비로소 상품으로서 자격을 획득하게 된다. 바꿔 말하면 상품 교환에 실제로 관계하는 사람은 일부에 불과하고 실제 상품으로 교환되는 성적인 것도 극히 한정된 것에 불과하지만, 성적인 것은 모두 원리적으로는 상품으로 존재할 수 있다는 의미로 받아들여진다. 성적인 것은 시장에 나가기만 하면 언제든 거래가 가능한 상품으로 존재한다는 것이 공공연하게든 암묵적으로든 사회적으로 합의되며, 성 상품화는 그러한 내용까지 함의한다.

그렇다면 거기에서는 성적인 행위와 정보, 요컨대 성적인 것이란 어떤 특수한 상품의 사용 가치로 봐야 하지 않을까? 시장에 나온 수많은 상품 중에는 성적인 욕구를 충족하는 특수한 사용 가치를 가진 상품이 존재한다. 성적인 것이란 바로 그 특수한 상품의 속성이고, 성적 행위란 그 상품의 사용 가치를 실현하는 소비라고 받아들여진다. 성 상품화란 이렇게 해서 상품의 성화(性化)라고도 할 수 있게 된다.

가치로서 '상품화하지 않는 성'

　　　　　　　　　상품의 성화(性化), 나는 이 말로써
상품이 본래 의미로 성적 대상이 되는 것(성 상품화)에서 한발 나아
가 상품의 '성화'가 이루어짐을 비유적으로 말하고자 한다. 즉 모든
욕구 충족이 성적 욕구에 비유되고 상품화한 성이 상품 일반의 기본
이 되는, 상품의 소비가 더욱 소비를 부채질하고 소비가 바로 수요의
생산이 되는, 그러한 상품(사회)의 모습을 제시하고자 했다. 상품의
존재가 욕구 충족과 쾌락 추구를 부추기며, 그 전형을 상품이 된 성
에서 찾아낼 수 있다고 보기 때문이다. 앞의 논자들은 한결같이 성적
쾌락 추구라는 기본적 인권이 옳고 상품사회가 옳다면, 성 상품화도
원칙적으로 옳다고 하지 않을 수 없는 처지에 있다. 그런데 거꾸로
성 상품화 자체가, 성적 쾌락에 대한 요구를 기본적 인권으로서 옳다
고 하고 상품사회의 존재를 옳다고 하는 바로 그 논리의 근거라면 어
떠한가? 성 상품화가 성적 방탕을 부추기고 배금주의를 조장하며 청
소년의 건전한 육성에 유해하다는 초도덕주의자들의 언설에도 나름

대로 이유가 있는 듯하다.

성 상품화는 성적 쾌락 추구를 부추기는 과정인데, 그것이 '성'을 인간의 본질로 보는 '성＝삶' 이데올로기와 겹쳐져서, 쾌락 일반에 대한 추구를 기초로 한 상품사회의 확대·재생산에 기여하는 과정은 다음에 살펴보자(이 문제에 관해서는 『별책 다카라지마別冊宝島』에서 '항문 성교'의 상품화를 주제로 자세히 논했으니 관심 있는 독자는 참조하기 바란다[6]).

상품사회는 잇달아 새로운 상품을 개발해서 새로운 수요를 찾아내고, 그렇게 해서 소비를 부채질해야만 생산을 유지하고 확대해 나갈 수 있다. 이 점이 가장 적나라하고 노골적으로 드러나는 곳이 성 상품화 현장이다. 성적인 것이 한번 상품이 되면 계속해서 더 자극적인 상품화로 가지 않을 수 없다는 사실은, 그간 일본의 현실을 볼 때 누가 봐도 뻔하다. 가령 일반 주간지의 누드 사진은 판매 부수를 늘리기 위해 매주 그 외설스러움으로 앞을 다투어야 한다. 성매매 세계에서도 항상 새로운 기법을 개발하지 않으면 손님을 끌 수 없다. 포르노 비디오를 보면 무엇보다 그간의 사정을 한눈에 알 수 있다. 처음에는 성기 결합만으로 만족했던 것이 금세 그것만으로는 성에 차지 않게 되어 펠라티오(fellatio), SM〔사디즘과 마조히즘의 첫 글자를 딴 약어―옮긴이〕, 안면 사정, 배설물, 항문 성교 등으로 방법을 바꾸고 상품을 바꿔서 새로운 신체 기법을 영상화하지 않을 수 없게 되었다. 극히 제한된 소수 사람들의 신체 기법이 포르노에서는 일반적으로 되었다. 또는 지금까지는 성적인 것으로 간주되지 않았던 신체 부위가 성화(性化)하는 형태로 성 상품화와 개발이 이루어졌다. 소수의 신체 기법이 일반적인 것으로 되고 몸 전체가 성화(性化)하는 것은, 바꿔 말하면 새로운 성적 쾌감의 발견이요 새로운 성적 쾌락의 추구이다. 물론 현재는 오로지 남성 소비자를 대상으로 한 상품 개발인 이상 남성의 쾌락 추구가 중심이어서, 남근·발기·사정의 쾌감이 주된 의미이며, 여체의 쾌락은 부차적 의미밖에 가지지 못한다. 즉 남근이 여체의 신체 부위에 새로운 기법을 구사해서 새로운 쾌감을 획득하며, 여체의 온몸은 남근의 위력에 의해서 성적 쾌감이 개발될 수 있다는 의미에서 제한된 신체 총체의 성화(性化)이자 쾌락 추구에 지나지 않는 것이다.

어쨌든 이런 형태로 새로운 성적 쾌락 추구가 상품이 되는 것은 새로운 성적 쾌락을 바라는 소비자가 존재하고, 동시에 그 상품이 새로운 성적 욕구를 부추긴다는 의미이다. 펠라티오나 SM, 항문 성교가 정도의 차이는 있지만 일반화한 데(더 이상 변태라고 보지 않는 것)에는 포르노 비디오 등으로 상품이 된 성이 결코 적지 않은 영향을 미쳤다. 그 일반화가 확실히 그러한 것에 대한 욕구를, 상품이 된 성에 대한 소비를 더 부추긴다. 즉 상품이 된 성과 현실 사이에는 상호 인과 관계, 아니 상승 작용이 존재한다. 상품이 된 성은 현실에서 이데올로기 교육 효과를 낳으며, 현실은 상품이 된 성에 그 개발 동기를 부여하는 소재를 제공한다.

이렇게 말하면 좀 지나치다고 할지 모른다. 성매매 관계자도 포르노 감상자도 실제는 아주 한정된 사람들이어서 그 영향이 미미할 것이라고 말이다. 그러나 실제로 금전을 지불하는 사람은 분명히 한정되지만, 상품이 된 성은 그 존재만으로도 금전을 지불하지 않는 사람에게조차 앞서 서술한 바와 같이 거의 보편적이라고 할 만큼 교육적효과를 가져다준다. 실제로 상품사회에는 그 존재를 알리려는 무료네트워크가 널려 있는 듯하다. 새로운 성적 상품은 주간지나 텔레비전 등 매스미디어가 얼마든지 무료로 선전해 준다. 따라서 금전을 지불하지 않고도 성매매 실태나 포르노 내용을 얼마든지 알 수 있는 구조인 셈이다. 그렇게 해서 무료로 유통된 정보 덕택에 성 상품은 비로소 상품으로서 존재할 수 있게 되며, 그 무료 정보가 상품이 된 성의 존재를 빠짐없이 알려 줌으로써 성적인 것이 상품이 될 수 있다는사실을 밤낮으로 쉬지 않고 전달한다.

그뿐만이 아니다. 일반적이라는 것은 본래 전혀 성적인 것이 아닌상품도 그 심상을 선전하는 데 상품화한 성을 많이 사용한다는 의미이다. 가령 여성 누드를 공공연하게 보임으로써 여성의 나체가 사랑과 유혹의 법칙을 넘어서 시장경제의 법칙 아래 유통된다는 점을 백일하에 드러낸다. 마치 상품 일반이 시장경제 아래 있으면서도 그 법칙을 넘어서 사랑과 유혹의 대상이 될 수 있는 부가 가치, 즉 여성 나체의 성적 매력을 닮고 싶어하는 듯하다. 성적인 것이 상품의 비유가되고 상품이 성적인 것의 비유가 되는, 상품과 성적인 것의 상호 비유 관계가 여기에 존재한다.

그렇지만 왜 그렇게까지 해서 상품이 성적인 것을 닮고 싶어하는가? 성적인 것이 일반 상품과 마찬가지로 시장경제의 법칙 아래 있으면서 어떻게 해서 여전히 사랑과 유혹의 대상이 될 수 있는가? 나는 여기에 성 상품화(같은 말이지만 상품이 되지 않은 성, '성의 본질론')의 가장 심오한 지혜가 들어 있다고 생각한다.

성 상품화 또는 상품이 된 성의 뒷면에는 공공연하든 비밀이든 반드시 상품이 되지 않은 성과 성의 본질이라는 말(개념)이 상정되어 있다. 그러한 대치 개념이 없다면 성 상품화는 의미를 갖지 못한다. 가령 코카콜라는 상품화하지 않은 코카콜라라는 대치 개념이 없어도 독립적 상품으로 존재하며, 상품이 아니면 존재하지 않는다. 그런데 거꾸로 상품이 되지 않은 성은 그것만으로는 아무런 의미와 가치를 갖지 못한다. 그런데 애초부터 상품으로 만들어진 것이었다면 그 밖의 상품과 구별되는 부가 가치가 거의 없게 된다. 성적인 것은 상품이 아니어도 존재할 수 있다는 공통된 인식 위에서만 비로소 유의미한 상품이 될 수 있다. 애초에 상품이 아니었는데 우연히 상품으로 존재한다는 점에서, 상품으로서 성적인 것에는 다른 상품에는 없는 특별한 의미와 가치가 부여된다. 이것이 상품이 된 성을 보는 사람들의 공통된 이해 사항이다.

그런데 성 그 자체니, 상품이 되지 않은 성이니, 성의 본질이니 하는 것들은 도대체 어떻게 해서 알려졌으며 존재하게 되었을까? 성의 본질은 오직 사랑과 유혹의 법칙에, 또는 인간성의 본질에 관계되며 본질적으로 상품이 아니었다는 인식은 어떻게 해서 가능하게 되었을까?

나는 성에 관해서도 노동 문제와 그 사정이 같다고 본다. 즉 상품이 됨으로써 비로소 근대적인 의미에서 노동(개념)이 탄생했으며, 노동력 상품이 탄생함으로써 비로소 상품이 된 노동(임금 노동)인 생산 노동과 상품이 되지 않은 노동(무상 노동)인 재생산 노동·비생산 노동의 구별이 성립되었다. 동시에 양자의 공통된 본질로 노동 그 자체(라는 개념)가 성립된 것이다. 상품이 된 노동의 소외감에 의해 상품이 되지 않은 노동 그 자체에 장밋빛 인간의 본질이자 인간성의 확증 행위인 듯한 심상이 부여되었다. 이와 마찬가지로 성도 상품이 됨으로써 비로소 상품이 된 성(금전을 매개로 한 성)과 상품이 되지 않은 성(가령 애정만을 매개로 한 성)의 구별이 생겨났고, 양자의 공통된 본질로서 성 그 자체의 쾌락이라는 성에 관한 인식이 탄생했다. 바꿔 말하면, 전에 혼인 내부에서 이루어졌던 성적 행위가 상품화해서 성매매 행위가 된 것이 아니라, 성 상품화에 따라 성매매의 성적 행위는 상품화한 성으로, 혼인 내의 성적 행위는 상품화하지 않은 성으로 각기 구별된 것이다. 동시에 이 양자의 행위가 같은 성적 행위이자 같은 성적 서비스라는 추상화(동일하다는 인식)가 비로소 가능하게 되었다. 상품화한 성에 의해 상품화하지 않은 성이 장밋빛으로 그려졌다. 그러자 역설적이게도 상품화한 성의 상품 가치가 높아지기까지 했다. 본래 상품이 되어서는 안 되는 것이었기에, 또 그렇게 간주되어 왔기에 상품화한 성의 비싼 값이 용인되었다.

요컨대 성 상품화란 성의 본질적인 성립과 궤를 같이하며 동전의 앞뒷면처럼 같은 것의 두 표현인 것이다. 우리가 성적인 존재라는 것은 또는 성이 인간의 본질이라는 것은, 성 상품화와 같은 의미이며 그 다른 표현에 지나지 않는다. 노동이 인간의 본질이라는 슬로건이 노동력 상품화에 의해 성립된 자본주의 사회에서 만들어진 것처럼 말이다. 그러므로 성 상품화는 단순히 금전 운운할 문제가 아니다. 그것은 우리 뼛속 깊숙이 침투한 성의 현황이자 성적 존재로서의 바로 우리 모습이며, 우리 누구 한 사람도 관계가 없다고 말할 수 없는 우리 신체의 모습으로 이해해야 한다. 노동력 상품화가 단순히 부분적 현상 따위가 아니라 우리 삶 그 자체를 규제하는 것처럼, 그리고 상품이 되지 않은 노동의 본질을 묻는 시도가 항상 유토피아로 귀결되었던 것처럼 말이다.

선진적 상품사회에서 '성교육'의 필요성이 증가하는 현상도 이렇게 보면 아주 의미심장하다. 그것은 성 상품화가 진전되는 가운데 시장경제의 냉혹한 법칙 아래서 성적인 것이 그 밖의 노동이나 상품과 차이가 점차 희미해지는 상황에 직면하여, 성이 인간의 본질에 관여하는 중대사이자 삶 그 자체라는 이데올로기 교육을 통해 성의 본질, 즉 상품이 된 성의 가치를 유지하려는 것이다. 또한 급속히 부패하는 상품의 가치 하락을 막는 역할도 담당하고 있다. 아니, 그것은 나아가 상품이 된 성의 교육 효과와 맞물려서 상품화한 성의 소비자를 생산하는 소임까지 담당하고 있다고 하겠다.

자위하는 신체 생산

성은 인간성과 관련된 중대사이고 성의 추구는 인간적이므로 성의 쾌락과 그 (상품) 가치에 돈과 시간을 쏟을 만하다는 이데올로기 교육이 이루어지고 있다. 온갖 매스미디어와 교육 장치, 상품사회의 일상생활 전체가 하나 되어 벌이는 이러한 이데올로기 교육에 의해서 상품화한 성의 소비자가, 자위하는 신체가 생산된다. 시장경제의 법칙이 사랑과 유혹의 게임까지 침입했다느니, 상품화한 쾌락이 연애와 섹스의 자리까지 잠입했다느니 하는 말만으로는 불충분하다. 시장경제의 법칙을 따르지 않으면, 사랑과 유혹의 게임이 성립되지 않는다. 즉 연애도 섹스도 상품화한 쾌락을 실현하는 자리에 불과한 셈이다. 비디오에서 본 사디즘·마조히즘과 항문 성교를 애인과 즐기는 것이 연애와 섹스의 모습이다. 이것이 바로 쾌락 추구와 시장경제가 인간 본질의 체현인 듯한 사회에서 연애와 섹스가 보이는 실태인 것이다.

앞의 논자들은 말한다. 성적 쾌락 추구가 옳고 상품경제가 옳다면,

성 상품화는 필연적이라고 말이다. 바로 그렇다. 그렇지만 동시에 성 상품화가 성적 쾌락을 옳다, 상품경제를 옳다고 하는 바로 그 장본인이라는 점을 덧붙여야 한다. 거듭 서술한 바와 같이 그(녀)들이 소박한 발상에 빠져 이 말을 덧붙이지 않은 것은, 실은 그(녀)들이 파는 신체에는 주목할 수 있었지만 사는 신체에는 주목하지 못했기 때문이다. 말할 필요도 없이, 성 상품화에는 파는 사람은 물론이고 사는 사람이 필요하다. 즉 상품화한 성에 의해 쾌락을 얻을 수 있는 상품을 성적 대상으로 즐길 수 있고, 성적 쾌락을 주저 없이 실컷 즐기는 그런 능력이 있는 신체의 존재가 불가결하다. 구체적으로 말하면, 상품을 구입할 금전적 능력과 상품에서 성적 쾌락을 얻을 수 있는 정신적 능력을 겸비한 인간의 존재 말이다. 돈을 가지고 얼굴도 모르는 타인과 관계를 맺어 성적 만족을 얻을 수 있고, 단지 물건에 지나지 않는 사진이나 문장을 보고 성적 흥분을 일으킬 수 있으며, 그리고 무엇보다 성적 쾌락을 얻기 위해 돈과 시간을 아낌없이 쓰는, 그런 능력과 정신과 신체를 가진 인간=소비자가 없다면 성 상품화는 성립될 수 없다. 성매매를 할 수 있는 신체, 요컨대 소비 능력을 가지고 자위하는 사람들의 존재가 성 상품화의 불가결한 전제이다. 거꾸로 말하면, 성 상품화 사회는 항상 그런 성매매를 할 수 있는 신체를, 자위할 수 있는 신체를 계속 생산해 내어야만 존속할 수 있다. 그런 사회에서는 성적 쾌락이야말로 돈과 시간을 들일 만한 아주 멋진 일이라며 밤낮으로 온갖 매스미디어를 동원해 선전해서 자위하는 사람을 만들어 낸다. 그리고 그렇게 해서 생산된 자위하는 사람들이 성 상품화를 저변에서 지탱한다. 상승적 순환 관계이다. 자위하는 사람을 만들어 내고 자위하는 사람들에게 소비 능력을 갖게 하는 것, 그것이 성 상품화의 경제 전략이다. 확실히 자위할 수 있는 신체를 가진 우리는 성 상품화의 전제인 동시에 그 귀결이기도 하다. 자위할 수 있는 신체가 성매매를 하는 신체에 돌을 던져도 부메랑이 되어 자신에게 돌아올 뿐이다.

요약하면 이렇다. 성 상품화란 성매매를 하는 신체와 자위하는 신체를 생산해 내는 것이다. 성 상품화를 문제 삼으려면 그런 신체의 생산 시스템과 메커니즘을 묻고, 나아가 자본주의적 상품사회와 소비사회를 문제 삼아야 한다. 비유컨대, 지금은 성적 욕망이란 바로 상품에 대한 무한한 갈망이며, 성적 행위란 바로 상품을 질리지 않고 소비하는 것에 불과하기 때문이다.

3장

성매매와 자본주의적 일부다처제

오구라 도시마루(小倉利丸)

성매매에 관한 마르크스주의의 고전적 해석

보편적인 인신매매의 특별한 표현인 성매매 — 문제의 틀

카를 마르크스는 『경제학·철학 수고』에서 "매음은 노동자가 보편적으로 몸을 파는 행위의 어떤 특별한 표현에 지나지 않으며, 인신매매는 강제로 팔리는 사람뿐만 아니라 파는 사람도 포함되는 관계—후자의 저열함이 더 크다—이므로 자본가 등도 이 범주에 들어간다"[7]고 단적으로 정의했다. 성매매에 관한 고전적 정의인, 이 초기 저서에 쓰인 구절이 널리 알려진 『자본론』의 '과잉 인구에서 나온 룸펜 프롤레타리아'의 정의보다 더 유익한 시사를 우리에게 준다.

『경제학·철학 수고』에서는 이어서 "우리가 무엇이며 무엇을 할 수 있는가는 결코 우리의 개성에 의해 규정되지 않는다. 나는 추남이지만 아무리 아름다운 여자라도 살 수 있다. 따라서 나는 추남이 아니다"[8]라며, "화폐 소유자인 나(남자)에게는 화폐의 권력이 바로 개성을 결정한다"고 자본주의에서 시장경제의 왜곡을 적확히 지적했다. 성매매를 그 밖의 상품 매매나 서비스 상품과 구별하려는 여러 논의에 대해서, 마르크스가 노동력 상품화—초기에 마르크스는 아직 노동력이 상품이라는 개념을 확립하지 않았다—의 한 특수 형태에 지나지 않는다고 단언했을 뿐만 아니라, 사는 쪽인 남자에게는 사는 행위에 수반되는 '의미'—돈만 있으면 추남도 미남이 된다—를 언급한 점은 주목할 만하다. 왜냐하면 상품 매매에는 화폐의 일반적 등가물인 경제적 권력과, 파는 쪽의 사용 가치에 대한 인상 구축이라는 두 가지 조건을 빼놓을 수 없기 때문이다. 돈을 가진 남자가 자신을 '여자에게 인기 있는 남자' 상으로 그리는 상황은, 화폐라는 권력을 가진 남자가 성 시장에서 전략적으로 만들어진 남성상을 꿰어 맞춘 결과이다.

이렇게 해서 자본주의 아래서 노동력 상품화가 일반화했는데, 그 특수한 한 가지 형태인 성산업의 매춘 노동에 의한 성 상품을 이용하는 행위는 이 상품을 소비하는 남성의 처지에서 보면 일상생활의 노동력 재생산을 위한 성적인 욕망 충족 과정이기도 하다. 동시에 노동력 재생산 과정에서 드러나는 성에 관한 욕망과 그 충족은 상품 시장 밖에 있는 가사 노동 영역의 남녀 관계에서도 찾아볼 수 있다. 성산업 밖에 있는 여성의 처지에서 보면, 가사 노동과 성상품 시장은 완전히 다른, 분단된 영역인 듯하다. 그런데 남성의 처지에서 보면, 자신의 신체를 매개로 항상 그 절반은 성 시장에, 남은 절반은 가족 관계 내부에 두는 식이 된다. 남성에게는 매일 회사에 나가서 일하는 것과 가정에서 휴식을 취하는 것이 같은 일상생활의 다른 두 측면인 것처럼, 성적인 욕망의 환기와 충족을 성 시장에서 채우는 것과 처·애인하고 채우는 것은 성적인 일상생활의 다른 두 측면이다.

이상을 염두에 두고 이 글에서는 시장과 가족의 두 영역을 매개하는 남성이라는 신체의 관점에 착안해서 남성과 여성의 관계를 서술하고자 한다.

아우구스트 베벨의 이중 규범 지적

마르크스는 성매매에 그다지 큰 관심을 두지 않았다. 그것은 자본주의를 분석하면서도 가사 노동과 성별 역할 분업 등에 관한 관심이 낮았던 것과 같은 맥락이다. 한편 아우구스트 베벨(Bebel, August)의 『여성론』은 성매매에 관해 꽤 깊이 있는 논의를 전개했다. 베벨은 『여성론』에서 '시민사회에 필요한 사회제도인 매춘'이라는 장을 따로 설정해서 성매매를 검토했다. "결혼은 시민사회에서 성적 생활의 한 면을 나타내며, 매춘은 다른 한 면을 나타낸다. 결혼이 동전의 앞면이라면 매춘은 그 뒷면"[9]이라는 것이 그의 기본 관점이다. 그리고 그는 남성과 여성에게 다음과 같은 이중 규범이 존재함을 지적했다.

> 남자들끼리는 항상 매춘을 이용하는 것을 '법률상' 부여된 자신들만의 특권이라고 인정한다. 그러므로 매소부(賣笑婦)가 아닌 여성이 '실수'를 저질렀을 때 그들은 더 엄격하게 감시하고 비판한다. 여성

도 남자와 마찬가지로 충동을 느끼며, 일생의 어느 시기에는 다른 시기보다 더 강한 충동이 일어난다는 점에 대해서는 무관심하다. 남자는 자신의 지배적 지위를 이용해서 여성의 강렬한 충동을 힘으로 억누르며, 여성의 정조를 사회적 신용이나 결혼의 조건으로 삼는다.[10]

베벨은 성적인 충동에 남녀의 차가 없음에도 여성이 일방적으로 금욕을 강요당하는 반면 남성은 자유롭게 성욕을 충족하고 누리는 체제에 대해서, "똑같이 자연스러운 충동을 만족하는 것에 관해 근본적으로 다른 해석과 판단을 내리는 것이야말로 남성에 대한 여성의 종속을 단적으로 부당하게 표현한 것"이라고 날카롭게 비판했다. 그리고 성매매에 대해 다음과 같이 썼다.

남자들에게 사정이 특히 유리하다. 자연스런 생식 행위의 결과를 여성에게 떠넘기고 남성은 향락 외에는 애쓸 일도 책임질 일도 없다. 여성과 비교할 때, 이 유리한 지위는 남성들 대부분의 특질을 이루는, 성적 요구의 방종을 촉진한다. 그런데 합법적으로 성욕의 만족을 방해하고 제한하는 많은 요인이 있어서 그 결과 방종한 생활을 통해 성욕을 채우는 것이다.
여기서 매춘은 경찰·상비군·교회·사기업 제도와 마찬가지로 시민사회에 필요한 한 사회 제도이다.[11] (방점은 일본어판 번역서에서)

성매매가 시민사회에 필요한 제도라는 베벨의 지적은 비유로서 이해된 적은 있으나 문자 그대로 이해된 적은 없었다. 경찰·상비군·교회·기업에 관한 많은 분석과 연구에 비해, 시민사회에서 성매매—성의 상품 시장—의 역할이 현저히 경시되어 왔다는 점에서도 단적으로 알 수 있다.

그렇지만 성매매가 그 밖의 경찰·상비군·교회·기업 제도와 같이 시민사회 속에서 공공연하게 정당해졌던 것은 아니다. "국가가 일방적으로 매춘의 필요성을 공인했지만 지방에서는 매소부와 매춘을 매개한 자를 박해하고 처벌했고", "실제로 종교나 도덕으로는 매춘을 극단적으로 배척하고 법률은 이를 방조해 처벌했는데, 국가는 이를 암묵적으로 허가하고 보호했다"시피 상반된 태도를 취했다. 이러한 국가의 태도는 여성에게 결혼과 출산으로 이어지는 지배적 생애 주기를 유지하도록 강요하는 것이었다. 한편, 이러한 국가의 태도에는 자본주의하에서 노동력 상품화는 긍정하면서 그 특수한 상품화만 부정하는, 상품경제적 합리성을 찾아내지 못하는 딜레마가 있었다.

베벨은 마르크스보다 깊게 이중 규범을 이야기했지만 성 시장을 노동력 재생산이라는 맥락 속에서 밝히지는 못했다. 이 관점을 깊이 검토하는 것이 이 글의 과제이다. 그 전에 자유주의적 성매매관에서부터 성적인 욕망에 관한 최근 학설에 이르기까지 몇 가지 논의를 먼저 검토하고자 한다.

성매매론의 사정거리

도덕적 필요악설 비판—해블록 엘리스

성매매에 관한 접근은 여러 관점에서 논의된 오랜 역사를 갖고 있다. 특히 20세기 초 해블록 엘리스(Ellis, Havelock)가 『성의 심리(Studies in the Psychology of Sex)』에서 논의한 성매매 분석은 문제의 시각을 포함해서 고전적인 성매매의 시비론을 정리하는 데 아주 중요할 뿐만 아니라, 여기에 소개된 성매매 관련 신구(新舊) 논의들이 오늘날에도 상식과 사회 통념 속에 확고하게 뿌리내리고 있다는 점에서도 검토할 필요가 있다.

엘리스는 "매춘이란 보수를 받는 대신에 여러 이성이나 동성의 성적 욕구를 채워 주는 직업이다"[12]라고 정의하면서 근대적 성매매를 그 이전의 성매매와 분명히 구별해서 논하려는 태도를 취했다. 엘리스는 다음과 같이 서술했다.

여성이 사랑과 애정의 관념이 전혀 없이 그저 직업상 아무에게나 몸을 팔고 그래서 그런 직업 때문에 사회에서 같은 여성에게서까지 따돌림을 당하는 일은 발달된 문명사회에서 처음 나타난 현상이다. 이 점을 봐도 오늘날의 매춘을 원시 시대의 유물로 치부하는 관점은 완전히 잘못된 것이다.[13]

가족이 근대화 과정을 통해 노동 조직에서 소비 조직으로, 즉 노동력 재생산 조직으로 변질됨에 따라, 부부 관계에서 성욕 충족이 더 중요한 위치를 차지하게 된다. 그런데 남성이든 여성이든 반드시 애정이 있어야만 성욕이 채워진다고는 말할 수 없다. 연애결혼 제도와 성욕 충족 사이에 존재하는 '격차'는 '자본주의 사회에서 총체로 필요한 인구=노동력 재생산'을 위협할 가능성을 항상 내포하고 있다. 따라서 연애결혼 제도에서 일탈한 성욕을 통제할 고유한 제도·규범·언설이 요구되었다.

가령 일부일처제를 유지하면서 처와 딸의 정조에 높은 가치를 부여하는 보수적 도덕주의자들은 "개량되어 가는 사회의 위생 상태를 유지할 필요" 때문에 성매매가 불가피하다며, "선량한 가정을 지키는 요새로 일부일처제를 동전의 한 면으로 본다면 성매매는 또 다른 한 면에 해당하는 불가피한 현상"[14]이라고 보고 용인했다. 이에 대해 엘리스는 "도덕상 매춘을 용인하는 논의는 그 전제로서 우리의 현행 결혼 제도가 무한히 존중받아야 한다는 점을 인정하고, 현행 결혼 제도를 지탱하는 데 도움이 된다면 아무리 추하고 비난을 받아도 존재시키지 않으면 안 된다는 사고에 기초하고 있다"[15]고 지적했다.

엘리스는 성매매 필요악설이 현 상태의 성매매를 정당화하는 어떤 구실에 지나지 않는다는 점을 이해했다. 또한 "개인 생활이 관리되는 복잡한 현대 생활의 기계적 매너리즘을 감소시켜서 그 무미건조한 단조로움을 끝내고 생활에 활기와 변화를 주는 것이 매춘의 영향력"[16]이라고 서술했듯이, 성매매의 원인으로 도시 생활의 격심한 생존 경쟁을 지적했다. 사교의 기회가 많아지고 익명성과 호기심을 부추기는 환경으로 말미암아 "도시 생활은 사람들의 사회적 야심을 강화하고, 높은 생활비로 인해 가정을 갖는 시기를 늦춘다"[17]는 것이다. 이렇게 해서 결혼의 대용 또는 보완으로서 성매매에 대한 수요가 높아졌다. 엘리스는 판에 박힌 소외된 노동, 공동체적인 인간관계 해체, 그리고 도시 경제의 사생활 침투 등 몇 가지 요인이 복합적으로 작용해서 성매매가 구조화한 것이라고 간파했다.

보수적 도덕주의자들이 주장하는 성매매 필요악설은 남성이 성매매 여성을 경멸하는 태도와 연결되어 있다. 이에 대해 엘리스는 다음과 같이 지적했다.

> 현대의 도덕적인 견지에서 보면, 청년들뿐만 아니라 많은 남성들이 여전히 매춘부를 경멸하는 것은 잔혹하고 부조리하다. 한편, 그들은 매춘과 관계가 없다는 이유만으로 다른 여성에게는 경의를 표하는데, 이는 매춘부에게는 더욱 잔혹하고 부조리한 처사이다.[18]

여성을 모욕하고 차별하는 감정을 가진 남성이 한편으로는 여성에게서 상품화한 성적 서비스를 받는다는 관계는 확실히 평등한 인간관이라는 관점으로 본다면 결코 용인할 수 없는 관계라고 하겠다. 그런데 시장경제에서 계약의 평등은 실질적 불평등을 항상 덮어서 감춘다. 오히려 일반적인 노동력 상품화를 포함해서 직업에 대한 존경과 모멸은 각 사회의 문화적 가치관과 밀접하게 연관되어 있다. 다음에 살펴보는 클로드 레비스트로스의 '여자 교환' 설은 이런 점에서 검토할 만한 관점을 제공한다.

'여자 교환' — 클로드 레비스트로스

클로드 레비스트로스(Lévi-Strauss, Claude)는 혼인과 생물학적 성교섭을 분명히 구별했다. 그리고 근친혼 금기시 속에서 문화적 사실로서 혼인 관계를 규명하고자 했다. 다시 말하면, 양성이 어떠한 관계를 갖는가 하는 것은 언뜻 보기에 동물의 성교나 종의 유지·재생산과 마찬가지로 인간에게도 본능적 과정이자 자연스런 과정이라고 간주하기 쉽지만 반드시 그러한 것은 아니라며 문화적 관점을 제시했다.

이러한 의미에서 레비스트로스에게 문화는 규칙이다. "문화의 본원적 역할은 집단이 집단으로서 존재하는 것을 보장하는 것"[19]인데, 이는 혼인 관계에도 해당되며, 근친혼 금지는 집단 규칙의 한 예라는 것이다.

집단의 통일성을 유지하는 조건으로 레비스트로스가 제기한 또 하나 '일반적 모델'은, '희소 생산물 체계'의 기초인 분배와 소비의 시스템이다. 이 시스템에서는 수요에 대해서 재화가 만성적 희소 상태이며, 따라서 사회 내부에서 항상 수요를 채운 부분과 그렇지 못한 부분 사이에 욕구의 불균등이 생겨난다. 특히 그는 여성이 희소성을 띤 중요한 교환물임을 지적했다.

생물학적으로 남녀의 탄생 비율이 거의 반반이므로 이것만으로는 여성의 희소성이 생겨나지 않는다. 그런데 여성의 희소성을 일반적 모델로서 레비스트로스가 제시한 것은 그가 단혼(單婚)을 예외로 보고, "사회적·생물학적 관찰에 따라 인간에게는 이러한 경향(복혼複婚—인용자)이 자연적이고 보편적"이라고 보았기 때문이다. "우리 눈에 일부일처제는 적극적 제도로 비치지 않는다"며, "경제적·성적 경쟁이 심한 사회에서 일부일처제는 단순히 일부다처제의 제한에 불과하다", 아니 도리어 서구 근대 사회에서도 "일부일처제는 일반적 규칙이 아니었다"[20]고 했다. 게다가 여기서 말하는 희소란 단순히 수의 문제가 아니며, 남성에게 매력적인 여성이 애초부터 적다는 전제 아래 레비스트로스가 설정한 것이다.

레비스트로스의 '여자 교환'론은 거듭 비판을 받았다. 가령 엘리자베트 바댕테르(Badinter, Elisabeth)가 『남자는 여자, 여자는 남자』에서 지적했듯이, 남성은 본성적으로 일부다처제 경향이 있다. 그런데 모든 여성이 항상 남성의 관심을 끈다고 할 수는 없다는 점을 근거로 여성이 희소한 교환 대상이 된다는 것을 소위 일반적 원칙이라고 한다면, 여성은 불리한 보편적 비대칭성에서 벗어날 수 없게 된다. 게다가 이러한 '여자 교환'이 근친상간 금기라는 인간 사회 일반에 나타나는 규범에서 나온 것이라고 한다면, "여성을 물건의 범주에 넣는 상태가 계속"되어, "언뜻 보기에 우리에게는 도망할 길이 전혀 없게"[21] 되어 버린다.

뤼스 이리가라이(Irigaray, Luce)도 『하나이지 않은 성(Ce sexe qui n'en est pas un)』에서 레비스트로스가 여자 교환을 보편적인 것으로 간주한 점을 비판했다. 나아가 왜 남자 교환은 안 되는가 하는 문제를 제기하지 않는 그의 논의에 대해서, "여자라고 하는 성적 물질의 착취가 우리 사회에서 문화적 지평을 형성하고 있으므로 그 지평 내에서는 이 착취를 해석할 수 없다"[22]고 신랄히 비판했다.

바댕테르와 이리가라이의 비판은 정당하다. 그렇지만 이리가라이도 지적했듯이, 레비스트로스의 논의는 그의 의도와는 달리, 자본주의하에서 '여자 교환'을 이해하는 데 많은 시사점을 제공한다고 하겠다. 특히 그가 근대 사회도 일부다처제 사회라고 할 수 있을지 모른다고 시사한 점에 대해서는 좀더 깊이 검토해 볼 여지가 있다.

자본주의하의 '여자 교환'

자본은 시장을 매개로 여자를 취득한다. 성산업에서 노동력인 성매매 여성뿐만 아니라, 자본은 성에 기초한 노동의 각종 영역과 미세한 행위까지도 빼앗아 그 생산 과정과 유통 과정을 성적인 존재로 전환시켜 자본 스스로의 성욕을 충족한다. 이는 사무실에서 강요되는 '여성스러움'과 '여직원(Office Lady)'의 역할에 구조화되어 있다. 한편, 국가는 노동력 재생산 영역을 남편들과 공유한다. 섹슈얼리티에 관한 논리와 도덕 기준을 만들고, 사회 보장에서 주택 정책, 중절을 둘러싼 규제, 피임약 인허가, 상속 제도, 국적과 호적 제도에 이르기까지, 국가는 각종 비시장적인 수법으로 부부 관계의 미세한 성적인 욕망과 행동에 개입한다.

자본·국가가 여자를 취득하는 방법은 처에 대한 남편의 점유율을 몇 퍼센트씩 훔쳐 내는 교묘하고 은밀한 방법으로 이루어진다. 그 때문에 이 사회는 외관적으로 일부일처제의 균형적 제도를 이용하면서 자본·국가에 의한 권력 구조를 재생산할 수 있고, 또 한편으로는 여성을 빼앗긴 남성들에게는 실제와 비슷한 일부다처제 시스템이 준비되어 있는 것이다. 바로 시장에서 성산업에 의해 여성이 공급되는 방식으로 말이다. 그렇지만 이는 여성의 성적 서비스에 대한 일시적 사용권만을 상품화해서 파는 방식이며, 성적 노동력인 여성 그 자체를 파는 것은 아니다. 그 자원은 항상 자본의 손안에 있다. 이렇게 해서 성산업에서 남자들은 일시적으로 일부다처제를 누린다. 이것이 바로 자본과 국가에게 빼앗긴 처에 대한 지배를 메워 주는 반대급부이다.

이 점을 시야에 넣고 레비스트로스의 '교환론'을 살펴보자. 레비스트로스는 다음과 같이 서술했다.

혼인을 구성하는 총체적 교환 관계는 각기 무엇을 주고받는 한 남자와 여자 사이에 성립하는 것이 아니다. 이 교환 관계는 남성으로 이루어진 두 집단 사이에 성립하며, 거기에서 여성은 교환 관계의 상대가 아니라 교환되는 한 물건으로 모습을 드러낸다. 흔히 그러하듯이 딸의 감정을 고려한다 하더라도 이 점은 진실이다. 딸이 결혼 제안에 동의한다 해도 그것은 교환의 실시를 재촉하고 허락할 뿐이며, 교환의 성격 자체를 바꿀 수는 없다.[23]

자본주의 사회에서 연애결혼과 같은, 여성의 주체성과 의지를 존중하는 듯한 혼인 제도가 지배적이라고 한들, 그보다 더 큰 시스템 속에서 보면 개별 주체의 주관과 감정은 문제되지 않는다. 구조적으로 보면 "여성은 그 관계의 상대가 아니라 교환되는 한 물건"이며, 주체는 남자이다. 이 관점을 견지하는 것은 반대로 변혁 주체로서 여성의 의의와 의미를 더 명확하게 한다.

주로 미개 사회를 대상으로 한 레비스트로스의 논의를 가지고 근대 자본주의 시스템을 읽는 것이 과연 적절하냐고 묻는 독자가 있을지도 모르겠다. 그렇지만 레비스트로스 자신은 위의 논의에 이어 이렇게 서술했다.

혼인이 개인 간의 계약인 듯이 보이는 우리 사회에서도 이 관점을 엄중히 견지해야 한다. 왜냐하면 혼인이란 남녀 한 쌍 사이에 전개되기 시작한 호혜 교환의 사이클이며, 그 혼인에 부수되는 의무가 여러 상황을 규정한다. 그런데 이는 더 확대된 호혜 교환 사이클의 부차적 양식에 불과하다. 이 확대된 사이클이야말로 한 남자와 누군가의 딸이자 자매인 한 여자의 결합을, 그 누군가와 그 남자 또는 다른 남자의 딸이자 자매의 결합에 의해 보장하는 것이다.[24]

즉 "혼인의 기초인 호혜 교환의 연대는 남성과 여성 사이에서가 아니라 여성들 덕분에 남성과 남성 사이에서 성립되며, 여성은 이 경우 그 관계의 주된 요인에 불과"[25]한 관계는 미개 사회이든 고도 자본주의 사회이든 공통된다는 것이다.

이렇게 해서 레비스트로스의 논의는 성매매 문제를 논할 경우, 아주 본질적인 부분을 시사한다고 하겠다. 즉 첫째, 교환은 시장경제의 성산업과 비시장경제의 혼인 관계를 관통하는 초제도적인 차원이다. 둘째, 이 초제도적인 차원에서 여성은 '물건'이며, 남성 간의 교환 시스템이 생겨난다. 셋째, 외관적으로 일부일처이지만 그 배후에 숨겨진 일부다처제가 구조화되어 있으며, 이것이 자본주의적 성을 둘러싼 자본·국가의 권력 구조를 재생산한다.

그렇지만 레비스트로스의 논의에는 남성의 성욕에 천착한 논의가 부족하며, 교환과 분배에 대한 높은 관심에 비해 '생산'과 '재생산'은 그 배경에 그친다. 또한 여성을 '물건'의 위치에 놓는 것만으로는 여성에 대한 성적 욕구를 교환의 중요한 전제로 삼는 자본주의적 교환 시스템을 설명하기에 불충분한 면이 있다.

시장과 권력

성이라는 과제에서 찾아낼 수 있는 권력의 주체는 하나가 아니다. 국가는 성산업이 활동하는 시장경제와 가족 관계의 양쪽에 법적 강제력을 발휘한다. 그런데 가족법·민법과 같은 법에 따른 규제는 습관적·종교적 규범에 기초한 개개인의 가족 관계나 부부 관계에 의해서 아래에서부터 지지되어야 하는데, 이때 가장 중요한 점은 이러한 법 규범에서는 성에 관해서 노골적으로 규범을 설정할 수 없다는 점이다. 특히 성적인 쾌락과 성교섭 그 자체에 관해서는 아무런 규범도 정할 수 없다. 성적인 쾌락의 향유는 위법이 아니며, 출산 목적 이외의 섹스도 위법이 아닌 듯이 보인다. 그렇지만 주변부를 살펴보면 반드시 그렇다고만 단정할 수 없다. 성적인 쾌락을 동성에게 요구하는 일이나 자위 행위, 항문 성교, 오럴 섹스, 수간(獸姦)에 대한 금기, 근친혼과 동성애 금지, 미성년 또는 아이들에 대한 (넓은 의미에서) 성행위 금지, 피임과 중절에 대한 비판과 금지는 역사적으로 근대 이후의 사회에서도 찾아볼 수 있으며, 오늘날에도 찾아볼 수 있다. 이러한 것들이 주변부에 놓여 있다는 사실은 성적 쾌락과 성교의 범위에서 중심을 어디에 두고 무엇을 주변부에 배치하는가를 아는 데 중요한 참조 틀이다.

이 참조 틀에서 우리는 성을 둘러싼 자유와 규제가 여러 회로를 거쳐 최종적으로 인구 재생산 질서와 연결되며, 이 질서에 합치하지 않는 성적 쾌락은 주변부에 제도화해 기능하게 함을 알 수 있다. 이 관점에서 보면, 근대 사회의 성 질서에는 기본적으로 출산을 목적으로 하는 성교만을 사회적으로 정당한 성교·성욕으로 간주하는 관점이 뿌리 깊게 남아 있다. 나아가 출산을 의도하지 않는 성교·성교섭도 교묘하게 출산을 위한 성교·성교섭의 질서를 지탱하는 조건으로 배치되어 있다. 피임을 한 남녀 간의 성교나 동성 간의 성교는 다 출산과 연결되지 않지만, 성적 질서 내에서 양자의 배치는 다르다. 현재

사회에서는 동성애가 더 주변부로 배제될 가능성이 높다.

출산은 가족 제도 안에서 인구와 노동력 재생산의 결과라고 사회적으로 자리 매김할 수 있다. 그렇지만 실제로 가족 구성원인 개인은 오히려 연애와 애정을 끈으로 공동생활을 영위하고 그 결과 아이를 낳고 키우는 것이다. 공동체적인 규범과 친족 조직이 더 이상 사회의 기본 조직이 아니며 시장 시스템 아래서 인구 수십만~1000만 명 단위 도시로 이루어진 익명의 근대 사회에서는, 레비스트로스가 논한 것처럼 결혼에 이르는 사람들의 의사소통 과정을 사촌 간의 결혼처럼 친족 집단의 규범으로 구속하기는 불가능하다. 이를 대신해서 연애라는 새로운 시스템이 나왔음은 앞서 논했다. 성욕 환기는 이 시스템에서 사람들을 결혼, 출산으로 이끄는 불가결한 역할을 담당한다.

가족 제도 안에서 부부 간의 성교섭이 항상 아이 출산을 전제로 이루어지는 것은 아니며, 오히려 대부분은 피임을 하고 성적인 욕망을 충족하고자 이루어진다. 이는 앞서 논한 것과 모순되지 않는다. 왜냐하면, 연애로 상징되는 것처럼 부부 관계의 기본이 성적인 욕망에 기초한 결합임을 경험한 근대 이후의 가족에서는 성적인 충족이 가족 관계의 재생산과 관계 확인에 불가결하기 때문이다. 이 확인을 통해서 가족은 그 관계를 재확인함과 동시에 아이를 낳아 키우는, 남성을 중심으로 한 노동력 상품의 공급을 안정시킬 수 있었다. 성적인 욕망과 그 충족은 여러 금기와 금지에 둘러싸여 있어, 마치 겉으로는 반사회적인 행위를 접하는 것 같지만, 실은 근대 자본주의 아래서 인구와 노동력을 재생산하는 데 성적인 욕망을 환기하고 충족하는 일은 불가결한 장치이다.

이렇게 해서 성욕 표출을 긍정하게 되었는데, 이 긍정은 앞서 서술한 대로 연애, 결혼, 출산이라는 맥락이 아니면 근대 사회에서 인구와 노동력의 재생산을 이루지 못한다는 의미이지, 성적인 욕망 일반을 무조건 전부 긍정한다는 의미는 아니다.

상품이 된 성은 일반적으로 출산과 가족 제도의 바깥에 위치하며, 주로 남성의 성적인 욕망에 관한 영역이다. 성적인 욕망이 출산으로 연결되지 않을 때, 이 부분을 담당하는 것이 시장의 성산업이며 거기서 일하는 성노동자들이다. 이러한 의미에서 성산업은 남성의 생활상 필요한 식품 산업이나 복식 산업과 다를 바 없다. 그렇지만 근본적으로 다른 부분이 하나 있다. 그것은 성이 권력의 기반이라는 점이다. 식욕을 채우거나 옷으로 치장하기가 권력 작용과 관계가 없다고는 단정할 수 없다. 그렇지만 성관계에 인간과 인간의 관계, 특히 사회적 재생산을 포함한 관계의 기초가 존재하는 한, 성관계의 통제는 동시에 인간관계를 통제하는 측면을 가지므로 권력이 행사되는 장이 되는 것이다. 즉 주로 남성을 소비자로 해서 성욕 환기와 충족이 이루어지는 시장이 형성됨을 의미하며, 여성은 그 속에서 주로 남성에게 성적 서비스를 하는 노동자가 된다. 성을 둘러싼 소비와 노동 시장이 양성 사이에 비대칭적으로 배치되어 있는데, 이는 실은 시장경제가 성을 둘러싼 권력 장치로 기능함을 나타낸다.

이렇게 해서 성의 두 측면인 쾌락과 재생산은 자본주의 시스템 아래서 쾌락은 시장에, 재생산은 가족에게 각기 사회적 분업으로 할당되었다. 이 성적인 사회적 분업의 관점에서 보면, 남성과 여성의 관계는 공식적 혼인 관계의 배후에서 사실상 성적 관계로는 일부다처제의 사회적 구조 안에 있는 셈이다.

게다가 시장이 담당한 성적 관계와 성적인 욕망 충족 시스템이 연애·결혼·출산이라는 지배적 시스템을 보완하도록 규제하는 일은, 시장경제의 자유 경쟁에 맡긴다고 해서 자동적으로 실현되지는 않는다.

시장의 성 상품화에는 '매춘방지법'에서 볼 수 있는 위법 영역이 포함된다. 그렇지만 성매매의 위법성은 그다지 엄격하게 적용되지는 않는다. 그러기는커녕 주로 사는 쪽인 남성이 아니라 파는 쪽인 여성을 반도덕적으로 보고, 성매매를 목적으로 한 고용 계약과 장소 제공 등을 범법으로 판단한다. 주로 공급 측을 규제하는 이 법률은 한편으로 성 상품화가 어떠한 조건에서 합법이 되느냐는 기준을 제공해 성 산업의 합법적 영역을 제시한다. 위법적인 방법을 참조하면 합법적인 성 상품화의 길이 열리기 때문이다.

반대로 수요 측을 규제하는 것은 극히 어렵다. 만약 규제하려고 하면 수요 측을 일반적으로 위법 처리할 수밖에 없기 때문이다. 이 수요 측의 규제는 오히려 '여자를 사거나 여자를 데리고 노는' 정도가 가족 관계를 무너뜨리지 않도록 암묵의 규범을 만들어 낸 가부장제적 이데올로기에 의한 규제인데, 다른 회로에서 가져온다. 수요에 대한 규제는 '노는 절도'에 대한 규제에 불과하며 그 정도로 현재의 시스템이 충분히 유지된다고 본다. 아니, 오히려 수요 측의 규제로 연애에서 가족 제도에 이르는 인구와 노동력 재생산의 지배적 시스템이 보장된다. 한편, 성산업은 이 시스템에서 일탈된, 주로 남성의 성적인 욕망을 시스템에 장애가 되지 않도록 처리하는 불가결한 장치이다. 그리고 공식적인 혼인 제도 밖의, 또 다른 성적인 욕망 충족 시스템 속에서 이루어지는 남성의 성교섭도 혼인 제도를 지탱하는 필수조건이다. 이러한 의미에서 근대 사회도 일부다처제의 한 변형이라고 볼 수 있겠다.

한편, 여성의 성적인 욕망은 이러한 외부 시스템조차 가지지 못한다. 앞서 살펴본 바와 같이, 이 점도 성적인 욕망이 출산과 가족으로 수렴되는 근대 사회 시스템이 가져온 편향이다. 생산을 위한 '자원'에 일정한 여성을 동원할 필요가 있으므로, 여성의 대부분이 출산과 관계가 없는 성 상품화 시장으로 배분되는 것은 시스템이 바라는 바가 아니다. 시스템은 여성의 성적인 욕망을 우선 직접·간접적으로 출산과 연결하는 방향으로 기능한다. 이런 의미에서 연애나 부부 관계에서 성적 쾌락을 요구하거나 충족하는 것은 전혀 문제가 없다. 그렇지만 성적 쾌락은 출산에 필요한 행위로 보기 때문에 그 쾌락의 가치는 부차적으로 인정되는 것에 불과하다.

이렇게 해서 근대 사회에서도 성적인 욕망은 가치 있는 것으로 인식되지 못했다. 자위나 동성애 금지는 사회와 시대에 따라 인식에 큰 차이가 있었지만, 성적 쾌락과 성교 양식에서 언제나 지배적인 자리를 차지하지 못했던 것도 그 때문이다.

범법을 받아들인 시장경제
- 조르주 바타유

성적인 욕망이 사회 질서 안에서 범법 행위의 영역을 형성하는 일은 여러 사회에 알려져 있다. 동시에 이러한 성적인 욕망을 혼인 관계의 성 행위로 환원할 수 없다는 점도 많은 사회에서 인정한다. 조르주 바타유(Bataille, Georges)가 말하는 '오르기아[orgia, 오르가슴의 어원으로서 광연(狂宴)으로 번역되기도 한다—옮긴이]'의 성적인 방종은 결국 기독교 교회의 지배하에서 금지되고, '사바트(Sabbath)'와 같은 연회도 절대 금지되었다. 부정한 것, 악마적인 것, 에로틱한 것을 세속 세계로 분리한 기독교의, 음탕함과 성스러움에 대한 처사는 반대로 세속화가 보통이 된 근대 사회에서는 그 효과와 의미를 아주 상실한 듯하다.

19세기 영국 빅토리아 조의 세속적인 지배 아래서 에로티시즘은 죄와 자유 사이에서 찢겨졌다. 가족도 에로티시즘을 받아들이는 제도로 바뀌지는 않았다. 가족은 성관계로 맺어진 남녀의 관계에 기초해서 성립되지만, 성적인 욕망을 충분히 보장하는 제도를 의미하지는 않았다.

바타유는 결혼이 에로티시즘과 관계가 없다고 하지는 않았지만, 반대로 결혼으로 에로티시즘이 완전히 충족된다고 하지도 않았다. 바타유는 결혼에 '과정'과 '상태'라는 두 가지 의미가 있다고 했다. '과정'은 아마 성행위가 가져다주는 쾌락을 가리키고, '상태'는 혼인 관계의 오랜 '습관'이자 '반복'된 관계를 가리키는 듯하다. 후자의 의미에서 결혼은 노동력으로서 출산과 육아, 가사 담당자인 여성의 경제적 가치가 중심을 이룬다. 바타유는 이 습관이자 반복된 관계의 두 측면을 지적했다. 하나는 성적인 관계를 반복하면 양자 사이의 관계가 익숙해지고 그에 따라 안정되고 깊은 이해를 얻을 수 있다는 측면이다. 그러나 인간의 에로티시즘에 대한 욕망은 이러한 익숙하고 반복된 관계로 수렴되기 어렵다. 또 다른 측면은 이와 반대로 익숙하고 지속적인 관계에서도 사라지지 않는, 비규칙적이고 무질서한 범법을 불러일으키는 성적인 욕망이다. 게다가 규칙화한 질서 유지에 끼어든 범법과, 결혼처럼 정당한 성적 규범 제도는 상호 의존 관계를 만들어 낸다. 물론 이 상호 의존 관계는 남성에게 편리한 의존 관계이자 자본주의 사회 전체 시스템의 인구=노동력 재생산에 없어서는 안 될 조건이다.

바타유는 성적인 욕망과 그에 연관된 에로티시즘 충족이라는 과제를 결혼한 남녀의 성적 행위에서 찾지 않고, 오히려 결혼 밖의 '불륜'과 성매매에서 찾고자 했다.

> 결혼으로 절대 무력해지지 않을 정도로 깊은 사랑에, 대관절 불륜에 의한 사랑의 세례를 받지 않고도 가까이 갈 수 있을까? 불륜에 의한 사랑만이 법규보다 더 강한 것임을 사랑에게 가르칠 힘을 가지고 있지 않은가?[26]

이는 '오르기아'와 '사바트'와 연결되며, 혹은 보들레르가 "나에게 말하라면, 연애의 유일하고 지고한 쾌락은 나쁜 짓을 한다는 확신에 있네. 남자도 여자도 온갖 기쁨이 악 속에 있음을 태어날 때부터 아는 것"[27]이라면서 "쾌락은 범법과 연결되어 있다"고 서술한 것과 깊이 관련된다.

바타유가 논한 성적인 욕망의 사회적 조감도는 아주 냉소적이다. 즉 합법적 성관계인 부부 관계에서는 실은 에로티시즘의 계기를 빼앗길 뿐이며, 완전히 빼앗기지 않더라도 범법과 악, 불규칙적 행위로 나타나는 에로티시즘은 계속되는 부부 관계에 의해 희생된다는 것이다. 동시에 가족은 성적인 욕망을 충족하려는 집단이 아니라—이는 근친상간을 금기시한 것에서도 알 수 있지만—근대 이전 사회에서는 노동 조직이었고, 근대화 이후 사회에서는 소비=노동력 재생산을 위한 조직이었다. 교회가 항상 가족 편에 서려 하듯이, 가족은 어떤 성스런 속성의 상징이었다. 그것은 세속화한 가족 이데올로기에서도 마찬가지이다. 왜냐하면 근대 가족에는 소비 뒤에 숨겨진 노동이 있고, 그 노동은 동시에 성적 행위에 숨겨져 있기 때문이다.

한편, 성스러운 속성에 속하는 가족 관계에서 벗어나 가족에 들어가지 않는 관계는 '악'의 편으로 쫓아낸다. 근대 사회에서 연애와 성의 자유가 그 전의 사회에 비해 크게 인정된 듯 보이지만, 에로티시즘으로서 성적인 욕망은 가족 제도 안에서는 충족되지 않으며, 그 바깥의 범법 영역을 필요로 하는 듯하다. 그렇지만 범법이 문자 그대로 '악'이나 '죄'로 방치될 리가 없다. 어느 사회이든 이러한 범법은 제도화되어서 통제되기 마련이다. 이렇게 해서 '오르기아'나 '사바트'

또는 전근대 일본의 '마쓰리(축제)'에서 나타난 성적인 방종과 요바이[夜ばい, 밤에 애인의 집에 몰래 다니는 것, 특히 남자가 여자의 침실에 몰래 찾아가 정을 통하는 행위를 말한다―옮긴이]와 같은 관습은 근대 사회에서는 '불륜'과 성매매로 대체되었다.

성욕의 다형성(多形性)과 그 억압 ― 존 머니

존 머니(Money, John)는 『사랑과 사랑병(Love and Love Sickness)』에서 성욕의 다형성을 밝혔다. 바꿔 말하면, 남성과 여성이라는 성의 이분법에 기초한 고정관념의 성욕은 문화적·사회적으로 형성된 것이며, 선천적이거나 유전적·생물학적인 것은 아니라고 했다. 젠더의 역할을 말할 정도로 고정된 형태가 아니라면, 몇 가지 귀찮은 문제가 발생한다.

그것은 남자든 여자든 상대와 관계가 아주 복잡하게 된다는 것이다. 이성애와 혼인에 의한 가족 형성 시스템이 가장 안정적이라는 것은 남성의 성 역할과 여성의 성 역할이 상호 대응하거나 보완적이라는 가설이 성립할 경우에 한정된다. 즉 남성이 여성에게 갖는 성욕도 여성에게 느끼는 성적인 만족도 상대가 누구든 기본적으로 변함이 없으며, 여성도 상대가 누구든 기본적인 성욕과 그 충족에는 변함이 없다고 한다면, 혼인에 의한 남녀의 대응 관계는 적어도 성욕 충족의 관점에서 영원히 지속되는 것이 자연스럽다.

그런데 머니가 밝힌 것은 그렇지 않다. 오히려 금기된 이상(異狀)

성애를 포함해서 성욕 환기를 촉진하는 방식과 그 촉진의 양상이 아주 다양하다는 것이다. 게다가 그러한 다양성은 개인 내부에도 존재할 가능성이 있어서, 이성애자라고 믿는 사람이 정말 이성애만을 받아들이는지는 알 수 없다는 것이다. 킨제이 보고서 이후 상식이 되었듯이, 예상 밖으로 많은 사람이 어떤 형태로든 동성애를 경험한다고한다. 또한 다양한 페티시즘[fetishism, 물신주의, 맹목적 숭배. 이성의옷가지 등 특정한 물건을 숭배하고 거기에서 성적 만족을 얻는 성욕 도착을가리키기도 한다―옮긴이]과 패러필리아[paraphilia, 성적 도착―옮긴이]가 개인 안에 공존할 수 있다. 그렇다면 특정한 상대에 대해서 상대방도 똑같이 만족하는 성적 행위의 조합을 찾아내는 일은 매우 곤란할지 모른다.

머니가 지적한, 다양한 성적 쾌락 형태를 좀더 살펴보자. 머니는패러필리아와 페티시즘에 관해서 다음과 같은 흥미로운 사실을 지적했다.

> 많은 패러필리아들은 생득설과 양육설 옹호자에게 특수한 문제를드러낸다. 가령 여성의 스타킹이나 유아용 고무 팬티를 숭배하는 경우를 생각해 보면 된다. 스타킹에 대한 숭배, 유아용 팬티에 대한 숭배와 성적 흥분 사이에 불가분의 관계를 만드는 유전적·생득적 결정인자가 존재하리라고 추측하는 것은 바보 같은 짓이라고 생각하지 않는가? 똑같이 클리스머필리아(klismaphilia, 관장애灌腸愛―인용자)에 대해서도 말할 수 있다. 클리스머필리아의 경우 성적 행위

를 해낼 수 있느냐는 상대가 미리 관장을 해주느냐에 달렸다—이는 자주 관장을 해서 이것이 에로틱한 흥분의 원인이 되어 버린, 유년 기에 기원을 두는 절차인 것이다.[28]

　보통의—일반적으로 생각되는—성적 행위에서 주변적 관계가 중심적 역할을 담당하는 경우는 여러 형태에서 찾아볼 수 있다. 패러 필리아의 행위에는 분명히 범법이고 유해한 행위가 있다. 머니는 쾌 락 살인, 강간, 상대를 조정해서 자신을 죽이는 경우 등을 지적했다. 이러한 범주화는 현실의 성적 행위가 대부분 이런 범주의 중간 영역 에서 이루어진다는 복잡한 현실 문제를 단순화할 우려가 있다. 사실 머니도 유해와 무해의 경계에 관해서는 "일정한 규칙이 없다"[29]고 했 으며, 어떤 규칙이 있다면 "상대가 지키는 성역을 부당하게 침입·침 해하고 합의를 하지 않아서 일방적인 후유증을 남기는" 경우가 될 것 이라고 서술했다. 오시마 나기사(大島渚)가 쓴 『사랑의 투우(愛のコリ ―タ)』에서 목을 조이면서 하는 섹스 장면은 극히 이상한 풍경처럼 보이지만, 패러필리아 중에 아스픽시오필리아[sexual asphia, 성적 질식―옮긴이]는 질식에 의해 성욕을 높인다고 알려져 있어서 반드 시 이례적이라고 단정할 수는 없다. 그렇다면 패러필리아에게 문화 적 맥락은 무시될 수 없으며, 게다가 그 문화적 맥락 속에서 성적인 욕망도 형성될 수 있는 것이다.[30]

　이 글의 주제인 성매매에서 패러필리아가 중요한 것은 두 가지 관 점에서이다. 하나는 많은 경우 일부일처제에서 배우자와 가능한 성적인 형태에는 한계가 있는 데 비해, 성적 서비스의 상품화는 다양한 서비스를 제공할 수 있기 때문이다. 또 하나는 패러필리아가 심상 환기와 깊이 관련되어 있다는 문제와 연관된다. 머니는 다음과 같이 서술했다.

> 모든 패러필리아에게 공통되는 특색이란, 그것은 반드시 공상에 의한 드라마로 의례를 동반하며, 이 공상은 심상—주로 시각적인 상—속에서 리허설을 하는데, 상대할 사람이 한 명 이상 조연으로 등장하며, 나아가 연출용 소도구를 설치하거나 특별히 설치하지 않은 상태에서 상연 즉 실현된다.[31]

이 심상 환기는 시장경제에서 소비자 행위를 촉진하는 기본 조건이다(이 점에 관해서는 뒤에 다시 언급하도록 하겠다).

성적인 이단의 세속화와 가족 내부의 소통 문제

일찍이 교회가 성적인 이단을 처벌하던 시대가 있었는데, 현대에도 세속 권력이 이런 기능을 이어받은 점이 서구의 문헌에서 일반적으로 지적된다. 머니도 이러한 성도덕에 대한 '검열'의 세속화를 지적했다. 교회를 대신해 법률과 민중의 관습을 통해서 성적인 규범과 금기가 사회적으로 재생산되었다.

세속적 권위가 절대 지령을 내릴 때 그것은 독재 정권이 된다. 우리는 오늘날 사람들의 성적 행동뿐만 아니라 사람들이 읽고, 눈으로 보고, 듣는 것, 혹은 마음속에 품고 있을지 모르는 것마저 제약하는 성적 독재 정권(Sexual Dictatorship) 아래서 살고 있다. 어떠한 일탈도 '세속적 이단'으로 간주되는 것이다.[32]

그렇지만 여기에 특징적인 모순이 생겨난다. 성적인 범위를 세속적으로 정하라는 압력이 생겨나는 한편, 이 성적 규범에 대해서 민중은 명확한 언설로 통제 수단을 가질 수 없다. 특히 가족은 아이들에게 성에 대해 설명하지 못하며, 보통 아이들에게 성에 관련된 사항은 금기 영역이 된다.

부모는 보통 아이들의 성적 발달에 관해서 뭐든지 아는 것이 당연하다고 생각하지만, 한편으로 자신들의 사생활에 관해서는 아이들에게 뭐 하나 밝히지 못한다. 그 결과 일방적인 대화는 가정 내 성교육에서 진실의 솔직함을 빼앗아 버리는 격이 된다. (중략) 인간의 경험을 구성하는 요소 중에 에로틱한 섹슈얼리티에 관해서 우리는 자신의 아이들에게 직접적·시각적으로 전하지 못하고 그 대신 말로 전한다. 또래 아이들 사이에 관례가 된 습속(folkways)이나 책, 때로는 대리인에게 그 전달의 소임을 맡겨 버리는 유일한 경험 요소이다.[33]

세속화된 성적 규범의 텅 빈 상태가 바로 프로이트의 오이디푸스

콤플렉스 가설을 낳았지만, 동시에 방대한 성산업 시장을 창출한 것
도 사실이다. 가족의 '청결'한 도덕은 성매매에 대한 방파제가 되기
는커녕, 오히려 그 반대가 되어 성산업을 지탱하는 사회적 기반이 되
어 버렸다.

자본주의와 결혼·가족 제도

성적 쾌락을 둘러싼 시장은
왜 형성되는가

성매매는 고대 그리스에도 있었던 현상이라는 것이 성매매의 보편성을 주장하는 사람들의 말인데, 근대 사회에서 보이는 성매매를 근대 이전의 성매매와 동일시하는 견해는 지지할 수 없다. 왜냐하면 자본주의는 고유한 생산 관계에 의해 경제를 지배하고 게다가 상품 생산 관계가 자본주의 경제의 기본 축을 이루므로, 상품 생산이 경제의 주변부에 위치하는 전(前) 자본주의적 생산 양식과는 상품 판매의 사회적 기능이 결정적으로 다르기 때문이다. 성매매라는 성적 쾌락 서비스의 상품화는 자본주의에서는 지배적 생산 양식의 내부에 위치하지만, 그 외의 사회에서는 주변적인 경제 양식 내에 위치한다.

확실히 어떠한 사회 구조에서도 그 이전 사회의 다양한 시스템을 새로운 구조에 포함하느냐 폐기하느냐 하는 선택이 강요된다. 봉건제에서 자본주의로 이행하는 과정에서 생산 관계·법 제도·정치 제도의 면에서는 결정적인 단절을 찾아볼 수 있지만, 가족 관계·언어와 문화·대중적인 습관 등은 많은 경우 연속성을 찾아볼 수 있다. 그리고 자본주의하의 '매춘'도 분명히 그 전의 '매춘'을 계승한 측면이 있다. 그러나 근대의 '매춘'은 공장화와 함께 대량으로 도시에 유입되어 상품이 된 노동력이라는 자본주의적 특질을 무시하고는 논할 수 없다. 즉 성매매의 주요 인구는 19세기부터 20세기 중반까지는 공장노동자였으며, 그 후 노동력을 구성하는 요소가 화이트칼라로 바뀜에 따라 성매매의 중심도 화이트칼라로 옮아갔다. 공장노동자도 사무노동자도 자본주의 성립과 더불어 나온 새로운 인간 유형이다. 이러한 수요 측의 변화를 무시할 수는 없다. 이들 수요자가 어떠한 성적 욕구를 가지고 성적 서비스를 누리려고 했느냐는 근대 이전의 성매매와 근대 이후의 성매매를 동일시하는 몰역사적 성매매 일반론으로는 해명할 수 없다. 바꿔 말하면, 성 상품이 사용 가치를 갖는 역사적 성격을 고려할 필요가 있다.

상품 교환 또는 상품의 소비 행위로서 성매매는 오늘날까지 경제학자의 주목을 받지 못한 분야이다. 자본주의를 최초로 확립한 19세기 영국에서 시장경제의 중핵을 담당한 것은 면 공업과 제철업 같은 제조업이었다. 아담 스미스도 마르크스도 물건 생산과 그에 필요한 노동을 경제의 중심으로 보았고 서비스 노동을 경시했기 때문이다.

그렇지만 여기서 중요한 것은 생산된 상품이 물건이냐 서비스냐가 아니다. 어느 쪽이든 상품 매매가 경제와 일상적인 소비 생활의 중심을 차지하게 되었다는 점이다. 이러한 사회에서 사람들의 욕망 구조는 상품의 구매 행위를 중심으로, 비시장경제에서는 볼 수 없는 특이한 행동을 만들어 낸다. 성매매 문제는 상품경제에서 소비 욕망의 문제를 고려하지 않으면 이해할 수 없는 문제이다. 다시 말하면, 성매매는 성적인 욕망의 고유한 문제가 아니며, 오히려 소비 욕망의 성적인 측면으로 이해할 필요가 있다.

이러한 성매매는 두 가지 관점에서 볼 필요가 있다. 하나는 가족 및 노동력 재생산의 관점에서 성적인 욕망이 부부 관계에 어떤 위치를 차지하는가, 또 하나는 시장경제하의 상품 소비에 대한 욕망이라는 관점에서 시장을 통해 성적 쾌락을 충족하려는 소비자의 욕망이 어떻게 해서 만들어지는가를 이해하는 것이다.

가족의 사회적 기능

자본주의 시스템의 유일한 한계는 자본제 생산 양식으로는 인구 재생산을 하지 못한다는 것이다. 따라서 필연적으로 자본의 조직을 지탱하기 위해 노사 관계나 기업 조직의 외부에 가족이 구성되지 않으면 안 된다.

가족의 기본 기능은 거시적 사회 구조에서 보면 인구 재생산이자 매일의 노동력 재생산이다. 육아를 포함한 가사 노동은 이런 의미에서 노동력 재생산이며, 남녀 간의 특정한 성별 역할 분업에 기초하고 있다. 가령 레오폴디나 포르투나티(Fortunati, Leopoldina)는 다음과 같이 서술했다.

자본주의적인 남녀 관계는 개인의 관계가 아니라 생산 관계이며, 남성을 매개로 자본과 여성 사이에서 이루어지는 교환이다. 이는 극히 복잡한 과정이며, 그 현상(現象) 형태와 실제 기능이 이중적으로 작용한다. 이 복잡함은 두 측면의 교환에 반영된다. 한편으로는 가변 자본이 가사 노동으로 교환되며, 또 한편으로는 가변 자본이 매춘 노동으로 교환된다. 즉 형식적으로는 남성노동자의 임금이 여성의 가사 노동 또는 매춘 노동과 교환되는 것으로 나타나지만, 실제는 가변 자본과 가사 노동의 교환, 남성노동자를 매개로 한 자본과 여성노동자의 교환인 것이다.[34]

가사 노동을 노동력 재생산=공급 노동으로 보면, 이 가사 노동은 확실히 남성을 매개로 한 자본과 여성노동자의 교환이라고 볼 수 있는 측면이 있다. 즉 여성 가사 노동자는 노동력 재생산 노동을 제공하며, 이에 대해 자본은 남성노동자의 임금을 매개로 여성의 가사 노동 성과와 상품이 된 노동력을 취득하는 것이다. 가사 노동이 자본과 직접적으로 교환되는가? 남성노동자는 단순히 자본의 매개자일 뿐인가? 가사 노동은 사회의 필요 노동량으로 환원되는가? 이런 문제에 관해서 많은 논쟁이 있지만, 지금 여기서는 논하지 않겠다. 이 점을 별도로 하면 가정 안에서 이루어지는, 일반적으로 비사회적 행위로 간주되는 가사 노동은, 실은 자본주의에서 잉여 가치를 생산하는 데 불가결한 노동력 재생산 부분을 담당하고 있다. 이 점은 엥겔스로부터 현대의 마르크스주의 페미니스트에 이르기까지 거듭 지적해 온

부분이다. 그런데 포르투나티는 가사 노동과 성판매 노동을 "노동력 재생산 노동의 두 가지 중요하고 특수한 사회적 노동 형태"[35]라고 나란히 생산적 노동에 편입시킨 점이 특징이다. 즉 성적인 욕망 충족은 일상생활에서 의식주를 충족하는 것과 더불어 남성노동자의 노동력 재생산에 필수 조건이라는 것이, 암묵적인 전제이다. 이 점을 가사 노동과 연관하여 지적했다는 것이 중요하다.

그러나 위의 지적에서 빠진 논점이 있다. 그것은 성적인 욕망 충족이 왜 가족 관계 또는 부부 관계 안에서는 충족되지 않는가, 왜 시장의 성적 서비스 공급에 의존하는가 하는 문제이다. 앞서 서술했듯이 이 문제는 성적인 욕망의 다형성과 관련된다. 또한 뒤에서 살펴보겠지만, 가사 노동이 공급하는 서비스인 의식주까지 시장의 서비스에 의해 대체되거나 공존하는 형태가 생겨나는 것은 무엇 때문인가 하는 문제와도 통한다. 나아가 충족되어야 할 욕망이 상품경제적으로 다양한 형태로 형성되는 것과도 관련된다.

연애결혼이라는 제도

특수 자본주의적 짝 찾기 기구인 연애

노동력 재생산을 담당하는 제도인 가족, 그 가족의 핵을 이루는 성인 남성과 여성은 어떻게 해서 사회적으로 짝을 찾는가? 이 짝 찾기를 촉진하는 사회적 조건은 무엇인가?

친족을 기본으로 한 공동체가 해체되고 익명의 개인들이 노동력으로 유입되면서 구성된 자본주의 도시에서 남성과 여성이 만나서 혼인에 이른다. 이 과정에서 전통적 친족 조직의 혼인 규범이 서서히 붕괴되면서 전혀 알지 못하는 남녀가 만나는 새로운 규칙이 필요하게 되었다. 이 규칙이 연애라는 점은 앞서 서술했다. 연애는 성적인 욕망을 혼인에 의한 가족 형성으로 매개하는 성애의 특수 형태이다. 연애가 언제나 혼인으로 연결되지는 않지만, 반대로 혼인은 대부분 연애를 전제로 한다. 따라서 연애는 항상 잠재적으로 혼인으로 귀결할 가능성이 있는 것으로 간주된다.

그렇다고 해서 연애가 자본주의의 특유한 현상만은 아니다. 가령 브로니슬라브 말리노프스키(Malinowski, Bronislaw)는 고전적 연구인『미개인의 성생활(The Sexual Life Of Savages)』에서 트로브리안드 제도의 성생활과 혼인에 관해서 기술했다. 트로브리안드 제도 주민의 경우, 이들의 성적 행위나 성에 관한 지식, 성적인 금기는 서구세계의 기준으로 보면 아주 느슨하다. 또한 아동 시기부터 성적인 접촉이 빈번히 이루어지며, 연애 관계도 이른 시기부터 보인다. 연애 상대를 고를 때는 언뜻 자유로워 보이지만 반드시 그렇지만은 않다고 한다. 같은 씨족에 속한 이는 결혼 대상에서 제외되며, 같은 정치적 영역 내 10~12개 마을의 사람 중에서 상대를 선택해서 결혼한다. 또한 신분이 높은 여성은 신분이 낮은 남성과는 결혼하지 않는 것이 보통이라고 한다. 이렇게 해서 "배우자는 동일 씨족에 속하지 않고 신분이 크게 다르지 않으며 어떤 지리적 영역 내에 사는 사람에다 적절한 나이로 한정된다."[36] 이러한 조건하에서 자유연애가 이루어진다.

개인 의지에 기초해 짝을 이루는 연애와 제도적 금기, 이 두 가지 조합은 자본주의 사회에서도 찾아볼 수 있다. 배우자는 동일 민족이나 같은 출신 계급 내에서 선택하는 경우가 많다. 지리적으로는 같은 국민 국가 내부에 거주할 경우가 많다. 더욱이 이러한 조건에 덧붙여 종교나 직업상의 차별 등이 배우자를 선택할 때 제약 조건이 되기도 한다. 한편, 자본주의가 봉건제 사회보다 우수하다고 주장할 때 들고 나오는 근대주의 가치관은 개인의 자유와 평등이다. 연애는 집안, 인종, 나이 등 여러 제약을 극복하고 이루는 개인 자유의 표상인 듯한 전설이 만들어졌다. 이것이 연애결혼과 관련된 지배 이데올로기를 낳았다.

봉건제에서 자본주의 초기에 걸쳐, 서구의 귀족 계급과 부르주아 계급 사이에서 봉건적 신분 관계에 대항해서 등장한 연애는 그 후 자본주의 아래서 연애결혼의 전형적인 틀과 전설을 만들어 냈다. 가령 엘리 자레츠키(Zaretsky, Eli)는 다음과 같이 서술했다.

> 귀족 사이에서 가족 관계는 경제적 거래로 간주되었고 또 그렇게 처리되었다. 크리스토퍼 힐(Hill, Christopher)에 따르면, 17세기 영국에서 "혼인법은…… 거의 재산법의 기초였다." 혼인은 개인의 이익보다는 가족의 이익에 따라 결정되었다. 연애나 성생활은 혼인 밖에서 이루어졌으며, 게다가 대개 남자들이 요구했다. 인위적인 결혼은 이중 규범과 첩과 서자를 필요로 했다. 초기 부르주아의 주된 (특히 문학에 나타난) 주제는 '돈의 힘'이라는 냉소적 개인 관계에 대한 공격과, 경제 생활과 개인 생활의 영역인 가족 방위였다.
> 연애와 개성에 대한 귀족의 이상은 가족과 정면으로 대립하면서 발휘되었다. 상품 생산의 영역 안에 있던 세련된 궁정사회 속에서 귀족은 정신주의적이자 비기독교적인 연애 이데올로기를 발전시켰다.[37]

봉건제의 지배 이데올로기가 개인의 자유보다 집안을 상위에 두었다면, 개인—주로 귀족 계급의 남성을 가리키는데—의 자유로운 의지 실현인 연애는 주변부에 위치한 성애 양식이었다. 근대 사회가 봉건제를 비판하며 개인주의를 지배 이데올로기의 위치에 올려놓은 것을 고려하면, 성애와 혼인 양식을 둘러싼 중심과 주변의 관계도 역전되었다고 볼 수 있다. 즉 주변에 위치했던 연애가 이번에는 중심에 위치하게 되었다.

그렇지만 연애 당사자의 주관은 차치하고 사회적 관점에서 본다면, 결혼과 가족의 형성은 노동력 재생산 구조를 지탱하는 제도적 틀이요, 자본주의적 계급 구조를 가진 노동 시장에서 계층 구조를 재생산하는 것이다. 이러한 자본주의적 생산·소비 양식이 규제의 대상이라면, 가족 형성을 가져온 연애도 완전히 개인의 자유로운 의지에 의존한다고는 할 수 없다. 민족 차별과 직업 차별 의식은 남녀의 짝 찾기에 일정한 경향을 가져왔다. 연애결혼의 대상은 암묵적으로 같은 민족에서 찾고, 같은 학력 수준을 가진 사람 중에서 선택하려고 하며, 상대방 근무처의 기업 브랜드에 좌우되었다. 이런 경향은 대상을 선택하는 차별 의식과 불가분의 관계가 있지만 당사자들의 의식에 따르면 자유로운 의지로 결정한 것이 된다. 연애로 발현된, 자유로운 개인에 의한 자유로운 애정 관계는 이러한 현실의 차별 구조를 은폐하는 이데올로기로서 기능하게 된다.

연애결혼 제도의 부차적 작용

이렇게 해서 자본주의 사회에서도 트로브리안드 제도 주민 사회에서처럼 자유로운 연애와 사회적 규범이 복합적으로 조합된 연애결혼이 제도화했다. 앞서 서술했듯이, 많은 인구가 집중되고 유동성이 높은 도시 중심의 자본주의 사회 구조에서는 친족 조직에 의존한 짝 찾기가 극히 곤란하다. 따라서 인구 재생산 구조를 유지하려면 연애결혼 제도가 불가피한 방법이었다. 그러므로 연애는 개인주의와 자유·평등이라는 근대주의 이념에 의해 아주 높은 가치를 부여받았다. 동시에 이 가치는 자본주의의 본질인 계급 구조와 차별을 교묘히 은폐하는 이데올로기 장치가 되었다.

한편, 연애결혼 제도는 성애 방식과 성적인 욕망의 충족 방식에 여러 부차적 작용을 가져왔다.

첫째, 성적인 욕망과 연애 감정의 연결에 특권이 부여되었다. 성적인 욕망이 연애와 연결되지 않는 사례는 억압되거나 주변으로 배제되었다. 이 때문에 성적인 욕망은 연애 감정과 상대적으로 구별되어 발동하게 되었고, 그 결과 여러 모순을 떠안게 되었다. 이 모순은 성적인 욕망의 억압과 다양한 충족 사이에서 크게 동요하게 된다. 금욕과 방종의 양극은 서로 모순되지 않고 자본주의적 성 질서의 양면을 이루게 되었다. 여성에게 연애와 연애로 연결되지 않는 성적 행위는 각기 금욕과 방종의 이중적 여성상으로 연결되었다. 연애는 특정한 남성 이외의 남성과 성교섭을 하지 않는다는 상징적인 금욕을 의미했다. 한편, 연애로 연결되지 않는 성적 행위는 성노동자들처럼 불특정한 남성과 성교섭하는 것을 함의하는 성적인 욕망의 노골적 상징이 되었다. 여성은 금욕을 강요당했을 뿐만 아니라, 여성 내부에서 상반되는 듯한 두 가지 성적인 태도로 인해 분열되었다. 이미 지적했듯이, 베벨이 "결혼은 시민사회에서 성적 생활의 한 면을 나타내며, 매춘은 다른 한 면을 나타낸다. 결혼이 동전의 앞면이라면 매춘은 그 뒷면이다"라고 한 것처럼, 지배 이데올로기는 특권적인 여성의 상징적인 금욕을 '동전의 앞면'에, 성적인 방종의 상징적 기능을 '동전의 뒷면'에 각기 배치했다.

둘째, 연애에는 혼인과 인구 재생산에 대한 기대가 포함되어 있으므로 이성애 미혼 남녀 간의 연애가 바람직하다는 규범이 결합되었다.〔앞으로 한국어판에서는 '결혼하지 않은 상태'를 뜻하는 '미혼(未婚)'을 '비혼(非婚)'으로 표기한다―편집자〕 연애가 이성끼리에 한정될 필요는 없다. 그러나 연애가 결혼에 이르는 불가결한 전제 조건이 된 자본주의 사회에서는 연애 또는 성적인 애정 관계에 바로 이성애라는 특권적 위치가 부여되었다. 서구 기독교 문화에서는 종교적 이유를 들어서 동성애 배제를 정당화하는데, 이는 자본주의에서 제도적으로 필요한 동성애 배제를 이데올로기적으로 뒷받침하려고 기독교를 이용한 것이라고 하겠다. 왜냐하면, 비기독교 사회에서도 이성 간의 연애가 혼인의 기본 조건임을 법적으로 규제하고 있기 때문이다. 각각의 국민 국가가 국가 인구 정책의 기초가 될 수 있는 가족이라는 제도를 국가에 편입한 것도 이와 관계가 있다. 성적인 욕망과 그 충족이 오로지 애정에만 관계된 일이라면, 동성 간이든 이성 간이든 특별한 구별이 있다고 하기는 어렵다. 양자는 인구 재생산이라는 측면에서만 다를 뿐이다.

이렇듯 동성애나, 연애와 연결되지 않는 성적인 욕망은 혼인 제도

=인구 재생산으로 연결되지 않는 것이어서 주변적 욕망으로 배제되었다. 우리의 성적인 욕망은 인구 재생산=출산 행위에서 멀리 떨어져 있는 듯하다. 확실히 개개인의 성적 행위는 아이의 출산과는 관계없이 성욕 그 자체를 충족하고자 하는 경우가 대부분이다. 그럼에도 거시적인 관점에서 보면, 우리의 성적 행위는 교묘하게 인구 재생산 체계 속에 편입되어 있는 셈이다.

소비자 관점으로 본 섹스 상품론

남성에게 배당된 성적인 욕망과 충족은 겉으로는 일부일처제의 틀을 지향하면서 성 상품화로 지탱되는 구조 안에 편입되어 있다. 이는 남성의 본성에서 유래하는 것은 아니다. 오히려 자본주의 시장경제가 만들어 낸 남성의 성적인 욕망 형태이다. 왜 남성인가? 그것은 남성이 이 시스템에서 주된 화폐 소유자이며, 노동력 재생산에 필요한 소비 서비스의 중요한 소비자이기 때문이다. 이 소비 시장에 의해 구성된 소비자의 욕망 구조는, 성 상품화 속에서 성매매 행위를 하는 남성의 욕망 구조와 공통되는 부분이 있다. 다시 말하면, 성적인 욕망을 사고파는 것은 남성이 레스토랑에서 식사를 하거나 백화점에서 옷을 살 때 소비자로서 욕망 충족을 위해 화폐를 쓰는 행위와, 그 욕망의 환기와 충족의 구조 면에서 그다지 큰 차이가 없다. 먼저 이 점을 밝혀 보자.

욕망의 특수 사회성

각 사회에서 특수하게 처리되는
성과 성욕의 시스템 차이를 무시하고 성욕과 관련된 복잡한 대응—
성의 다형성(多形性)—을 인류의 필연적이고 보편적인 요청이라고
보는 것은 잘못이다. 사회에서 욕망에 대한 감정이 형성되는 양상이
다르면 성욕의 내용도 다를 것이라고 보는 것이 자연스럽다. 왜냐하
면, 성욕이 그것을 환기하는 대상과 관계를 맺으며 형성되는 것인
한, 그 관계 형성에 따라서 성욕의 내용도 영향을 받지 않을 수 없기
때문이다. 만약 그렇다면 문화적 차이에 따른 성욕 환기의 차이는 무
시할 수 없으며, 무시해서도 안 되기 때문이다. 연애결혼이 일반화한
사회와 거의 그런 관습을 찾아볼 수 없는 사회는 그 관계 속에서 형
성된 성욕의 구조가 같을 리 없다. 앞서 언급했듯이, 또한 연애에도
다른 여러 사회 제도—친족·계급·직업 구조 등—와 연관해 상대방
을 선별하는 일정한 규칙이 있다. 또한 상품화가 일상생활까지 보급
된 사회와 한정된 지역·계급에서만 찾아볼 수 있는 사회는 성 상품
화와 성매매가 갖는 의미가 같을 리 없다.

따라서 성욕 환기의 차이가 무엇을 의미하느냐는 문제에 답하려
면 자본주의 시스템이 구축한 욕망의 구조부터 밝혀야 한다. 동시에
'성 상품화'로 불리는 사상(事象)을 소비자의 관점으로 살펴볼 필요
가 있다. 왜냐하면 욕망을 갖는 것은 소비자이며, 소비자의 욕망의
시선을 구축한 교묘한 시스템 속에서 성노동자들이 자본의 잉여와
신체 착취에 직면해 있기 때문이다. 또한 동시에 그들은 자본의 의도

와 소비자의 욕망의 틀에만 머물지 않고, 자주적인 자신의 가치 의식—문화적인 가치 재구축—을 시도하고 있기 때문이다.

시장 시스템에 의한 욕망의 구조

'성 상품화'란 그것이 자신의 몸에 직접 접촉하는 성행위이든, 영상이 매개된 비디오와 사진이든, 또는 소설가의 관념 필터를 통과해서 픽션으로 재구축된 소설이든, 다음과 같은 점에서 동일한 욕망·충족 메커니즘을 갖는다고 간주된다. 첫째, 성 상품을 사는 사람은 화폐를 지출해서 그 욕망을 충족할 수단을 손에 넣는다. 둘째, 화폐와 교환해서 손에 넣은 성 상품에 의해 소비자는 성욕을 충족한다. 셋째, 이 메커니즘 안에서 상품이 된 성의 담당자는 소비자의 욕망을 충족하는 수단으로 자리매김 된다.

이 틀은 실은 이것만으로는 불충분하며, 몇 가지 중요한 관점을 간과한다. 가령 사는 쪽이 어떻게 성 상품에 접근하는가, 성 상품으로서 소비자의 성욕 충족 수단이 된 존재는 어떻게 파는 쪽의 시스템—많은 경우 성산업 자본에 의해 상품화하는데—과 시장 시스템 속에 편입되는가 하는 문제가 있다. 그러나 소비자의 욕망이 환기되는 메커니즘을 검토하려는 지금, 이 부분까지 언급할 필요는 없겠다.

성 상품도 상품인 이상, 소비자가 이 상품에 대해서 일반적으로 환기하는 소비의 욕망 구조를 먼저 살펴볼 필요가 있다.

종래 상품론의 마르크스주의적인 틀에서는, 물건의 본래 사용 가치는 교환 가치에 종속된다는 관점에서 교환 가치 분석과 거기에서 나온 노동 가치설이 중요한 분석 방법이었다. 한편, 사용 가치는 그 본래 '사용'의 성격에 관해서는 심도 있는 논의가 이루어지지 않았다. 즉 보편적 '물건'이 갖는 유용성에다 상품의 사용 가치라는 범주상의 명칭을 덧씌운 채, '물건'의 유용성을 자본주의 구조와 관련해서 깊이 검토한다는 문제의식이 결여되어 있었다.

그렇지만 사용 가치의 문제는 교환 가치에 종속되는 부수적 문제가 아니다. 미시적 관점에서는, 가치 형태론에는 교환 구조 속에 사용 가치의 계기가 반드시 관계되어 있다는 점을 시사하지 않을 수 없다(우노 고조宇野弘蔵의 가치 형태론에서 이 점이 적극적으로 제시됨). 따라서 이 연장선상에 있는 페티시즘론에서는 물건 그 자체가 지닌 사용 가치의 성격이 마치 그 물건이 가진 '가치'의 원천인 듯한 전도된 사회의식 형성이 논의되었다. 한편 거시적 관점에서는, 재생산 표식(表式)과 같은 사회 구조의 균형적인 재생산 구조 모델에서 노동과 재화와 사용 가치의 삼자가 과부족 없이 사회의 필요를 위해 생산되고, 소비되고, (확대) 재생산되는 조건을 논했다. 지금 이 논의에서 특히 중요한 것은 교환에서 사용 가치의 계기와 마르크스의 페티시즘론이다.

상품 교환 행위의 특수성

물건의 소유권(전유권專有權과 일정 기간의 처분권 등을 포함한다고 생각됨)을 이전하는 데는 몇 가지 유형이 있다. 칼 폴라니(Polanyi, Karl)의 분류를 따르면, 교환 외에 역사적으로 유력한 유형은 재분배와 호혜 교환(reciprocity)이다.[38] 재분배는 가령 고대 이집트와 같은 대규모 문명에서 국왕이 모인 재물을 신하나 민중에게 다시 나눠 주는 시스템이다. 호혜 교환은 말리노프스키가 상세한 민족지(民族誌)를 남긴 트로브리안드 제도의 곳간에서 볼 수 있듯이, 대가 없이 물건의 소유권을 이전하는[39] 것이다. 재분배와 호혜 교환은 자본주의에서도 결코 적지 않은 역할을 담당한다. 가령 재분배는 복지나 사회보장과 같은 국가의 재정 정책에서 찾아볼 수 있으며, 생일이나 크리스마스, 설과 추석에 보내는 선물 등 의례적 기증 행위는 호혜 교환의 성격을 띤다.

사용 가치에 착안할 경우, 재분배와 호혜 교환은 욕망이 관계되는 방식이 교환과 결정적으로 다르다. 재분배와 호혜 교환에서는 물건을 받는 쪽 욕망의 동기는 부차적이며, 어떠한 물건을 줄 것인가 하는 결정권은 보내는 쪽에 있다. 따라서 받는 쪽의 욕망은 받은 물건과 보낸 쪽의 인간관계 속에서 나중에 형성된다. 이에 비해 교환은 사는 쪽의 욕망이 선행한다. 사는 쪽에 '사고 싶다'는 욕망의 동기가 먼저 형성되지 않으면 구매 행위는 일어나지 않으며, 물건의 이동도 실현되지 않는다. 여기서 말하는 교환이란 화폐와 상품 사이에 일어나는, 시장경제의 교환이다.

경험 이전의 욕망 형성

종래 교환보다 먼저 일어나는 욕망이 의문시된 적은 없었다. 그리고 교환이란 이 욕망을 전제 조건으로 하여 화폐를 매개로 사는 쪽의 욕망을 충족시키는 물건의 소유권을 획득하는 것이며, 그 물건을 자유롭게 처분함으로써 욕망이 충족된다고 보았다. 그러나 이 시나리오에는 이해되지 않는 점이 있다. 왜 사는 쪽은 아직 손에 넣지 못한 그 물건을 갖고 싶어하는가 하는, 소유보다 욕망이 선행하는 까닭을 설명하지 못하기 때문이다. 가령 차를 사려고 하는 구매자가 지금까지 한 번도 탄 적이 없는 차를 사고 싶어한다. 식료품처럼 일상에서 반복해서 구매하는 것이면 과거 경험에 기초해서 그 욕망이 형성되었다고 설명할 수 있을 법한데, 반드시 그렇지는 않다. 작년에 먹은 스테이크가 굉장히 맛있었다고 해서 오늘 같은 스테이크가 먹고 싶은 것은 아니다. 구매자가 이미 여러 번 사용한 경험이 있는 것을 반드시 선택한다고 단정할 수는 없으며, 신제품이라는 경험해 보지 못한 상품을 적극적으로 선택하면서 과거 경험을 부정하는 경우도 있다. 이렇듯 사는 쪽의 욕구는 반드시 과거 경험을 충실하게 따르지 않는다. 그렇지만 다른 한편으로 어제도 오늘도 질리지 않고 주식으로 쌀밥이나 빵을 반복해서 먹는다. 이는 과거 경험에 대한 의존으로 보이기도 하지만, 과거에 사용한 소재를 항상 새로운 상황에 투입하는 것일 뿐, 문자 그대로 같은 경험이란 있을 수 없는 일이다. 그렇다면 사는 쪽은 경험하지 않은 상태에서 왜 그 물건을 갖고 싶어하는 것일까? 재분배와 호혜 교환에서와 같이, 물건의 공급자가 주도권을 잡는다면 큰 문제가 아니다. 그렇다면 시장경제가 지배적이면 지배적일수록 이 특수한 문제, 수요자가 경험 이전에 형성하는 욕망이라는 문제가 중요하게 된다.

사는 쪽의 욕망의 동기는 경제학보다 사회학의 소비사회론 쪽에서 광고에 초점을 맞춰서 논의해 왔다. '피하 주사 모델'과 같은 고전적인 설에서는, 매스미디어를 통한 광고가 전형적인 예인데, 사는 쪽의 욕망이 광고에 의해 외부에서 주입되어 조작된다고 한다. 한편으로 스튜어트 홀(Hall, Stuart)의 '엔코드 디코드(encode/decode) 모델'에서는 메시지를 받는 쪽의 상대적으로 자립적인 해석을 중시한다.[40] 홀의 논의뿐만 아니라, 메시지를 받는 쪽이 보내는 쪽의 해석과 의도를 반드시 충실하게 재현하지 않는다는 견해는 매우 참고할 만하다. 성욕 충족에 관한 메시지는 다른 여러 상품 소비에 관한 메시지와 마찬가지로, 일반적인 성욕과 일반적인 성적 쾌락이 아니라, 그 상품이 소비되는 사회적 맥락의 구체적인 표현을 앞질러 나간다. 파리의 길을 가로지르는 유럽제 소형차 광고에서처럼, '롤리타' '원숙한 여인' '새로운 처' 'SM' 같은 키워드로 환기되는 어떤 심상을, 성산업 광고를 내보내는 측이 전략적으로 이용한다. 한편, 메시지를 받는 쪽은 키워드를 받는 즉시 해석(decode)하는데, 그것이 보낸 쪽의 의도와 일치하느냐를 확증할 방법은 없다. 그런데 이러한 키워드가 받는 쪽의 성욕 환기에 어떤 효과를 미치는 것은, 이러한 키워드에 사회적으로 작용하는 의미가 있기 때문이다. 이 의미 작용은 숨겨져 있어 눈에 보이지 않는다. 다시 말하면, 이러한 숨겨진 의미 작용의 맥락이 있고 그 속에 성적 쾌락의 일정한 상황이 만들어져 있다. 성 상품화가 시장에서 성립되는 전제에는 이러한 폭넓은 심상을 구축하는 사회적 관계 구조가 존재한다.

이러한 경험 이전의 심상은 상품이 되는 물건 그 자체만으로는 형성되지 않는다. 즉 그것은 상품 시장에서는 이룰 수 없는 기능이다. 정보화한 상품의 심상이 사는 쪽에 전달되어야 한다. 이 정보의 전령 역할을 담당하는 것이 패러마켓(Para-market)이다.[41] 성 시장은 사는 쪽의 패러마켓을 '남성 문화'로 분절화해서 그 전령 역할을 하는 회선을 구축한다. 샐러리맨이 읽는 석간 신문에서 주간지의 성인 정보, 전화박스, 화장실 광고지, 노상 입간판, 친구와 회사 동료의 입소문에 이르기까지 그 회로는 다양하다. 이러한 성 시장에 관한 패러마켓은 성의 '남성 문화'에 의존하는 동시에 '남성 문화'를 생성해 내며 성 시장에 개입한다. 성적인 욕망 환기는 호텔과 욕실 같은 밀실에서 생성되지 않으며, 이러한 패러마켓 속에서 생성된다. 말할 필요도 없이, 이 패러마켓의 성적인 정보는 실제로 성교섭이 이루어지는 현장에서 성노동자들이 제공하는 성적 자극 환기나 충족과는 같지 않다. 한편은 심상이지만 다른 한편은 현실의 신체 접촉이기 때문이다. 시장경제의 패러마켓에 의한 이미지 시스템이 누구나 알 수 있는 이러한 차이를 누구나 헷갈리도록 한다. 그렇지만 패러마켓에 의해 환기된 욕망이 가짜라는 의미는 아니다. 오히려 실제에서는 상품 그 자체가 실현할 수 있는 욕망 충족이 가짜 위치에 놓이게 된다.

상품 물신주의에 대한 새로운 해석

시장경제에서 수요란, 상품이 되는 물건 자체에 대해서가 아니라 물건의 심상에 대해서 먼저 생겨난다. 심상을 갖고 싶은 쪽이 물건을 구입하는 것이다. 마르크스는 페티시즘(물신주의)론에서 상품 가치가 마치 그 물건의 사용 가치의 속성에서 유래하는 듯한 착각을 지적한 바 있다.[42] 가령 돈을 화폐로 만든 것은 시장경제의 사회적 시스템이 작용한 사회적 공동 작업인데도, 돈의 찬란한 황금색에 '금화'라고 불리는 '가치'가 원래부터 있었던 것처럼 생각하는, 전도된 관념을 적확히 비판했다. 이 비판은 나아가 상품의 사용 가치와 상품을 향한 욕망에도 확장할 수 있다. 즉 상품에 대한 욕망이란, 실은 상품의 패러마켓을 매개로 구성된 심상에 대한 욕망의 대체물일 뿐인데도 마치 상품 자체가 욕망의 대상인 양 간주된다. 이렇게 전도된 욕망 충족 관념에도 상품의 페티시즘을 부여해야 한다.[43]

우리의 시장경제적인 욕망은 물건의 심상에 의해 생성되었으므로 상품의 사용 가치를 손에 넣었다고 한들 욕망이 충족된다는 보장은 전혀 없다. 외국의 이국적인 거리를 달리는 유럽제 자동차의 심상은 일본의 무질서한 거리와는 거리가 멀다. 사는 쪽은 이러한 심상과 실물의 차이를 충분히 이해하고 있다. 그런데 욕망은 이해의 범주에서 해결할 수 있는 성질이 아니다. 욕망은 신체의 감각으로 생성되어 신체의 감각으로만 해결될 수 있는 것이어서, 이해하는 것과 욕망 충족 사이에는 직접적인 연관성이 없다.

시장경제에서는 이렇듯 물건의 구입과 소비가 소비자의 욕망 충족 과정이라기보다 심상과 욕망의 차이를 몸소 확인하는 과정이 된다. 사는 쪽이 최대치로 욕망을 환기하고 해소하는 시점은 구매 행위를 한 바로 그 시점이며, 그 후는 욕망과 충족의 차이가 부단히 생성되는 과정이다. 현실적으로 손에 넣은 물건에 의해 구속되는 욕망의 충족 틀과, 구입 이전에 형성된 원래의 심상이 의식적·무의식적으로 구성한, 다른 한 가지 참조 틀 사이에는 항상 보이지 않는 갈등이 형성된다. 이것이 새로운 물건에 대한 욕망을 낳는 계기가 된다. 물건을 손에 넣은 소비자는 그 다음날부터 다시 새로운 물건에 대한 욕망 때문에 상품 목록을 뒤지기 시작한다. 이렇게 해서 소비와 욕망의 순환은 무한히 자본의 상품 생산 순환에 묶이게 된다.

이렇듯 상품의 사용 가치란 사는 쪽이 패러마켓을 매개로 먼저 심상을 구입하는 것이어서, 소유권의 이전과 더불어 실제로 손에 넣은 상품의 사용 가치는 그 물건의 심상과 동일하지는 않다. 더 극단적으로 말하면, 상품 그 자체는 심상으로 구성된 욕망의 대상이 만들어낸, 조잡한 모조품에 불과하다. 심상의 세계에서는 자유롭게 자신의 생각대로 되었던 욕망 환기의 대상이 실제로 손에 넣는 순간, 결코 산 사람의 마음대로 되지 않는 사태에 직면한다.

이러한 상품 그 자체와 달리, 유통 정보의 회로에 의해 구축된 심상은 성적인 서비스 노동에 종사하는 노동자에게 압도적인 영향력을 미친다. 왜냐하면, 항상 심상은 사는 쪽의 욕망을 환기하도록 교묘하게 구축되어서, 성산업 노동자로 하여금 실제로 그 심상에 맞추도록 강요하기 때문이다. 이렇게 해서 성적 서비스에 종사하는 노동자는 단순히 그 잉여 노동을 착취당할 뿐만 아니라, 신체를 매개한 문화적 의미까지 착취당하고 있다. 신체 착취는 이러한 문화 착취를 동반하면서 패러마켓을 매개로 '남성 문화'로서 전파된다.

성 상품화의 국면

여기까지 살펴보면 분명하듯이, 성 상품화는 패러마켓이 매개된 욕망을 환기하는 심상을 형성하고, 그 성 상품의 구매로 욕망이 '충족'된다며 소비자인 남자들을 사로잡는다. 성적인 욕망은 애정과 연애와는 상대적으로 구별되어 시장에서 채워질 수 있게 된다. 이는 패러마켓에서 공급자가 성의 욕망과 그 충족에 관해서 전설을 제공하고, 또한 남자들이 '남성 문화' 속에서 읽은 전설의 문맥이 구축되지 않으면 성립되지 않는다. 그 전설의 자원은 성 시장에서만 만들어지는 것이 아니다. 오히려 가족과 기업 등 여러 조직에서 금기시된 성관계와 윤리가, 성 시장에서 욕망을 환기하는 전설을 구축하는 데 좋은 재료가 된다. 사무실 여직원, 간호사, 여교사, 계모, 여대생 등은 성의 패러마켓에서는 통상의 정보 공간과는 전혀 다른 '의미'를 갖는다.

성의 다형성은 이러한 패러마켓에서 성 상품화의 전제가 되는 이상, 경험 이전의 심상 형성과 성을 둘러싼 상품의 공급 경쟁 속에서 촉진되는 경향이 있다. 자본주의 아래서 다형성이 가속되면서 성적인 욕망이 만연되는 게 아니라, 어떠한 성적인 욕구도 실은 완전히 채워질 수 없다는 성적인 욕구 불만이 만연된다. 패러마켓에 의한 상품의 페티시즘이, 만족스럽고 행복한 소비 생활이란 현재의 생활에 있지 않고 아직 손에 넣지 못한 그 상품을 손에 넣어야만 실현된다며 우리를 부단히 미래의 가능성에 묶어 놓는다. 이와 마찬가지로 성 시장도 결코 남자들을 완전히 충족해 줄 수 없다. 이러한 만성적 욕구 불만은 패러마켓에서 성산업과 '남성 문화'가 구축해 온 것임에도 몸을 혹사당하는 성노동자가 그 죗값을 치러야 하는 것인 양 간주되고, 그 결과 성노동자들은 노동 강화와 사용 가치의 '질적'인 향상을 강요받는다.

일부일처제와 성매매의 상호보완적 관계에 대한 일반적 모델

마지막으로 일부일처제와 성매매에 관한 형식론적 논의를 살펴보고자 한다. 그 실마리로 에밀 뒤르켕(Durkheim, Émile)의 지적을 보자.

> 중세기에 들어 중류 계급이 발흥하자 사고방식과 행동이 변화하면서 자유연애와 결혼 사이의 엄격한 구별이 점차 사라지기 시작했다. 그러자 중류 계급 사람들은 자신들의 처와 딸을 보호할 필요를 느꼈고, 이를 위해서 남자들의 욕구를 만족시켜 주는 다른 창구를 만들어 두는 것이 안전하다고 해서, 규제된 창가(娼家)를 공인하고 남자의 도락은 성매매를 통해서 그 욕구를 채우도록 했다.[44]

동시대의 많은 논자들과 마찬가지로 뒤르켕의 지적은 여성의 성욕을 무시한 논의이지만, 이 점은 지금 비판하지 않겠다. 오히려 여기서는 뒤르켕의 논의에 근대적인 연애(＝결혼)와 일부일처제의 가족 제도가 성매매를 필요로 한다는 점이 함의되어 있음을 확인해 두고자 한다.

즉 여기에는 혼인과 부부 관계를 둘러싼 게임의 규칙이 몇 가지 존재한다. 첫째, 혼인에 이르는 남녀 관계는 당사자의 의지에 따른다. 둘째, 친족 집단 등은 당사자의 의지를 무시하고는 결혼 상대를 정하지 못한다. 셋째, 남성의 성욕은 연애나 결혼으로 이어질 가능성이 있다. 넷째, 남성의 성욕은 애인이나 부부 관계 안에서 충족된다고 단정할 수 없다.

이러한 규칙을 전제로, 일부일처제를 유지하려면 먼저 기혼 여성과 비혼·기혼 남성의 연애를 억제하고, 혼인을 앞둔 비혼 여성과 기혼 남성의 연애(＝혼인)를 억제하며, 기혼·비혼 남성이 교제할 수 있는 비혼 여성이 존재해야 한다.

이러한 조건은 다음과 같이 정리할 수 있다. 사회 속의 남성 집단을 M, 여성 집단을 F라고 한다. 각각의 혼인 관계에 들어가는 하위 집단을 M_1, F_1이라고 하고, 그 밖의 집단을 M_2, F_2라고 한다. 사회 전체는 M＝F이며, 일부일처제라면 M_1＝F_1이다. 미혼·기혼 남성의 성욕을 충족할 혼인 외의 여성이 필요하다고 가정하면 이 부분은 F_2이므로, $M_1 + M_2 \rangle F_2$가 된다.

이렇게 되면 여러 남성을 상대할 여성이 있어야 한다. 근대 사회가 제도상 일부일처제를 그 전제로 하는 한, 혼인 형태와 그에 기반한 가족 관계와는 별도의 제도로서, 여러 남성을 상대하는 성교섭의 사회적 정당성이 보장되어야 한다. 이것을 채워 주는 근대 사회의 시스템은 시장 시스템밖에 없다.

성욕 충족 서비스를 상품화해서 상품경제의 계약 관계 내에 성욕을 처리하는 방식은 시민사회의 계약 형식 논리로 보면 위법이 아니다. 노동력 상품화로 몸에 대한 착취가 구조화한 자본주의에서는 성에 기초한 서비스가 시장경제의 영역에 둘러싸여 있기 때문에 이러한 방식이 허용되는 것이며, 한편으로는 시장경제에서 남성의 성욕이 처리됨으로써 일부일처제의 구조가 유지되는 것이다.

그렇지만 시장경제상 계약의 정당성이 도덕적 정당성과 반드시 부합하지는 않는다. 도덕적으로 성매매의 가치는 항상 혼인에 의한 성교섭보다 하위일 것, 즉 행위 선택 시에 항상 혼인 관계의 성교섭을 우선한다는 것이 가치관의 타협으로 받아들여진다. 따라서 혼인을 해서 특정한 남성과 지속적으로 성교섭을 할 것인가, 또는 불특정한 남성과 시장경제적 계약에 기반한 성교섭을 할 것인가는 사회에서 비중이 같은 선택지(選擇肢)가 아니다. 후자를 선택하는 일은 언제나 억제되어야 한다. 이 억제의 대가로 보통 여성의 노동력보다 비싼 가격이 설정된다. 성매매의 가격이 고가인 것은 수급의 불균형, 즉 희소성 때문만은 아니다. 오히려 이 도덕적 가치 등급에서 하위에 위치한 대가로 보는 것이 타당하다고 하겠다.

이렇게 해서 연애결혼을 전제로 한 일부일처제를 유지함과 동시에 혼외 성교섭도 인정한다면, 연애와 단절된 성욕을 충족해 주는 제도가 필요하며, 이를 위해서 불특정 다수의 이성과 성교섭을 보장할

제도가 필요하게 된다. 이는 여성의 혼외 성교섭을 가정할 경우에도 마찬가지이다. 즉 일부일처제 아래서 남성이든 여성이든 성욕 충족이 이 혼인 제도의 틀 안에서 온전히 해결된다고 할 수는 없다는 전제 조건이 붙는 한, 비혼 남성(여성)이 불특정한 여러 여성(남성)에게 성적 서비스를 제공하는 제도가 필요하게 된다(동성애의 경우가 여기에 더해져도 사태는 크게 변하지 않는다). 연애와 단절된 채 시장경제적인 서비스 상품화에도 의존하지 않고 혼외의 성욕을 충족하는 방식은 '섹스 파트너'나 '남파〔ナンパ, 일본에서 자연 발생적으로 역주변 광장 등에 모여 상대를 찾는 행위를 가리키며, 그러한 행위를 하는 젊은이를 남파족이라고 한다―옮긴이〕' 등에서 찾아볼 수 있다. 그런데 '섹스 파트너'나 '남파'는 연애와 명확히 구별되지 않으며, 모든 남녀에게 평등하게 보장된 제도는 아니다.

근대 일부일처제의 결정적 한계는 남성과 여성이 서로 상대를 찾을 때 연애 감정이 불가피하다는 점이며, 이 점이 성매매 폐지에 커다란 제약이 된다(그렇다고 맞선과 같은 연애 이외의 만남이 있으면 성매매 폐지가 가능하다고 주장하는 것은 아니다). 연애 감정은 성욕 환기와 연결됨과 동시에 근대 사회가 만들어 낸, 혼인 관계로 이어지는 유일한 것이라고 하겠다. 그런데 연애 감정이 그 후 부부 관계를 오래 유지하는 조건이 된다고 할 수는 없다. 오히려 연애를 계기로 맺어진 남녀의 혼인 관계는 그 후에 형성되는 쌍방의 친족 관계, 자식을 매개로 한 부자 관계와 같은 전통적인 가족 제도의 틀로 이전된다. 그렇지만 근대 사회에서 부부 관계는 성욕 충족 관계를 빼고는 성립되지 않는 관계이다. 성욕—연애의 구속은 연애 감정이 없이도 성교나 성욕 환기·충족이 가능한 이상, 항상 불충분한 구속이 될 수밖에 없다. 근대 가족은 생산 단위가 아니라, 매일의 노동력 재생산과 세대 재생산 그리고 소비 단위로서만이 그 존재 이유가 유지된다. 게다가 근대 가족은, 공동체의 해체로 인해 유동적인 인구와 미지의 사람들로 이루어진 도시 공간에서 우연한 만남을 반복하면서 배우자가 될 상대를 찾는 과정을 통해서 성립된다. 그러므로 가족 관계를 확인하려면 애정과 연애와 같은, 성욕과 그 주변에 배치된 관념에 의존하지 않을 수 없다. 따라서 근대 가족에서 성욕이라는 조건을 배제하려고 하면, 가족 개념 그 자체가 해체될 수도 있다.

이러한 점을 고려할 때, 성매매를 폐기하려면 다음과 같은 조건이 필요하다. 첫째, 노동력을 포함해서 신체 서비스의 상품화를 일체 인정하지 않는다. 둘째, 연애를 전제로 한 일부일처제를 폐지한다. 나아가 이 두 가지 조건에다 모든 개인의 자유롭고 평등한 성적 교섭을 보장하고, 성애 그 자체를 긍정한다는 또 한 가지 조건을 만족시켜야 한다면, 과연 어떠한 제도가 가능할까? 이는 앞으로 모색해야 할 과제지만, 자본주의적 생산 양식 아래서 근대 가족 관계로 해결될 수 없다는 점만은 확실하다.

마치며

애정을 동반하지 않는 성적인 욕망, 출산을 예정하지 않은 성적인 욕망을 처리하는 시스템은 시장이 담당한다. 그것이 바로 성매매이다. 성매매는 혼인 제도와 상관없이 그 외부에 존재하는 것이 아니다. 성매매는 근대 사회에서 연애결혼이라는 혼인 제도의 부차적인 하위 조직이며, 노동력의 일상적 재생산을 위해 성적인 욕망을 충족시키는 시스템이다.

이러한 성매매의 제도화를 냉정하게 평가하면, 자본주의 아래서 가족 제도는 좁은 의미에서는 일부일처제이지만, 넓은 의미에서는 일부다처제로 볼 수 있다. 성매매는 넓은 의미에서 혼인제도 안에 포함된다. 포르투나티가 가사 노동과 더불어 성매매를 노동력 재생산 노동의 조건으로 제시했듯이, 이러한 관점이 전혀 당치 않다고는 할 수 없다. 또는 보부아르(Beauvoir, Simone de)의 다음과 같은 지적을 인용할 수 있다.

처에게도 창부에게도 성행위는 한 가지 의무이다. 전자는 오직 한 남자와 종신 계약을 맺으며, 후자는 돈을 지불하는 여러 손님과 일시 계약을 맺는다. 전자는 한 남자에 의해 다른 남자로부터 보호를 받으며, 후자는 모두에 의해 각각의 배타적 속박에서 옹호를 받는다.[45]

이는 여성의 관점에서 처도 성매매 여성도 똑같이 노동으로서 성행위를 한다는 공통성을 지적한 것인데, 공통성은 이뿐만이 아니다. 남성에게는 처도 성매매 여성도 성적 욕망 충족을 위한 행위의 대상이며, 금전을 동반한 계약 행위라는 점에서도 공통된다.

다른 점은 처는 출산과 육아를 통해 세대 재생산을 담당하고, 그 때문에 법적 보호를 받으며, 가족을 구성해서 영속적으로 섹슈얼리티와 관계없는 인간관계를 구축한다는 점이다. 이 부분은 자본주의 시스템에서 필요로 하는 것이다. 연애와 성적인 욕망이 동일시되어서 혼인 제도 안으로 들어가라는 재촉을 받는 개개인은, 자본주의의 의도와 중첩되면서도 이와 일치하지는 않는 동기를 갖는다. 성 상품화로 다양한 형태의 성적 욕망을 부단히 환기하는 자본주의 시스템은, 이렇게 해서 공식적으로는 일부일처제라는 가족 제도를 내세우면서 그 배후에 성적인 욕망을 충족시키는 특수한 '여자 교환' 시스템을 숨기고 있는 것이다. 이것은 남성의 은유가 되는 자본과 남성들 사이에서 거래되는 은밀한 계약이다. 성매매가 자본주의의 가족 제도에 보완 조직으로서 불가피하다면, 이 시스템을 통해서 항상 여러 여성을 조달할 수 있는 남성에게는 성적인 욕망 충족의 관점에서 여러 여성이 '처'의 역할을 담당하고 있다고 해도 틀리지 않다.

일부다처제는 모든 남성이 선택할 수 있는 혼인 제도가 아니다. 그렇지만 이 사회에서 무시할 수 없는 수의 남성이 선택하는 혼인 제도이다. 성매매 시스템은 처 여러 명을 특정한 남성에게 할당하는 일부다처제와는 달리, 여러 불특정한 여성이 시장에 의해서 그때마다 일시적으로 불특정한 남성의 처 역할을 담당하는 것이다. 이러한 점에서 성매매 시스템은 근대 자본주의의 '평등' 이념을 실현한다고 하겠다.

나는 성매매를 장려하지는 않지만, 그렇다고 해서 성매매 노동을 선택한 여성들이 그 직업에서 발을 빼야 한다고 말할 수 있는 처지가 아니다. 사실상의 일부다처제 구조 아래서는 모든 여성이 이 구조에서 해방될 리 없기 때문이다. 이는 자본주의 시스템 아래서는 남녀를 불문하고 임금 노동과 실업을 벗어나지 못하고 자본의 착취를 벗어날 수 없는 것과 마찬가지이다.

그렇지만 공장노동자들이 자본의 가치 증식 욕망을 따돌리고 '노동의 거부'라고 할 만한, 자본의 순환을 끊는 자발적 투쟁을 할 수 있었던 것처럼, 성노동에 관계하는 사람들도 남성에 의한 '여자 교환' 시스템에서 자신의 노동을 끊는 다양한 시도가 가능하다는 점은 지적할 수 있다. 성노동에 종사하는 여성들이 성산업 자본가와 맞서서 노동자로서 자신의 노동을 통제할 권리를 위해 투쟁하는 노동 운동에 한정되지 않고, 나아가 남성의 성적인 욕망에 대한 전설을 무시하고 남성의 성적 환상에 기초한 욕망을 무너뜨릴 수도 있다.

성적인 욕망은 남성의 손에 있는 듯하지만 실은 남성은 그 전설을 구축할 주도권을 갖지 못한다. 오히려 주도권은 여성의 손에 있다. 그 점을 아는 성산업 자본가들이, 성을 지배하는 성적인 전설의 헤게모니를 의도적으로 여성에게서 빼앗았다. 그래서 항상 그 심상＝전설의 환기와 현실의 상품 사이에 존재하는 미묘한 차이에 기대어 상품을 구매하고자 하는 욕망이 형성되고 있다. 반대로 말하면, 이 점은 남성들이 구축하고자 하는 성적 심상을 여성들이 무시하거나 배반할 여지가 늘 존재한다는 사실을 함의한다. 이는 성산업의 여성들뿐만 아니라 가사 노동을 담당하는 여성들에게도 말할 수 있다. 남성들 가운데에서 '여자 교환'을 없애는 투쟁은 노동력 재생산을 담당하는 일상 구조와, 그것을 지탱하는 넓은 의미의 일부다처제 구조를 뒤흔드는 것이다. 이는 자본에 찬탈된 성적 심상에 묶여 있는 남성들에게도 해방이 될 것이다. 성적인 다형성(多形性)이 문자 그대로 풍부한 다양성으로 등장할 수 있는 것은 바로 이러한 투쟁 속에서일 것이다.

4장

쾌락과 생식 사이에서 흔들리는 성노동
— 다이쇼(大正) 시기 일본을 실마리로 삼아

간노 사토미(菅野聡美)

들어가며

성노동(Sex Work)이란 무엇인가 할 때, 그것은 '매춘'이라는 것이 일반적 이해이다. 그러면 매춘은 무엇인가 하면 성적 쾌락을 제공하고 경제적 대가를 받는 것이다. 이렇게 생각하면 섹스를 동반하지 않는, 현대의 다종다양한 풍속 산업도 성노동의 범주에 들어감은 말할 필요도 없다.

그렇지만 이러한 성노동의 정의에는 이론이 있다. 왜냐하면, 다른 한편에서 광범위하게 존재하는 성노동을 간과하기 때문이다. 쾌락을 위해 육체를 제공해서 생계를 이어가는 것이 성노동이라고 할 때, '처'도 성노동의 한 형태라고 할 수 있다면 빈축을 살지 모른다. 물론 모든 처가 다 그렇지는 않다. 이때의 처란, 전업 주부로 남편의 부양을 받지 않으면 생활을 할 수 없고, 그 때문에 이혼할 자유도 없는 처를 가리킨다. 널리 유포된 '영구 취직'이라는 말은 그 일면의 진리를 꿰뚫고 있다. 지금은 많이 줄었지만, '결혼 퇴직'이 상식처럼 통하는 것도 결혼이, 즉 처의 자리가 생활 수단이 되기 때문이다.

오늘날처럼 주부들이 위락 시설이나 관광지에 쇄도하는 '여자들의 세상'에서는 여자들의 자유가 결혼의 틀 안에 있고 남자의 경제력에 의존하고 있음을 자칫 잊기 쉽다. 그리고 대부분 일하는 처들도 남편의 부양 공제를 받으려고 저임금인 비정규직 시간제 노동에 안주하며, 세금 한 푼 내지 않으면서 국민연금 '제3호 피보험자'의 자격을 받는다. 즉 처의 성노동이 어느 정도 편해졌기 때문에 문제의 본질이 잘 보이지 않게 된 것은 아닌가?

그런데 이러한 문제가 진지하게 논의된 시대가 있었다. 여기서는 일본의 다이쇼 시기[大正, 1912년 7월 30일에서 1926년 12월 25일까지 다이쇼 천황이 재위하던 시기를 말한다—옮긴이]로 거슬러 올라가 성노동의 관점에서 결혼을 재검토하고자 한다. 다이쇼가 되면 메이지(明治) 시기에 확립된 이에(家) 제도가 실제로 해체 상태에 이른다. 집에는 대를 이을 장자만 남고, 나머지 자녀들은 도회지로 나가 임금노동자가 되어 결혼해서 핵가족을 이루었다. 다이쇼 10년(1921년) 『아사히신문』의 지면에 「근대의 연애관」(구리야가와 하쿠손厨川白村)이 연재되자, 연애지상주의가 옳으냐 그르냐를 둘러싼 논의가 일어났다. 당시의 지식인들이 너나없이 연애를 논하기 시작해, 바로 '연애론 붐'이 도래했다. 메이지 개화기의 성과학(sexology)이 남녀의 육체적 화합을 설파한 것에 비해, 다이쇼 시기의 연애론은 사랑과 성애를 사변적·철학적으로 다루었다. 그렇지만 현실의 남녀 관계와 연애 사건은 보기 싫어도 눈에 들어오게 마련이다. 학문만을 논하던 교수들도 구체적으로 현실을 비판하게 되었다는 면에서 연애론의 공적은 컸다.

'처'라는 고용 형태와 연애결혼

다이쇼 시기에는 처를 성노동자로 보는 것에 대해 위화감이 없지는 않았지만, 이는 많은 지식인들의 공통된 인식이기도 했다. 가령 구리야가와 하쿠손(厨川白村)은 "경제적으로 독립하지 못한 사람, 특히 여성이 사랑도 없는 결혼 관계를 유지하며 물질적 생활의 안위를 얻고자 한다면 아무리 생각해도 일종의 노예적 매음 생활이며 야만 시대 매매 결혼의 유풍"[46]이라고 단언했다. 그리고 겨우 한 번 맞선을 보고 사랑하지도 않는 남자와 결혼을 하게 된 여자나, 부모 때문에 몸을 파는 여자는 똑같다[47]고 서술했다.

같은 발언이 많이 보인다. 몇 가지 예를 살펴보자. 요사노 아키코(与謝野晶子)는 "현모양처의 실질"을 따지면 "결혼의 기초인 연애를 완전히 배척하고 쳐다보지도 않으며, 물질적 결혼에 의해 처로 불리며, 누군가 괜찮은 남자에게 예속되어 그 성욕에 봉사하는 첩부(妾婦)가 되어, 아울러 매일 필요한 의식주에 관한 부엌데기를 겸하는 것이 소위 우리나라의 양처"[48]라고 했다. 그리고 "남자에게 의지해 오직 가정에서 도식하는 부인은 일종의 노예이며, 설령 육아와 부엌일을 열심히 하는 근면한 부인이라도 얼마간의 직업적 능력을 결여한 부인은 시대에 뒤떨어지는 것으로 부끄럽게 여기도록 하고 싶다"[49]고 서술했다.

야마카와 기쿠에(山川菊栄)는 "여성 잡지의 권두를 장식하는 '모범 규슷감'을 색싯집 앞에 진열된 여자들의 사진과 비교할 때, 얼마나 다른 의미가 있는가? (중략) (학교를 졸업한 자신의 딸들에게—인용자) 몇 가지 다른 옷을 입혀서 여러 자태를 찍은 다음, 친소를 가리지 않고 아는 범위에 골고루 사진을 뿌려 맹렬한 구혼 경쟁에 참가시키는 부모들은 '창고 세일'이나 '특가품 제공'의 광고주와 비교할 때, 얼마나 큰 차이가 있는가?"[50]라며 비판했다.

야마모토 센지(山本宣治)는 "현재 일본에서 결혼 생활의 대부분은 내가 보기에는 사유재산제의 한 변형인데, 남편이라는 점유자가 처라는 이름의 가축을 기르며 성적 쾌감을 얻는 도구로 사용함과 동시에 이를 먹잇감으로 잡지 않고 저장해 두는 장소" 또는 성적 노예제[51]라고 했다.

처를 직업으로 명쾌히 정의한 사람은 사카이 도시히코(堺利彦)이다. 그는 여성의 생활을 세 종류, 즉 남자의 처, 직업 여성, 매소부(賣笑婦)로 나누고, 많든 적든 재력이 있는 남자에게 팔린다는 점에서 모두 같다고 했다. 처가 이들과 다른 점은 "성이든 노동력이든 그 파는 방식이 단기간 또는 몇 날, 몇 달 이런 식이 아니라, 대체로 장기간 또는 평생 동안 파는 것"[52]이라고 했다.

덧붙이면 메이지 3년(1870) 형법전신률강령(刑法典新律綱領)에서 첩은 처와 함께 '이촌'으로 명시되었는데, 메이지 13년(1880) 형법 개정 때 '고용 관계'로 변경되었다. 처와 성매매 여성을 비교하기보다 처와 첩을 비교하면 처의 성노동자적인 본질이 잘 보이지 않을까? "처가 되는 것은 여자로서 가장 확실하고 안정된 생활 방법이다. 처가 될 수 없다면 처에 준하는 형식이라도 목숨을 부지하는 것이 더 중요하므로 참는다. 이러한 밑바닥 생활에 연애지상주의가 다 뭐냐"[53]고 할 정도였다. 그러므로 성노동자 피라미드의 정점에 처가 있고 그 아래에 첩이 있으며, 또 그 아래에 고급이니 저급이니 하는 여러 종류의 창부가 있었다고 하겠다. 패전 후 미군 점령 아래서 '팡팡' 〔가창街娼을 가리킴―옮긴이〕보다 '온리' 〔only에서 전이된 말로 특정한 한 사람만 손님으로 받던 성매매 여성을 가리킴―옮긴이〕가 낫다고들 여겼던 것이나, 특정한 후원자 없이 아무나 상대하는 게이샤를 '베갯잇 게이샤'라고 멸시한 것도 이 피라미드를 전제로 했다고 하겠다.

결국 처의 일이란, 특정한 상대에게 육체를 제공함과 동시에 가사노동에 종사하며 때에 따라서 출산과 육아를 담당하는 것이다. 즉 다양하면서도 고도의 노동인 까닭에 처는 창부와 달리 '높은 대우'에다 종신 고용제를 보장받은 것으로 보인다. 전업 주부는 일본의 전후 고도 경제 성장기의 산물이라는 지적이 있는데(오치아이 에미코落合惠美子, 「가족의 상식·비상식」, 『아사히신문』 1995년 3월 3일자), 이는 어디까지나 대량으로 출현하게 되었다는 의미에서이다. 다이쇼 시기에 전업 주부는 실제로는 소수였을지 모른다. 그러나 적은 수이지만 전업 주부가 여성들 삶의 이상적인 모델로서 위치를 확립한 것은 이 시기가 아니었을까? 이 시기에는 노동이 삶의 보람이라는 개념이 희박하고, 삶의 보람으로 삼을 만한 직업도 한정되어 있었다. 일하지 않으면 먹고살 수 없으니까 하는 수 없이 일한 것이지, 남편의 수입이 많고 재산이 많다면 전업 주부가 최고라는 것이 대다수 여성들의 생각이었으며, 그것이 이상적인 결혼이 아니었을까? 따라서 일하는 기혼 여성은 본업인 성노동자(즉 주부업)의 임금이 너무 적어서 그 부족한 부분을 임금 노동으로 메운 것이지 결코 남편에게서 경제적으로 독립된 상태는 아니었다. 일하는 기혼 여성은 본인 한 사람이 벌어서는 도저히 먹고살 수 없었던 만큼, 전업 주부보다 더 열악한 조건에서 일하는 성노동자일 뿐이었다.

덧붙이면 전(前) 시대에 무사나 상층 계급에게 성적 쾌락을 제공하는 것은 처의 일이 아니었다. 처의 유일한 일은 아이를 낳는 것이었으며, 양육도 다른 사람이 담당했다. 한편, 촌락 사회에서는 혼전 교섭을 당연히 여기는 자유연애 결혼을 했으며, 남편도 처도 함께 일했다. 따라서 처는 단순히 피부양자가 아니라 한 집안에서 빼놓을 수 없는 귀중한 노동력이었다. 그런데 집안을 위한 결혼이 되고부터 개인의 행복보다 집안이 우선되면서, 성은 더럽고 감추어야 할 것이 되었고 생식을 위해서만 허용되었는데, 이는 메이지 시대의 결과이다.[54]

그러면 여성에게 결혼은 생활 수단이고 허울만 좋았지 성매매와 다름없는 현실을 어떻게 하면 좋은가? 여기서 제창된 것이 연애결혼이다. 물론 모든 논자가 '연애 곧 결혼'이라고 생각하지는 않았다. 이 시기에 연애를 둘러싼 논의가 백출했는데, 현실의 결혼이 연애에 기초하지 않았음을 비난하면서 연애결혼이야말로 이상적이라는 논의가 압도적이었다.

그렇지만 연애를 해서 결혼을 하면, 그 결혼이 성매매와는 획을 긋는 완전히 다른 것인가? 결혼의 동기가 연애여도 처가 남편에게 부양되는 현실은 똑같다. 그래서 야마카와 기쿠에는 일련의 연애론이 종식된 후, 다시 다음과 같이 썼다.

> 오늘날 여자는 (중략) 어차피 자신을 한평생 사줄 상대를 찾아야 하는 상품이라는 점에는 변함이 없다. 결혼이 남자에 대한 경제적 의존이라는 기본적 사실은 언급하지 않고, 즉 재래 남녀 관계의 근본적 문제는 언급하지 않고, 단지 연애의 색을 덧칠해서 만족하고 있다. 이는 매물인 여자에게 무사 부인의 예복 대신에 양장을 입히는 것과 마찬가지로 겉모양만 근대화한 것에 불과하다고 생각된다.[55]

그러면 어떻게 하면 좋은가? 몇 가지 구체적 제안을 살펴보자. 모리모토 고키치(森本厚吉)는 연애를 해서 혼인에 이르는 조건으로 먼저 남녀가 같이 능률 증진에 최선을 다하고 부부 간 능력에 큰 우열이 없을 것을 들었다.[56] 스기모리 고지로(杉森孝次郎)는 직업이 없는 부인들에게도 경제적 독립이 완전히 보장되어야 하며, 수입은 가족 성원에게 분배되어야 한다고 주장했다.[57] 요사노 아키코는 여자가

직업을 갖고 경제적으로 독립할 것을 한결같이 주장했다.[58]

화려한 여성 관계와 소송으로 세상의 주목을 받았던 이와노 호메이(岩野泡鳴)는, 자유연애 결혼은 사랑이 없어지면 자유로이 헤어진다는 조건이 붙은 것과 마찬가지이므로 여자도 독립해서 생활할 수 있는 사회적 소양을 길러야 한다고 했다.[59] 단, 사랑이 식어서 헤어질 때에는 대가를 지불하는 등 그에 상응하는 책임을 지라는 것이므로, 이와노 호메이가 제창한 '반수주의(半獸主義)'나 '찰나 철학'의 인상을 고려하면 아주 책임감이 있는 제대로 된 주장이었다.

그러나 현실은 여자의 경제적 독립은커녕 남자라도 도저히 일가를 부양할 수 없는 저임금에 신음하고, 맞벌이를 해도 빈곤에 허덕이며, 경제력이 없어서 결혼을 못하는 사람이 허다했다. 지식인들이 논한 연애결혼은 그림의 떡이었다. 따라서 연애결혼의 구가는 다음과 같은 결과를 가져왔다.

"오늘날 대다수 딸들이 자각하는 정도는 부모가 고른 상대가 아니라 자신이 직접 고른 상대에게 평생을 팔겠다는 정도"이며, "전에 여자의 결혼이 가족 제도 차원에서 결정되었다면 지금은 가족 제도를 대신해서 개인의 이해타산이 지배적 힘을 갖기 시작했다고 봐도 좋을 것이다. 즉 근대의 딸들은 부모에게 거래를 맡기는 대신에 본인이 직접 나서서 거래하기 시작한 것이다." 그래서 "여성이 연애를 팔지 않아도 되는 시대는 동시에 여성들이 결혼하지 않고도 생활할 수 있는 시대—참된 노동으로만 생활할 수 있는 시대가 되어야 한다. 부인이 단순히 성의 대상이 되는 데 만족하고 성을 도구로 생활하는 것에 아무런 불만과 굴욕감을 느끼지 못하는 동안은, 직업적 창부냐 아니냐에 관계없이 항상 성적 노예이며 매물의 하나임에는 변함이 없다."[60]

즉 연애결혼이 집안의 억압으로부터 해방을 이끌어 내기는 했지만, 그 해방은 어디까지나 성노동의 범위 안에 있었다. 게다가 연애결혼 이데올로기의 확산으로 여성은 자신이 성노동자가 아니라고 착각하게 되었다. 연애결혼은 오히려 현실을 은폐하고 정당화하는 구실을 했다고 하겠다.

오늘날 우리들은 야마카와 기쿠에의 말을 과거의 논의라고 무시할 수 있는가? 최근까지 '삼고〔三高, 일본 여성이 결혼 상대를 고르는 세 가지 조건으로서 고학력, 고수입, 큰 키를 가리킨다―옮긴이〕'가 있었고, 불황인 지금은 현대 여성들의 결혼 상대로 공무원이 인기 있다고 한다. 이러한 상황은 다이쇼 시기에 비해 얼마나 다르다고 할 수 있는가? "참된 연애―경제적 타산과 의존을 떠나서 비로소 존재하고 지속되는 참된 연애―가 발생하고 성장하는 기초 조건인 여성의 경제적 독립에 대한 요구가 왜 남자와 같은 수준으로 높아지지 않는가?"[61] 하는 야마카와 기쿠에의 한탄은 과거의 것이 아니다.

다이쇼 시기의 성·사랑·결혼을 둘러싼 양상

한편, 연애론의 붐 속에서도 플라토닉 러브는 거의 논의되지 않았다. 그러기는커녕 금기시되던 성욕이 연애에 의해 정화되고 찬미되었다. 여기서는 같은 시기에 성을 둘러싼 논의가 어떻게 진행되었는가를 검증하도록 한다.

먼저 다이쇼 10년(1922)을 전후해 성을 다룬 출판물이 대량으로 간행되었다. 「근대의 연애관」이 연재된 다이쇼 10년의 신문 표제를 살펴보면, '성욕 문학 발흥의 징표'(『요미우리신문』 4월 29일, 30일자), '성 연구의 유행을 어떻게 볼 것인가'(『요미우리신문』 5월 15일자) 등이 눈에 띈다. "올해 들어서 제일 유행한 말은 성교육일 것이다. (중략) 유해한 서적이 교육의 미명 아래서 돈벌이에 급급한 사람들에 의해 많이 간행되었다"[62]는 등의 평가는 여기저기서 볼 수 있다. 그리고 다이쇼 시기의 2대 성과학자로 불린 사와다 순지로(沢田順次郎)와 하부토 에이지(羽太鋭治)가 이해에 각기 개인 잡지 『성(性)』과 『성욕과 인성(性欲と人性)』을 창간했다.

또한 같은 시기에 '산아 제한론'도 발흥했다. 미국 산아제한운동의 중심인물이던 생어(Sanger, Margaret) 부인은 다이쇼 11년(1923) 3월, 일본을 방문했다. 출발 전인 2월에 샌프란시스코 일본영사관이 본국 정부의 훈령을 따라서 생어 부인에게 비자 발급을 거부하자, 일본을 방문하기 전부터 입국 인정을 둘러싸고 신문 지상이 떠들썩했다. 입국 후 강연 활동은 제한을 받았지만 '산아 제한'이라는 말만은 일반 사람들에게 널리 알려지게 되었다.

생어 부인은 입국할 때 피임 기구를 몰수당하고, 일본에서 산아 제한에 관한 선전과 공개 강연을 하지 않겠다는 서약을 하고 입국과 강연을 허가받았다. 그래서 도쿄의사회를 비롯한 특정인에게만 강연을 했고, 강연 내용도 주로 산아 제한의 필요성을 주장하는 정도였다. '산해(産害) 부인'〔생어의 일본어 발음 '산가'와 산해(産害)의 일본어 발음 '산가이'가 비슷한 데서 착안한 것으로 보인다―옮김이〕이라는 야유와 함께 산아 제한 방법도 의학적인 근거가 없는 엉터리라는 비판을 받았지만, 생어 부인이 방문한 후 일본에서는 산아제한운동이 고조되었다. 그렇지만 선전뿐이고, 정작 중요한 피임에 대해서는 이렇다 할 결정적인 방법이 없는 데다 있는 방법이란 것도 불확실하고 귀찮은 방법이어서, 희망에 부풀어 도움을 청했던 사람들도 점차 멀어졌다. 결국 산아 제한은 용두사미로 끝났고 그 결과 낙태가 급증하는 사태를 초래했다고 한다.

한편, 생어 부인은 세정(洗淨)·콘돔·페서리(pessary)·질 좌약 등을 피임법으로 제시했는데, 특히 페서리를 장려했다. 같은 시기에 산

아조절 보급에 주력한 스톱스(Stopes)도 고무제 자궁경관 캡을 사용했다. 그런데 이러한 방법은 돈도 들고 귀찮아서인지 좀처럼 보급되지 않았다. 그 때문인지 두 사람 다 단종〔斷種, 여성의 나팔관이나 남성의 수정관 일부를 막거나 절제하는 것─옮긴이〕을 제창했다.[63]

실제 미국에서도 1910년대에는 피임 기구가 보급되기는커녕 피임을 입 밖에 내는 것도 꺼리던 상황이었고, 우생학자들도 피임을 강하게 반대했다. 기독교 윤리관에서 중절은 물론 용인되지 않았고, '더 나은' 자손을 남기고자 결혼제한법과 단종법이 채용되었다. 미국에서 1907년부터 1917년까지 15개 주 이상에서 단종법이 제정되었는데, 그 대상은 상습 범죄자·성범죄자·간질병자·미친 사람이었고, 주에 따라서는 약물 중독자와 정신박약자도 포함되었다.[64]

이에 비해 일본은 마비키〔間引き, '솎아내다'는 뜻으로, 전근대 시대에 자식이 많아 키울 수 없거나 생활이 곤란한 경우 갓난아이를 죽이던 풍습─옮긴이〕나 아이를 떼는 전통을 가진 나라였다. 산아 제한의 필요성 자체에 대해서는 이제 와서 뭐냐는 식이었다고 보인다. 그렇지만 메이지 이후 낙태가 죄로 규정되어 낙태 방법을 쓰면 풍속 괴란죄에 걸리고 피임 방법을 자세히 소개하는 일도 금지된 상황에서 많은 자식들 때문에 먹고살기에 허덕이는 가정이 많았다. 그래도 빠져나갈 길은 있는 법이어서 월경불순 치료약으로 쓰이던 '쓰키야쿠구다시(月やく下し)'가 실은 여성들 사이에서 낙태약으로 널리 유통되었다고 한다. 수은제인 이 약에는 "유산될 가능성이 있으므로 임부는 절대 복용해서는 안 됨"이라는 경고문이 붙어 있었는데, 바로 이 때문

에 임신부들이 사 먹었다고 한다.[65]

그런데 피임을 부정적으로 생각하던 지식인도 적지 않았다. 그것은 피임을 통해 성적 쾌락에 탐닉하는 자가 늘어나 풍기가 문란해질 것을 염려했기 때문이다. 또한 생식을 목적으로 하지 않는 성을 악으로 보는 기독교적 윤리관도 영향을 끼쳤다고 생각된다. 가령 히라쓰카 라이초(平塚らいてう)는, 보통 여성은 피임에 도덕적 불쾌감을 느끼는데, 이는 "성행위를 그 결실인 아이에 대한 책임에서 분리해, 단지 한 순간 자신들의 관능적인 향락을 목적으로 한 것에 대한, 인간의 영혼이 느끼는 도덕적 불만"[66]이라고 적었다. 그리고 성행위를 할 때, "그 결과 생길지도 모르는 미래의 아이와 종족에 미치는 영향에 관해서는 자신의 순간적인 의식으로 무시하고 게다가 어떤 준비를 하는 듯한 행위"는, "자신을 멸시하고 둘의 사랑을 더럽히는 낙태보다 오히려 어떤 의미에서는 더 두려워해야 할, 혐오해야 할 더럽고 비열한 행위이다"[67]는 것이다. 이리하여 "만약 아이를 거부한다면 먼저 사랑의 생활 전체를 거부해야 한다"[68]는 것이다.

한편 사회에서는 지식인들의 논의를 뛰어넘는 각종 사건이 일어났다. 여기서 다이쇼 시기에 세간의 주목을 끈 연애 사건을 살펴보자. 먼저 다이쇼 원년(1912)에는 기타하라 하쿠슈(北原白秋)가 유부녀와 간통한 죄로 감옥에 가고, 처자가 있는 시마무라 호게쓰(島村抱月)와 마쓰이 스마코(松井須磨子)의 연애가 스캔들이 되었다. 다이쇼 4년(1915)에는 애인이 생겨 이혼을 요구하는 이와노 호메이와 그의 처 이와노 기요시(岩野淸) 사이에 소송을 포함한 싸움이 벌어졌다.

오스기 사카에(大杉栄)는 처 야스코(保子)와 애인인 가미치카 이치코(神近市子), 이토 노에(伊藤野枝)에게 세 가지 조건을 제시하고 자유 연애를 주창했는데, 다이쇼 5년(1916)에 애인인 가미치카 이치코에게 칼을 맞은 히카게차야(日影茶屋) 사건이 일어나, 자유연애는 파국을 맞이했다. 다이쇼 6년(1917)에는 백작부인인 요시오카 가네코(芳川鎌子)가 운전사와 동반 자살을 하려다 혼자만 목숨을 건졌고, 다이쇼 8년(1919)에는 마쓰이 스마코가 '불륜'의 연인인 시마무라 호게쓰를 쫓아 자살했다. 그리고 다이쇼 10년(1921)에는 세계적인 물리학자인 이시하라 준(石原純)과 가수 하라 아사오(原阿佐緒)의 연애 사건,[69] 철학자 노무라 와이한(野村隈畔)이 애인과 동반 자살한 사건,[70] 뱌쿠렌(白蓮) 사건[71] 등 연이은 연애 사건으로 세월을 보냈다. 이어서 다이쇼 12년(1923)에는 아리시마 다케오(有島武郎)가 유부녀와 동반 자살하자 여성 팬이 그 뒤를 쫓아 자살했는데, 이 사건은 교과서에 실린 아리시마의 작품을 둘러싸고 삭제 논란을 불러일으키는 등 대단한 사회적 반향을 불러일으켰다. 관심이 식을 만하자 또 무샤고우지 사네아쓰(武者小路実篤)의 연애 문제가 신문을 떠들썩하게 했다. 다이쇼 13년(1924)에는 "자살은 인간이 가진 특유의 권능 중 하나"라고 갈파한 대학교수가 여급과 동반 자살을 했다. 다이쇼 14년(1925)에는 기타자토 시바사부로(北里柴三郎)의 자식이 예기(藝妓)와 동반 자살 미수 사건을 일으키는 지경이었다.

이러한 유명인의 동반 자살 사건은 메이지 말기에 늘어났다고 해도 10건 정도였는데, 다이쇼 6, 7년(1917, 1918)부터 증가해 20건을 넘었고 다이쇼 13년(1924)에는 52건에 이르렀다. 그리고 "요즈음 늘어난 자살자의 70퍼센트가 동반 자살", "간통 사건 경찰 고소 급증, 월 평균 800건"(『요미우리신문』 다이쇼 12년 8월 4일자 기사), "일본 이혼 세계 1위, 5만 8000건"(『요미우리신문』 다이쇼 5년 10월 29일자 기사) 같은 표제에서 보이듯이 제도적 혼인에서 일탈하는 사례가 눈에 띄게 늘어났다.

동반 자살과 간통은 경제를 중심으로 한 결혼 제도와 인간의 자연적인 애정이 모순, 충돌을 빚은 결과로서, 연애결혼 이데올로기로 구원받지 못하는 사람들의 반격이기도 했다. 많은 연애 사건이 목숨과 명예를 건 필사적이었던 것에 비해, 무샤고우지 사네아쓰의 연애 사건은 돌출된 사건이었다. 그는 '새로운 마을'[당시 벌어졌던 이상적인 농촌 건설 운동―옮긴이]의 젊은 여성과 연애를 해서 임신을 시켰는데, 한편으로 그 처인 후사코(房子)도 마을의 남자와 바람을 피우고 다닌다는 이야기가 더해져 이들의 사각관계가 신문에 실렸다. 그런데 그는 기사에 대해 '사랑의 사각관계'를 전면 긍정하고 "이 일의 선악에 관해서 우리는 당연히 우리의 행동이 잘못이 아니라는 확신을 가지고 있으므로 사회의 비판 따위는 의미가 없다. 도덕이니 법률이니 하는 표준은 시대에 따라 변하는 것이니 지금의 도덕과 법률로 머리가 굳어진 사람들이 뭐라고 하든, 남들이 말하는 것이니 신경 쓸필요가 없다. (중략) 법률은 법률 이하의 것에는 필요하지만 법률 이상의 것에는 가치가 없으므로 그러한 문제는 일절 인정할 수 없다. (중략) 후사코와 나는 보시는 바와 같이 아주 자연스런 사랑 속에서 생활하고 있으니 앞으로 헤어지는 일 따위는 없을 것"(『오사카 마이니치신문』 다이쇼 12년 8월 8일자 기사)이라며 기염을 토했다. 무샤고우지의 처인 후사코도 "야스코 씨는 임신 5개월인데 내가 간섭할 일이 아니며, 문제의 청년은 남편이 양해한 사항이라고 당당하게 말했다"(『오사카 마이니치신문』 다이쇼 12년 8월 4일자 기사)는 식으로, 사상이나 윤리를 따르지 않고 독자적으로 실천하며 사회의 제도와 규범을 가볍게 뛰어넘었다. 이는 저항도 반역도 변혁도 아니지만 '무사상'의 무샤고우지가 누구보다 자유인이었다는 사실은 인정하지 않을 수 없다. 아리시마 다케오가 동반 자살을 하고 자신들의 연애 문제가 신문에 보도되었을 때, 무샤고우지 사네아쓰는 "나의 두꺼운/ 손톱의 때라도 주고 싶었네/ 다케오 씨에게"라는 하이쿠〔일본의 전통 단시短詩—옮긴이〕를 썼다.

한편, 항간에서는 결혼을 못하는 남녀를 상대로 한 결혼 중개소가 우후죽순 생겨났다. 게다가 공공연히 중혼이나 첩 자리를 알선하고, 신원 불명인 남자를 자산가로 속여 소개료를 챙기면 남자가 행방을 감추거나(『도쿄 아사히신문』 다이쇼 11년 4월 25일자), '다마'라고 불리는 미녀를 소개소 동업자들끼리 미끼로 이용해 신청금과 참가금을 받고 "한 번 자리를 같이 하는 것으로는 혼담이 성사되기 어렵다"며 만날 때마다 돈을 뜯는 일이 비일비재했으며(『요미우리신문』 다이쇼 11년 4월 4일자), 악덕 소개업소에서는 "형편이 어려운 여성은 첩으로 주선할 수 있어 환영한다"(『요미우리신문』 다이쇼 11년 4월 6일자)는 등 범죄와 뒤섞인 일이 판을 쳤다.

그런데 그러는 동안에 연애결혼에 모순과 불합리함이 존재함을 여성들이 깨닫기 시작한 것일까? "교양 있는 부인과 결혼관"(『부인공론(婦人公論)』 다이쇼 13년 6월호 특집)이 나오고 얼마 안 있어 "결혼 기피 시대"(『부인공론』 쇼와 4년(1929) 8월호 특집)가 되었다. 재미있는 일인데, 이와는 달리 같은 시기에 『신청년(新青年)』에는 뒤늦게 연애의 계절이 찾아왔다. 쇼와 4년 1월호부터 10월호까지 마사키 후조큐(正木不如丘)의 '연애학'이 연재되고 그와 병행해서 '연애술'과 '연애기(恋愛記)'가 실렸다. 쇼와 5년 2월에 『우애결혼(友愛結婚)』(린제이 판사, 중앙공론사中央公論社)이 출판되자 5월호에 '우애결혼 해부'를 특집으로 꾸미고 '연애소설'의 이름을 내건 소설 두 편을 실었다. 이는 "남자와 여자 사이의 어둡고 깊은 강"을 생각나게 하는 차이가 아닌가?

모성주의와 생식의 성매매화

한편 섹스에는 두 가지 기능이 있다. 쾌락과 생식이다. 앞 절에서 언급한 바와 같이 쾌락이나 피임을 부정하면 섹스는 곧 생식이 된다. 여기서 성노동과 생식의 관계를 생각해 보도록 하자. 일반적으로 성노동이란 오직 성의 쾌락적인 면을 대상으로 하는데, 이러면 한쪽이 누락된다. 쾌락의 성은 파는 행위가 규탄을 받고, 생식의 성은 파는 것이 되지 않고 찬미되는 도식은 어딘가 좀 이상하다. 생식은 성노동에 포함되지 않는가? 아니, 그렇지 않다. 현실을 둘러보면 이미 생식은 성노동이 되었다. 대리모나 정자은행은 생식의 성을 팔아서 돈으로 바꾸는, 바로 성노동이 아닌가?

1980년 미국에서는 고등학교 정문 앞에서 죽치며 임신 중인 소녀에게 접근해 비밀리에 양자로 보낼 곳이 있다고 한 변호사에 관한 기사가 보도되었다. 또한 영국에서는 어느 부부가 남편의 정자로 시험관 아기를 갖게 되었는데, 태어날 아이를 자신들의 아이로 삼으려고 대리모로 10대 성매매 여성을 고용한 사건이 보도되었다[72]고 한다.

즉 모성이 바야흐로 여성 성매매의 새로운 분야가 된 것이다. 성매매 여성들이 성을 팔아 왔던 것과 마찬가지로 여성들은 생식 능력을 팔 수 있게 되었다. 게다가 성행위를 하지 않으므로 '매춘부'라는 낙인이 찍히는 일도 없다.

그러면 생식의 '성매매화' 사태는 현대 사회의 산물인가? 생식을 성노동에 포함시키는 발상이 지난 시대에는 없었는가 하고 살펴보니, 실은 다이쇼 시대에 찾아볼 수 있었다.

먼저 모성주의의 바이블인 엘렌 케이(Key, Ellen)의 『연애와 결혼』을 살펴보자. 케이에 따르면, 종족의 사명과 연애의 개인적 행복은 동격이지만, 종족의 사명은 그에 필요한 희생을 개인적 행복 쪽에 요구하는 것이며, 개인의 행복은 종족의 생명을 향상하므로 긍정된다.[73] 그리고 결혼 생활에서 피임은 '불결의 시작'이자 '건강하지 못한 것'이며, 서로 사랑하는 남녀가 성년에 이르러 아이를 갖지 않는 것은 종족에 대한 '일종의 죄악'[74]이라고까지 했다. 따라서 연애의 자유는 '새로운 생명을 만드는' 목적을 위해 제한되어야 하며, 고령자나 나이 차가 많은 짝에게는 성애를 금지해야 한다.[75] 즉 '종족에 불리한 조건인 생식 자유를 제한하는 것'이야말로 곧 '생명선'[76]이라는 것이다.

케이는 모성과 직장 노동의 관계는 제로섬 관계인데, 그 해결책은 예로부터 여성의 사명인 모성 쪽에 새로운 의욕을 갖게 하고,[77] 국가 및 남편은 모성 보호를 경제적으로 보장하는 것이라고 했다. 이처럼 비혼 여성과 아이가 없는 여성보다 아이를 키우는 여성을 우대하는 것은 당연한 일이며, 아이를 키우지 않고 일하며 사는 독신 여성은 아이를 키우는 여성과 '사회적으로 동일한 가치를 가질 권리가 없다'[78]고 했다.

모성주의의 주창자인 히라쓰카 라이초는 "여성의 천직은 역시 어머니이다. 그런데 새로운 어머니의 일은 단지 아이를 낳고 키우는 일뿐만 아니라, 좋은 아이를 낳아 잘 키워야 한다는 것이다. 즉 종족 보존과 지속 이상으로 종족의 진화와 향상을 도모하는 일이, 인류에 대해서 생명의 가장 신성한 불씨를 영원히 이어 주는 여성의 위대한 사명이 되어야 한다. 바로 여기에 여성의, 어머니의 존귀한 사회적 의의가 있다"[79]고 했다.

한편, 요사노 아키코는 다이쇼 7년(1918)부터 8년(1919)에 걸쳐 잡지를 시끄럽게 한 모성 보호 논쟁에 불씨를 제공했다. '남자의 재력을 믿고 결혼 및 분만을 하는 여자는, 가령 그것이 연애 관계로 성립된 남녀 관계라도 경제적으로 의지하면 남자의 노예가 되는 것이며, 젊은 남자의 노동 성과를 침해하고 도용하는 일이라고 생각합니다'[80]라고 서술했다. 그리고 모성 보호 주장에 대해서는 "모성 보호를 구실로 국고 지원을 받아서 불로 소득의 유민 생활이나 바라는데, 그 국고의 지출이 자신의 남편과 타인의 남편인 남자들의 납세로 부담되므로 간접적으로는 여전히 남자의 노동 성과를 훔쳐서 남자에게 기생하고 있는 것"[81]이라고 비판했다.

출산과 육아는 어디까지나 개인의 책임이라며 여성의 경제적 독립을 주장한 요사노 아키코였지만, 모든 보호를 거부하지는 않았다.

"생활이 궁핍한 가난한 사람들에게 식량을 나눠 주거나 싼값에 제공하는 것과 같은 의미에서, 어머니의 직분을 다하지 못하는 빈곤한 사람들을 국가가 보호하는 것은 국가의 의무라며 전적으로 찬성했다. 단, 아버지이든 어머니이든 처이든 정신적·경제적으로 스스로 일을 해서 자활·자립·자위할 가능성이 있는 개인이 국가의 보호를 받으며 수동적인 노예로서 사는 것은 개인의 위엄과 자유와 능력을 방기한다는 의미에서 반대한다"[82]고 했다.

이에 대해 히라쓰카 라이초는 "아이의 수나 질은 국가·사회의 진보 발전과 그 장래의 운명과 지대한 연관이 있으므로 아이를 낳고 키우는 어머니의 일은 이미 개인의 일이 아니라 사회적이고 국가적인 일"이라며, 그런 까닭에 "국가는 어머니가 이 의무를 다하는 그 한 가지만 봐서도 충분한 보수를 주어서 어머니를 보호할 책임이 있다"[83]고 했다.

그리고 히라쓰카 라이초는 "임신·분만과 육아기에 어머니가 국가에게서 돈을 받는 것, 즉 보호받는 것을 늙고 쇠약한 노인이나 폐인이 양로원의 신세를 지는 것과 마찬가지라고 보는 것은 심히 잘못된 생각"이라고 비판하고, 모성 보호는 약자를 구제하는 것이 아니라 공적인 일에 종사하는 정당한 보수라고 했다. 히라쓰카 라이초에 따르면, "만약 관리·군인·교육자·국회의원이 받는 봉급이 혜택이 아니라 당연한 노동의 결과라면, 같은 의미에서 어머니가 국가에게서 받는 보수도 혜택이 아닌 당연한 것"이다. 그리고 모성 보호로 받는 돈이 공무원의 봉급과 같은 성질의 것이라면 근무에 대한 평가도 필요하게 된다. 따라서 "만약 열심히 하지 않고 게을러서 어머니의 직분을 다하지 못하는 부인이 있을 경우에는 그때야말로 국가가 적당한 방법, 가령 보수를 주지 않거나 아이를 데려오는 등의 처벌을 내리면 좋을 것"[84]이라며 어머니의 직업에도 질을 요구했다.

이처럼 모성 보호에 대한 주장은 국가와 사회를 위해 아이를 낳아 키우는 것이니 그에 대한 대가 지불은 당연하다는 발상으로 보인다. 그러기에 장애자나 노인에 대한 국가의 보호와는 다르다고 주장한 것이다. 자신만이 아니라 사회를 위해 낳은 것이므로 아이의 '품질 관리'도 중요하며, 따라서 유전병과 장애가 있는 사람은 아이를 낳을 권리가 없다는 것이다. 그리고 결혼에 생식을 동반한다는 전제를 단다면, "개인의 절대적 자유는 (중략) 당연히 생식 행위를 포함한 결혼 생활에서도 태어날 아이를 위해 각종 제한을 두어야 한다"는 것이다. 따라서 매독 환자·간질 환자·정신병자·건강한 아이를 낳을 전망이 없는 사람들의 "연애는 절대로 결혼으로 이어질 권리를 갖지 못한다"며, "국가나 국가의 진보 발전과 중대한 이해관계에 있는 국민의 생식 행위에 관해서는 지금처럼 개인의 자유에 맡긴 채 방임하지 말고 아이의 권리를 보호하도록 국법으로 제한을 할 필요가 있지 않은가 하는 생각마저 든다"[85]는 발언까지 나왔다. 히라쓰카 라이초의 '종족' 개념이 인류 전체를 가리키는지 특정한 인종과 민족을 가리키는지는 애매하지만, 민족주의나 국가주의로 기울 위험성을 내포하고 있었다. 실제로 머지않아 히라쓰카 라이초는 민족에 무게를 두게 되었다.[86]

그리하여 연애결혼에서 생식을 절대화했을 때, 연애와 성에 대한 개인의 자유를 국가에 종속시키는 듯한 억압적 측면이 얼굴을 내밀었다. 모성존중파는 왜 그렇게까지 생식을 성역화·절대화했을까? 그 이유는 생식이 처 고유의 일이기 때문이 아니었을까? 즉 가사는 식모가, 섹스는 창부가 대행하지만 유일하게 생식만이 결혼의 틀 안에서 처에게 요구되고 평가되는 일이었던 것이다. 생식이 처와 다른 성노동자를 구별 짓는 특징이었기에 처들은 이를 자신의 절대적인 정체성으로 삼았다. 그리고 양손을 들어 보호를 요구했던 것이다. 그렇지만 그 도달점은 '낳자 늘리자'는 군국주의 파시즘이었다.

피임에 대한 혐오도 이렇게 설명할 수 있다. 피임이 정당성을 얻고 섹스가 생식에서 분리되면 성매매 여성과 일반 여성의 경계가 없어지게 된다. 또 피임을 통해 임신이나 낙태의 위험과 고통에서 벗어나 자유연애를 즐기는 여자에 대한 증오도 있었을 것이다. 결혼에 얽매이지 않고 쾌락을 즐기는 여자의 등장[87]은, 바로 처의 지위와 가치에 대한 위협이기도 했다. 성노동의 피라미드 구조 내에서 처의 지위에 대한 위협이 있었기에 교풍회(矯風会)를 비롯해 많은 여성 운동가들이 성매매 여성을 멸시했는지도 모르겠다.

또한 피임을 혐오하며 그 확실성을 신뢰하지 않았던 히라쓰카 라이초에게는 여성들의 임신 자체도 바라는 바가 아니었다. 그는 '열등한 사람'에 대한 결혼 제한을 생각했는데, '질 높은 인간'만을 찾는 발상은 그 후에도 계속되었다. 쇼와 5년(1930)에 나가이 히소무(永井潜)가 중심이 되어 발족한 일본민족위생학회는 쇼와 10년에 일본민족위생협회로 명칭을 바꾸고 이듬해에는 협회 이름으로 건의서를 제출했다. 그 내용은 일본민족위생연구기관 설립, 단종법 제정, 결혼상담소 설치, 철저한 민족위생학사상 보급 등을 제안하는 것이었다. 그리고 쇼와 15년(1940)에는 국민우생법이 성립되었다. 그리고 '낳자 늘리자'는 시대가 도래하자 산아 제한론자들은 한 사람도 빠짐없이 전부 집필이 금지되었다. 경제학자인 데라오 다쿠마(寺尾琢磨)는 "이제 와서 낳아도 소용없다"는 한마디를 했다는 이유로 체포되었다.[88]

한편, 모성주의라면 무한한 사랑과 헌신, 대자연의 마음 또는 정서적이며 신비하다는 인상이 있는데, 여기에 약간 이의가 있다. 히라쓰카 라이초의 사상에는 오히려 공리적인 선택과 성공에 대한 보수 요구라는 극히 경제적인 측면이 있다. 어머니의 사랑이 무한하다면 아이가 장애를 가지고 태어나든 지병이 있든 간에 '하늘이 내려주신 선물'로 받아들이고 자애롭게 보살펴야 하지 않는가? 그런데 히라쓰카 라이초는 어디까지나 아이의 품질에 집착해서 인적 자원으로 도움이 되지 않는 아이는 철저하게 배제했다. 이를 위해 사랑하는 남녀의 결혼을 금지해서 출산을 제한하려고까지 했다.

즉 아이를 인적 자원으로 파악하고 우생학적인 선별 의식을 가졌다는 점에서 모성보호론은 현대의 생식 비즈니스와 의외로 가까운 거리에 있다. 모성보호론과 생식 비즈니스는 남을 위해 출산을 하고 대가를 요구한다는 점에서 같다. 전에 모성보호론자는 국가·사회를 위한 출산이라며 '어머니'에 대한 보수를 국가에게 요구했다. 현대에는 타인을 위해 출산하고 금전을 받는다. 일련의 생식 산업은 노동하는 측에서 보면 돈 때문이지만 동시에 남을 위한, 즉 아이가 없는 부부나 출산 연령을 넘긴 여성을 위한다는 대의명분을 내걸고 있다.

그리하여 모성주의자들이 그렇게까지 절대시했던 처의 일, 즉 생식은 이미 처만의 일이라고 단정할 수 없게 되었다. 모성 보호 논리를 연장한 결과가 이것이라면, 이 무슨 얄궂은 장난인가? 즉 성노동은 쾌락뿐만 아니라 생식까지 수비 범위를 넓혔고, 게다가 성노동이라는 측면도 잘 드러나지 않게 되었다. 한쪽에서는 여자가 성노동에서 해방되는 시대가 도래했다고 할 수 있다. 그러나 해방된 여성은 돈이 있는 특권자에 한정되고, 오히려 그녀들이 벗어난 성노동은 다른 여성에게 전가되는 측면이 있음을 간과해서는 안 된다.

나아가 '더 나은' 아이를 원하는 히라쓰카 라이초의 지향은 자신의 생각대로 아이를 만들려고 태교와 유아 교육에 광분하는 현대 어머니들과 일면 상통하는 부분이 있다. 게다가 오늘날에는 '출산의 이벤트화'로 평생 한두 번인 체험을 번듯하게 연출해서 스스로 출산을 즐기는 듯하다. 그러나 그 방향성이 너무 획일적인 데다 남들이 하는 '당연한 모델'을 강요받은 채 그에 맞추려고 악착을 떠는 듯하다. 있는 그대로 상황을 받아들이고 참으며 자신을 희생하던 종래의 현모양처와 달리, '새로운 어머니'들은 자신들이 나서서 주체적으로 권리를 주장했다. 그런데 오히려 어머니의 책임을 너무 중시한 나머지 어머니의 직업이 힘들게 되고, 그 결과 스스로 목을 조이는 격이 되지는 않았는가?

마치며

　　성노동을 단서로 근대에서 현대까지
일본의 성과 연애와 결혼을 살펴보았다. 역사의 진전이 반드시 진보
를 의미하지는 않지만, 일본의 경우 그 후퇴가 너무 심했다는 생각이
든다. 가령 생리용품 하나를 보더라도 전통적인 탐폰(Tampon) 방식
〔거즈 등을 말아 질 안에 삽입하는 방식 ―옮긴이〕은 메이지 이후 비위생
적이니 처녀막을 다치니 하는 이유로 무지몽매한 사람들의 악습으로
치부되었고, 그 대신에 계몽된 것이 냅킨 방식이었다. 젊은이들의 자
유로운 성애를 가로막는 '처녀막' 개념도 메이지 이전에는 존재하지
않았다. '요바이'의 풍습에서 순결 교육으로 바뀐 것은 아무리 생각
해도 인간의 자유와 해방이라는 관점에서 보면, 그 방향이 반대이다.
　　그리하여 방향을 찾지 못하고 여기저기서 동요하고 있을 뿐인데,
현재 관점으로 봐도 다이쇼 시기의 언설이 진부하다는 느낌이 전혀
들지 않는 것은 왜일까? 그런데 논쟁으로도 계몽으로도 제도로도
이루지 못했던 변혁이 지금 일어나고 있다. 즉 종신결혼제 붕괴이

다. 종신결혼제는 "남성이 관계를 유지하려는 노력을 하지 않아도 그들의 가정을 보장하는 안전장치 역할을 해왔으며" "무능한 남성을 보호하는 '비관세 장벽'이었다"(우에노 치즈코上野千鶴子, 「연애·결혼을 시장에서 취급하는 것은 당연하다」, 『아사히신문』 1995년 5월 6일자 석간)는 지적은 정말 맞는 말이다. 관계를 유지하려는 노력을 게을리 한 무능한 여성도 종신결혼제 아래서 보호받아 왔음은 말할 필요도 없다.

그렇지만 결혼의 종신 고용 상태가 없어진다고 해도 처라는 성노동이 없어지지는 않을 터이다. 불안정한 상태로 있으니 고용 조건이 나쁘더라도 채용을 받아들일지, 진실로 독립되고 평등한 남녀 관계를 만들어 내는 계기가 될 것인지는 예단할 수 없다. 유지하는 노력을 게을리 하지 않는 이상적인 남녀 관계가 출현할 가능성도 있지만, 무능하고 게을러서 혼자서는 살아갈 수 없는 남자와 여자의 편의적 결혼이 대량으로 발생할 가능성도 있다. 그렇지만 전환기는 매력적이다. 혼돈 속에서 무엇이 나올지 낙관할 수는 없지만, 희망은 있다.

5장

노동으로서의 성매매와 근대 가족의 행방

치모토 히데키(千本秀樹)

.

비판받아야 할 것은 일부일처제 아래 성의 신성화와 그 반대 측면인
성의 일반적 천시이며, 또 하나는 화폐 물신주의이다.
'성윤리'는 현대 사회를 사는 사람들을 억압하는 최대 요인에 속한다.

노동과 성매매를 재검토한다

성매매 단란주점에서 일하는
타이 여성들의 실태

일본에서 성매매를 노동으로 보는
논리가 구축된 것은 성매매 단란주점에서 일하는 타이 여성들을 돕
기 시작한, 그 초기 무렵이었다. 폭력적인 감시를 받으며 탈출하고
싶어도 혼자 힘으로는 탈출할 수도 없는 여성이 1990년대 전후부터

몇 년간 일본 각 지역에 많이 존재했다. 현재도 변함없이 "일본의 공장에서 일하지 않을래?" 따위 말에 속아서 일본으로 가 성매매를 강요당하는 여성이 있기는 하지만, 피부로 느끼기에는, 성매매 일을 받아들인다는 가정하에 또는 성매매를 미리 염두에 두고 일본에 온 여성들에 비해, 인신매매·강제 성매매 피해자 비율은 감소한 듯하다. 다만, 현재도 폭력적인 억압을 휘두르는 단란주점에서는 그 억압 정도가 더 심해졌을지도 모른다.

거의 모든 성매매 단란주점에는 인신매매·강제 성매매 피해 여성과, 어떻게든 그 가게에서 참고 견디며 앞날의 꿈에 인생을 거는 여성이 혼재한다. 그 꿈이란 가공의 '빚'을 다 갚고 자유로운 몸이 되면, 얼마간 돈을 모아서 고향에 돌아가 부모에게 집을 지어 주자, 아이를 학교에 보내자, 부모의 생활비나 가족의 요양비에 보태자…… 등이다. 고향에서 그 꿈을 실제로 실현한 여성들을 자신들의 눈으로 보았고, 일본에 가서는 현실이 그리 녹록하지 않음을 알았지만 그 꿈이 불가능하지 않다는 점도 확인했다.

단란주점에서 절실히 탈출하고 싶어하는 여성에게서 그러한 구원 요청을 받았을 때 생각할 수 있는 한 가지 방법은, 경찰의 협력을 얻어서 그 단란주점을 '매춘방지법' 위반 및 입관법(출입국관리 및 난민인정법) 위반 용의로 적발하는 것이다. 그렇지만 여기에는 몇 가지 어려움이 따른다. 법의 자의적인 적용을 방지하기 위해서는 당연한 일이지만, 첫째, 매춘방지법을 적용하려면 한 여성이 "불특정한 상대방과 성교"(동법 제2조)하는 장면을 경찰이 확인해야 하며, 또한 입관법을 적용할 때도 일본에서는 원칙적으로 함정 수사가 금지되어 신중하게 수사가 진행되기 때문에 시간이 걸린다는 점이다. 그러는 동안에 그 여성이 다른 곳에 팔려 가면 목적을 달성할 수 없는 위험성이 있다.

둘째, 경찰에 고발해 관할 경찰서가 움직일 경우에도 수사 정보가 어떤 형태로든 새어 나가 수사 당일, 해당 단란주점이 대비책을 세울 우려가 있다. 이는 실제로 몇몇 단란주점에서 들은 이야기이며, 또한 탈출한 여성들도 이러한 사실을 증언한 바 있다. 이 점은 많은 간행물에서도 지적되는 점인데, 경찰 당국은 그러한 경우를 상정해 내부 대책을 세우고 있는 듯하다. 이런 상황에서 소속 관할 경찰서뿐만 아니라 도도부현〔都道府県, 일본의 각급 행정 구역 단위—옮긴이〕 경찰서 내부에 시민운동을 이해해 주는 사람이 있으면 좋지만, 항상 그러한 상황을 기대하기란 어렵다. 게다가 고발을 받아들이느냐 여부가 관할 경찰서 형사과장 또는 서장의 개인 재량에 달려 있다니, 이 점은 정말 이해하기 어렵다. 어떤 가게에서 일하는 전원이 탈출을 희망하고 있음을 확인한 경우, 시민단체가 감당하기에는 벅차서 관할 경찰서를 찾는 일이 있다. 이때 경찰관은 수색 영장 없이는 가게에 들어갈 수도 없어 가게와 아파트 주변을 포위할 뿐이고 시민들만이 현장에 들어가는데, 여기에는 항상 위험이 뒤따른다(경찰이 영장 없이 우리 집에 들이닥친다는 생각만 해도 등골이 오싹하다). 그것이 성공해도 경찰 처지에서는 입관법 위반 용의자를 확인하고도 검거하지는 못한다. 또한 그녀들을 시민단체의 '보호' 시설로 옮기는 일도 법적으로 곤란한 일이어서 경찰의 양해를 구해야 한다. 왜냐하면 시민단체들은 그녀들이 경찰서와 입관(출입국관리국) 당국의 조사를 받지 않고 유치장과 수용소를 거치지 않고 귀국하도록 해주고 싶으니까 말이다. 또한 이럴 때 경찰이 독자적으로 단란주점 경영자를 매춘방지법 위반으로 검거하고자 나서면 시민단체의 계획은 수포로 돌아가고, 경영자는 결국 법망을 빠져나가기도 한다. 한편, 경찰서에 찾아가서 서면으로 고발하면 수사권도 없는 시민에게 "증거를 가져오시오"라며 거들떠보지 않는 관할 경찰서도 있다.

셋째, 이것이 이 글과 가장 관계 깊은 부분인데, 경찰에 적발을 위임하면 본인들의 의사에 따라 돌아가고 싶은 사람은 고향에 돌아가고 그렇지 않은 사람은 일본에서 계속 일하는 양자 선택이 불가능하게 된다는 점이다. 성매매는 악이고 '자유' 의지에 기초한 성매매 따위는 있을 수 없으며 성매매 여성은 모두 피해자라는 견지에 서면, 이 세 번째는 문제가 되지 않는다. 모두 경찰에 맡기면 된다. 첫 번째 문제는 매춘방지법을 개정해 더 간단하게 적발할 수 있게 하면 된다. 두 번째 문제는 사법 행정을 민주화하라는 주장이 될 것이다. 그런데 "성매매는 전부 악"이라는 사람들이 그렇게 주장하지 않는 것은 왜일까? 주장해도 당장 소용이 없기 때문만일까?

그런데 모두 경찰에 맡기면 된다는 태도를 취할 수 없는 것은 제3의 문제가 있기 때문이다. 구원 요청이 와서 본인과 연락했을 때 가장 중요한 것은 본인의 의사를 확인하는 일이다. 구원 요청 자체가 거짓일 수 있으며, 한번 나온 뒤에 다시 가게로 돌아가는 일도 있다.

또한 "실은 이 사람도 도망치고 싶어해요" 하는 상황이 있는가 하면, "일부러 도와주러 오셨는데 저는 남겠어요. 그런데 이 친구는 돌아가고 싶어하니까 그 일은 힘닿는 데까지 협력할게요" 하는 상황도 있다. 그녀들은 도망칠지 남을지 망설임 속에서 살고 있다. '도망쳐도 지옥, 남아도 지옥'이지만, 고향에 돌아가는 지옥보다 일본에 남는 지옥을 택해서 참고 견뎌 성공했다는 이야기의 주인공이 되고 싶은 꿈을 버리지 못해서 망설이는 것이다. 거의 모든 여성들은 보스 몇 명 아래 관리되는 체계와는 별도로, 두 집단으로 나눌 수 있다. 즉 '치 마마'로 불리는 작은 마담이 가게 경영을 맡거나 같은 나라 출신 여성들을 관리하는데, 이 '치 마마'에게 전면적으로 협조하며 따르는 집단과, 도망하든 남든 관계없이 그녀에게 반발하는 집단이 있다. 전자는 직업에 충실한, 소위 배포 있는 성노동자라고 할 수 있다.

이 구도는 외국인 남성노동자들과 거의 유사하다. 즉 고향에서 경제적으로 어려워 돈 벌러 일본에 왔다. 계속 일본에 있고 싶지는 않지만 모처럼 일본까지 온 이상 어느 정도 돈을 벌지 못하면 돌아갈 수도 없다. 경영자에게 빌붙는 사람도 있고, 반발하는 사람도 있다. 본국 사람들 사회에서 보스가 되거나 브로커가 되는 사람도 있다. 그렇지만 어떤 직종에 한정해 외국인 남성노동자의 일을 인정하지 않는다는 소리는 외국인 노동자 문제에 관여하는 시민운동에서 들은 적이 없다.

남성과 여성이 결정적으로 다른 점은 여성이 속아서 인신매매·강제 성매매의 피해자가 된 경우가 적지 않다는 점이다. 여기에 성매매

일인 줄 알기는 했지만 폭력적인 관리를 당하고는 "이런 게 아니었는데" 하는 경우를 포함해도 될 것이다. 이 같은 상황에서 1991년 발생한 시모다테(下館) 사건, 신고이와(新小岩) 사건, 모바라(茂原) 사건을 시작으로 타이 여성이 보스인 외국인 여성을 죽이고 탈주해 강도살인이나 살인죄로 징역형을 선고받는 등 끔찍한 사건이 연이어 일어났다. 나는 '시모다테 사건의 타이 여성 세 명을 지원하는 모임' 활동을 하면서 1994년 2월 이 모임이 주최한 심포지엄의 토론자로 나간 적이 있다. 거기서 나는 외국인 여성의 성매매를 둘러싼 슬로건을 성매매 전반에 대한 반대가 아닌, '인신매매·강제 성매매 반대'로 명확히 한정해야 한다고 주장했다. 이 주장은 시모다테 사건의 세 여성이 겪은 피해 실태가 성매매 일반 문제에 묻히지 않고 부각되도록 하려는 것이었다. 나아가 시모다테 사건만큼 심각하지는 않지만, 폭력적·강제적 환경에서 탈주할 기회가 있어도 가족을 생각하면서 '그래도 도망하지 않는' 길을 선택한 여성들이 애틋해서 그녀들의 마음을 이해하고자 했기 때문이다. 논리 구조로 말하면 '강제 성매매 반대'는 '그래도 도망하지 않는' 여성들의 환경을 개선하자는 주장과 일치되기 때문이다.

타이의 '임파워(Empower)'라는 시민단체 사람들이 일본의 외국인 여성 성매매 반대 단체들과 교류하면서, 뭔가 거북한 듯한 표정을 지은 적이 있다. 이는 일본 측에 '그래도 도망하지 않는' 여성들에 대한 명확한 방침을 내세운 단체가 없었기 때문일 것이다. 임파워는 타이의 성매매 지역에서 가령 경영자와 교섭하는 일부터 주변 지역의 청소에 이르기까지 거기서 일하는 여성들의 환경 개선과 같은 구체적인 일에 적극적으로 나서서 실천하는 단체이다.

노동 개념 재검토

성매매 전반은 반대하지 않고 강제 성매매만 반대하는 것은 성매매를 어떻게 보느냐는 문제와 관련된다. 앞서 심포지엄에서 내가 '인신매매·강제 성매매 반대'를 명확히 하자고 주장했을 때, 다른 토론자가 "세계적으로 성매매를 용인하는 주장이 나오고 있다"고 경종을 울리며 넌지시 나에게 비판의 화살을 돌렸다. 한편, 폐회 후 성매매와 차별 문제들과 관련된 운동을 해온 어느 여성 언론인이 "치모토 씨의 말은 성매매 용인론에 불과해요. 더 적극적으로 긍정해야 해요"라며 말을 걸어와, 둘이서 한동안 회관 안 찻집에서 의견을 나누었다. 이 책 집필의 계기도 공동 집필자인 와타나베 사토코(渡辺里子) 씨가 이 심포지엄에 참가했던 데 있다.

지금 다른 사람들이 나를 성매매 용인론자 또는 긍정론자 나아가 부정론자로 규정하든 말든, 나는 상관하지 않는다. 내 주장의 어느 측면을 강조해서 받아들이느냐에 따라 다르기 때문이다. 딱지 붙이기를 좋아하는 사람들을 위해 덧붙이면, 기본적으로 '성매매는 노동의 한 형태'라는 입장에 선다는 의미에서 나는 용인론자 또는 긍정론자일 수 있다. 그렇지만 성의 신성시와 천시, 화폐 물신주의가 극복되었을 때 비로소 성매매가 소멸한다고 본다는 의미에서는 부정론자임을 부정하지 않는다.

다른 논문과 중복될지도 모르겠지만, 문제는 성매매가 아닌 노동의 본질과 성매매의 본질이 같은가 하는 데에 있다. 그렇지만 여기서는 사회과학적으로 양자의 개념을 규정해 오차 한 점 없이 겹친다는 점을 증명하는 데 중점을 두지 않고, 양자의 기존 개념을 불식함으로써 문제 제기를 하고자 한다.

노동은 지금까지 사용 가치를 낳는 상품 생산적 측면이 강조되기 일쑤였다. 페미니즘 진영이 각종 '성 상품화'를 비판할 때에도 "성은 인격이나 인간성에서 떼어 낼 수 없으며, 성은 노동이 만들어 낸 상품처럼, 생산자인 노동자에게서 독립해 타자에 의해 자유롭게 사용되어도 그 노동자 인격과는 관계없는 상품과는 본질적으로 다르다"고 주장하기도 한다. 그런데 그러한 구체적인 유용 노동과 함께 추상적인 노동도 노동의 한 분야이다. 문제는 지금까지 노동론이 가치 생산이라는 관점에 사로잡혀서, 추상적인 노동을 상정할 때 사회질서 유지를 위해 사회 표면에서 활동하는 승려나 교사와 같은 직종에 한정한 데에 있지 않을까?

내가 이 점을 고려하기 시작한 것은 1970년대 장애인 친구가 생겨서 그들과 함께 운동의 장을 공유하게 되었을 즈음이었다. 내가 돌본 적이 있는 뇌성마비장애인 가시와기 마사유키(柏木正行)의 시집은 나에게 큰 충격을 주었다. 그때 타자의 삶에 충격을 주는 것이 바로 노동이 아닌가 하는 착상을 하게 되었다. 시집은 상품이 아니냐고 사람들은 말할 것이다. 그렇지만 그의 시를 읽기 전부터 일상생활의 일부를 그와 함께 지냈을 뿐인데, 나의 인간관은 내가 예측하지 못한

곳까지 확대되었다. 그는 두 손과 두 발이 없어서 5센티미터를 움직일 때도, 지방에 출장을 갈 때도, 바퀴 달린 침대에 누워 간병인과 함께 이동한다. 그러나 그의 '비장애인' 사회에 대한 비판은 날카롭다. 이것이 바로 추상적인 노동이 아닌가? 사회 활동을 전개하지 않아도, 극단적으로 말해 가족들만 접촉하고 많은 말을 하지 않아도 가족이라는 타자의 인간관과 세계관에 영향을 준다면, 살아 있는 그 자체를 노동이라고 할 수 있지 않을까?

가령 나카오카 데쓰로(中岡哲郎)는 노동의 본질을 "자연적 존재로서 인간 생명 활동의 적극적인 면에 깊이 관여하는 여러 개인의 활동임과 동시에, 사회적 존재로서 인간의 총체적 활동이자 사회 구조 유지 및 역사적 발전과 깊이 관련되는 활동"[89]이라고 규정했다. 그러면 장애인이 삶을 살아감으로써 '비장애인'에게 영향을 주고 '비장애인'만의 논리로 만들어진 사회 구조를 재검토하게 만든다면, 장애인은 살아 있는 것만으로 나카오카가 말한 노동의 본질에 합치되는 것이 아닌가?

성은 인격이나 인간성과 분리될 수 없다는 점을 나는 인정한다. 그렇지만 노동도 본질적으로 인간에게서 떼어 낼 수 없다. 그래도 반론을 할 것이다. 소외된 노동에 의해 생겨난 상품은 임금과 교환되어 그 상품만 타인의 소유물로 취급되지만, 성매매는 성매매 여성의 몸 그 자체가 물건으로 취급된다고 말이다.

그렇지만 추상적인 노동, 여기서 서비스 노동에 한정해서 보면, 그 안에서는 의사소통이 불가결하며 중심 직종의 노동은 개인의 고유한 몸 그 자체와 분리될 수 없지 않은가? 가령 의사와 간호사 같은 의료 종사자, 파출부, 교사와 같은 직종이다. 물론 의료 기술, 깨끗이 청소된 방, 지식만을 각기 따로 분리해 팔면 그 결과는 소외된 노동에 의해 생겨난 상품이며, 그 상품만이 타인의 소유물로 취급된다. 그러나 서비스를 받는 측은 그러한 상품을 기대하지 않는다. 이 점을 바깥 생활과 인접한 직종에 확대해 생각해 보자. 만물상을 비롯한 구멍가게 주인, 밥을 파는 식당 아줌마, 커피전문점의 주인아저씨, 이러한 직종을 '인접한' 직종이라고 한 것은, 정보와 어떤 환경을 제공하는 것만으로도 직업이 성립되지만, 진한 의사소통을 요구하는 사람도 있고 그것을 거부하는 사람도 있기 때문이다. 의사소통을 거부하는 사람들과 노동 집약화를 위해, 또 의사소통을 잘 못 하는 사람들도 일할 수 있도록 고안된 것이 매뉴얼과 같은 시스템이다. 그래서 나타난 직종이, 앞의 직종과 대응해 보면 편의점이나 햄버거 가게 점원, 패밀리레스토랑 종업원 등이다. 이들은 서비스 노동에 종사하지만 의사소통을 철저하게 거부한다. 이들이 제공하는 서비스는 노동자 개인의 고유한 몸과 분리되어 손님 처지에서는 그다지 유쾌하지는 않지만, 다른 한편으로는 언동을 예측할 수 있어서 안심하는 손님도 많이 있을 것이다.

여자의 성(이 글에서 여성의 젠더와 섹슈얼리티를 종합해 지칭할 때에는 앞으로 '여자의 성'이라는 말을 사용함)을 상품화해 성립된 직종의 서비스를 받는 사람 중에는 진한 의사소통을 요구하는 사람도 있고, 매뉴얼대로 서비스만 요구하는 사람도 있다. 대기업의 일반 여직원, 스튜어디스, 파티 안내원, 엘리베이터 안내원, 다방 여종업원, 단란주점이나 바의 호스티스, 카바레나 '아르싸로'〔아르바이트와 살롱의 약자로 주부나 학생들이 아르바이트 삼아서 호스티스로 일하는 카바레를 칭하는 말—옮긴이〕의 여종업원, 신흥 풍속업계에서 일하는 여성, 성매매 여성 등이다. '여성을 물건으로 보면서도' 남성 또는 남성 손님은 그녀들의 노동과 서비스가 만약 의사소통을 거절하거나 매뉴얼대로라면 대개 불만을 품는다. 즉 의사소통과 더불어 개인의 고유한 신체성을 요구한다. 여성 처지에서 보면, 여성의 몸을 물건처럼 여기고 성매매 대상으로 삼을 뿐만 아니라 나아가 인간으로서 몸과 뗄 수 없는 개인의 고유한 신체성까지 상품으로 요구하는 데에, 강한 거부감을 갖는 원인이 있을 것이다. 그러므로 실은 '여자의 성'을 상품화하는 과정과 실태 속에 노동이란 무엇인가 하는 주제를 생각하는 열쇠가 감춰져 있다고 생각된다.

성매매와 성의 재정의

한편, 성매매란 무엇을 말하는가? 전에는 경제적으로 궁핍한 집안의 여성이 가난을 타개하려고 '홍등가에 몸을 떨어뜨려' 돈을 버는 것이라는 말로 그 실태와 배경을 설명할 수 있었다. 그런데 성과 관련된 산업이 다양해지고 '여자의 성' 자체가 상품이 된 현재는 성매매를 한마디로 정의하기가 매우 어렵다.

먼저 한 가지 확인해 둘 것은 강제 성매매는 성매매가 아니라는 점이다. 시모다테 사건 제1심 제1회 공판 때 재판관이 "직업은?"이라고 묻자, '피고인' 한 사람이 당당하게 "매춘부입니다"라고 대답했다. 그러나 이는 자신의 의지와 상관없이 성매매를 강제한 국제인신매매단과 일본 사회에 대한 항의와 의지의 표명이었다. 그녀들은 그 후 자신들을 '지원하는 모임' 앞으로 보낸 편지나 재판정에서, 자신들은 성매매를 하지 않았으며 강간을 당했을 뿐이라고 이구동성으로 누차 강조했다.

자유에 기초한 성매매가 존재하느냐를 둘러싸고 많은 논의가 이루어졌다. 가령 소프랜드[soap와 land를 합성한 신조어로 독방식 특수 욕탕을 가리킨다—옮긴이] 종사자는 가게를 옮기거나 다른 직업을 갖는 것이 자유롭다는 실태에 근거해, 자유에 기초한 성매매가 있을 수 있다고 주장하는 사람들[90]도 있다. 한편, 겉으로는 성매매를 자유롭게 선택한 듯해도 실제로는 교묘하게 숨겨진 강제에 의한 것이므로 모든 성매매는 자유에 기초하지 않는다는 견해도 있다. 나아가 "'자유'는 이 사회의 최고 원리가 아니다"[91]는 문제 제기에 이르기까지 다양한 논의가 전개되어 왔다.

오늘날 사회에서 누가 완전한 직업 선택의 자유를 가지고 있는가? 예컨대 도쿄대학 법학부를 졸업하고 대장성(大藏省)이나 일류 기업에 입사한 인물을 생각해 보면 분명하다. 그(녀)는 그 코스가 주어진 길이라고 생각하고 다른 가능성은 쳐다보지도 않고 오로지 앞만 보고 달렸을 것이다. 다른 진로를 조금 생각했을지라도 그것은 그(녀)가 갖고 있는 풍부한 가능성의 극히 일부에 지나지 않는다. 한편으로 집안 형편상 또는 사소한 일이 원인이 되어 진학하지 못한 사람들은 물론 많은 부분에서 직업 선택에 제한을 받는다. 직업 선택의 자유가 이 정도인데, 개별적 성매매를 직업으로 하면서 자유 의지니 강제를 당한 정도가 어떠니 운운해도 소용이 없다. 따라서 여기서는 앞서 서술한 '이런 게 아니었는데'의 경우와 강제 성매매는 성매매의 범위에 넣지 않고, '그래도 도망하지 않는' 경우를 단순히 성매매로 부르도록 한다. 최근 고등학생들의 '원조교제'도 주부 성매매와 더불어, 현대 자본주의가 개인의 욕망을 과대 광고해 외부에서 그 욕망을 극대화시킨 결과 생겨난 성매매의 한 현상이다. 이러한 현상은 화폐 물신주의가 만들어 냈다는 의미에서, '고마담'〔작은 마담이란 뜻의 속어로, 엘리트 남성과 결혼해 경제적으로 유복한 20대 후반~30대 전반의 젊은 여성을 가리킨다―옮긴이〕의 등장과 본질적으로 조금도 차이가 없다.

한편, 앞 절에서 대기업의 일반 여직원을 필두로 여자의 성을 상품화해 성립된 직업 중에서, 오늘날 성윤리에 의거해 어떤 직업이 사회에서 인정을 받는 직업이고 어떤 직업이 인정을 받지 못하는 직업인가? 다시 말하면, 어디까지가 노동이고 어디까지가 노동이 아닌 성매매인가? 이 책의 독자는 그렇지 않겠지만, 대개 성매매 여성과 대기업의 일반 여직원을 같은 선상에 올려놓고 어디가 다르냐고 물으면 아마 당황할 것이다. 완전히 다른 별세계의 인간이 아니냐고 말이다. 그렇지만 여성이라는 이유만으로 복사나 커피 심부름 등 보조적 노동에 한정된 직무를 맡기는 것이 '여자의 성'을 상품화한 게 아니고 무엇인가? 최근 취업난 속에서 면접 때 여대생들에게 '직장의 꽃'을 노골적으로 기대하는 질문이 쏟아진다고 한다.

페미니즘 진영에서도 전반적으로 '여자의 성'이 상품이 된 가운데 성매매의 자리매김은 단순하지 않다고 이야기되었다. 나는 그 원인이 섹슈얼리티론에 선행해 젠더론이 논의된 것 때문이 아닌가 한다. 인류로서 여자와 남자라는 존재의 본질은 섹슈얼리티에 있으며, 젠더는 각 시대의 사회적 표현이라고 생각된다. 섹슈얼리티가 젠더의 면모를 규정하면 당연히 반작용으로 젠더도 섹슈얼리티에게 영향력을 미친다.

성윤리가 급변하는 현재, 여기에 나열한 여성의 직업을 어떻게 보느냐는 세대에 따라 상당한 차이가 있다. 20대 학생이 나에게 "성의 신성화라니, 아무도 그렇게 생각하지 않아요. 그런 건 아저씨, 아줌마 들의 생각이죠"라고 냉담하게 쏘아붙인 적이 있다. 그들에게 나 같은 사람은 이미 사라진 적(敵)이 아직도 버티고 서 있다고 착각해 투쟁하는 듯이 보이는 모양이다. 그렇지만 다른 한편에는 고전적인 성윤리를 가진 젊은이들도 확실히 있다.

성교는 악수의 연장이며 피부(점막)와 피부의 접촉에 불과하다는 언설을 나는 인정한다. 그런 언설과 "성은 인격에서 떼어 낼 수 없다"는 언설은 조금 생각하면 당연한 것이지만 전혀 다른 차원의 문제이며, 두 언설은 대립하는 것이 아니다. 정신분석의인 앤터니 스토(Storr, Anthony)가 쓴 『성의 일탈(Sexual Deviation)』 중에서 두 문장을 연결하면 앞의 두 언설을 종합한 것이 된다.

대인 관계에서 육체적인 면과 정신적인 면을 분리해 생각하는 것은 아무리 봐도 불가능하다. (중략) 친해져도 기껏 악수만 하는 사람이라도 자신의 몸과 타인의 몸을 대하는 태도에는, 상대방에 대한 자신의 마음이 전체적으로 농후하게 반영되어 있을 터이다.[92]

대체로 인간 심리의 성장 과정은 (중략) 타인과 가장 중요한 접촉 수단인 '성기'를 통해 예측 가능한 단계까지 도달하는 것이다.[93]

이 부분에서 육체와 정신의 합치니 성과 사랑의 일치니 하는 지금까지의 윤리는 뒤로 제쳐 두고, 스토의 의도에서 벗어날지 모르겠지만 개인 간의 사회적 제약에 얽매이지 않는 관계성까지 사고를 진행했으면 한다. 즉 성교는 악수의 연장이며, 그것은 인격에서 분리할 수 없다는 것이다. 스토는 영혼과 육체의 이원론을 돌파하려고 하지 않았을까? 그렇지만 그의 온당한 논리 전개는 독자에게 발상의 전환을 요구하는 힘이 약하다. 그런데 유물론 철학자인 오이 다다시(大井正)는 "성활동은 바로 정신 작용"이라며 독자에게 사고의 전환을 촉구한다.

우리는 오랫동안 성에 관한 편견을 가지고 있었다. 성과 성행위는 육체적인 일에 속하며 정신적인 현상이 아니라고 말이다. 나아가 육체적인 일은 가격이 싸고, 정신적인 현상은 가격이 비싸다고 말이다. 나아가 몇몇 종교는 육체적인 일은 죄라고까지 주장하며, 인간을 위협했다. 이러한 주장은 인간 사회의 어떤 질서를 확립하는 데 유효했다.[94]

오이 다다시는 하등 동물에는 상당히 공통되는 점이 있으며 포유 동물의 성생활, 성행동, 성반응은 뇌에서 가장 진화한 대뇌피질의 지배를 받는다는 점을 지적하고, 다음과 같이 서술했다.

따라서 성은 정신 활동에서 분리할 수 없다. 성생활은 정신 작용이기도 하다. 실은 이런 것은 누구나 다 알고 있다. 이성을 좋아하면 애가 타고 고민이 된다. 이성을 좋아하게 되면 성충동이 인다. 애가 타고 고민이 되는 것은 정신 영역에 속한다. 애가 타고 고민이 되는 것은 설령 천박한 정신일지라도 정신 작용임은 틀림없다. 또한 이를 죄의식이라고 한다면, 죄는 육체와 관련된 것이라기보다 정신과 관련된 것이라고 해야 한다. 이는 윤리의 문제이다. 즉 사회 생활에서 가치를 판단하는 문제인 것이다.

성이 몸의 하부 문제가 아니라 뇌의 문제임을 알리고 성을 사회적인 가치 영역에서 공론화하는 것이, 내게는 무엇보다 필요했다.[95]

성욕이 본능이 아니며 정신의 일이라는 사실에 관해서는 이미 대뇌 생리학자인 하야시 다카시(林髞)가 『성＝이 불가사의한 원리』에서 "인간은 성욕의 대뇌화가 완전히 이루어진 상태이므로 생물학적 관점에서 성생활은 본능이 아니라 인간의 문화적 생활 안에 포함된다"[96]고 서술했다.

이 글을 준비하는 과정에서 가장 계몽을 받은 책이 오이 다다시의 앞 책이다. 오이 다다시는 여러 가치 중에서 특히 예술미에 높은 가치를 부여하며, '성적 행위는 문화적으로 아름답다'는 결론을 이끌어 내었다. 그 한 예로 미로의 베누스 상을 들어 다음과 같이 말했다. "복부에서 허리까지 완만한 융기"에 착안한 "이 아름다움은 섹시한 감정, 즉 정욕을 불러일으키는 곡선"이며, "내 복부를 이 근육질의 복부에 대어 보고 싶은 충동을 일으킨다. 그리고 이 복부는 베누스 상 특유의 아름다움을 만들어 내고 있다. 베누스 상의 예술적 미와 남자의 정욕을 불러일으키는 육체의 박력은 설령 구별된다 할지라도, 나는 후자가 없으면 절대로 전자가 나올 수 없다고 믿는다"고 말이다. 오이 다다시라면 '예술적 미'와 베누스 상의 '육체의 박력'을 구별할 필요는 없다고 생각할 것이다.

그는 또 한 예로 미켈란젤로의 〈최후의 심판〉에 있는 예수 상을 든다. 당당한 체구와 약동하는 사지를 가진 청년 예수 상은 중세 예수 상과 달리 "신성함보다 육체미로 보는 이를 휘어잡는다. 그 약동성과 근육미를 보고 안기고 싶어서 몸이 달아오른 여성이 많았음에 틀림없다. 미술사가는 이를 르네상스 예술의 자연미라고 아무렇지도 않게 말했지만, 그 자연미에서 성감, 즉 남성을 느끼지 않을 수 없다. 이 예수 상에는 육감적으로 남성이 표현되어 있다"며 일부 기독교인이 들으면 졸도할 만한 글을 썼다. 이 예수 상은 문자 그대로 전라(全裸) 상이었는데, 나중에 교황 바오로(Paulus) 4세가 어떤 화가, 나중에 '팬티 화가'로 명명된 화가에게 명령해서 '좁은 뜻의 성기' 부분을 천을 걸친 것처럼 덧칠해 안 보이게 했다고 한다.

이와 똑같은 일이 이 글을 쓰는 중에도 일어났다. 1996년 8월, 실질적으로는 도쿄도가 주최한 미술전 '갤러리―21세기 도시예술 프로젝트'에서 미국인 샐리 로즈가 출품한 높이 4미터짜리 건조물의 하반신에 후카가와(深川) 경찰서의 경고를 받은 주최 측이 거대한 기저귀를 채운 사건이 일어났다. 위에는 가죽 재킷을 걸치고 하반신은 그대로 드러낸 채 위를 올려다보는, 크게 강조한 페니스에는 피어싱과 주사기가 달려 있는 모양이었다고 한다. 이 작품은 작가가 남편 봅을 추도하여 만든 것으로 "나에게 영웅이었던 그를 일부러 큰 사이즈로 표현"(『마이니치신문』 8월 18일자)했으며, "힘들었던 유년기를 '고통'으로 극복한 남편의 인생을 상징하는 것"(『아사히신문』 8월 18일자)이라고 한다. "성기는 남편 인격의 일부"(『아사히신문』 8월 18일자)라는 작가의 주장은 오이 다다시의 논지와 일치한다.

오이 다다시는 '넓은 뜻의 성기'라는 개념을 제시했다. "남성에게는 어깨통과 가슴의 털, 여성에게는 젖가슴과 엉덩이가 넓은 뜻의 성기에 속한다"는 것이다. '인격'에는 생리적 의미가 가미되는 점을 고려하면 "성기 그 자체도 '인격'의 한 요소"이므로 "성기의 행사인 성행위가 말하자면 연속적 경로를 거쳐서, 즉 '인격'의 내적 형성 경로를 거쳐서 육체적인 다른 부분 또는 정신적인 부분에도 영향을 미쳐서 '인격' 전체를 새롭게 만들어 내는" 것이다. 여기서 스토의 논리가 더 명확해진다. 오이 다다시는 "'넓은 뜻의 성기'에도 아름다움을 인정할 수 있다"고 했는데, 좁은 뜻의 성기에도 당연히 아름다움을 인정할 수 있을 터이다. 샐리 로즈는 상반신에 가죽 재킷을 입혀서 좁은 뜻의 성기가 아름답다는 것을 강조하려 한 것이 아닐까? 성기는 아름답고 성교가 인격 형성에 커다란 구실을 한다면, 성교도 역시 아름다울 터이다. 그러면 포르노에 대해서도 부정하지 않고, 그 내용을 문제 삼는 사고가 가능하게 된다.

근대 가족과 천황제

일부일처제와 성매매

원시·고대부터 사람들이 성교를 신성
시해 온 심정을 나는 이해한다. 욕망에 따라 행위를 하고 생식과 종
의 보존을 도모하면서 신비를 느꼈을 것이다. 현대에 들어 몸의 구조
를 자연과학적으로 인식하기에 이르렀지만, 가령 수태에서 출산에
이르는 과정이나 뇌 구조가 해명되었어도 자연과학자나 유물론자나
생명 활동에는 신비를 느낀다. 그런데 시대마다 사회 속에서 혈연관
계가 어떠한 위치에 있었느냐에 따라 신성시된 내용도 각기 다르다.
『고사기(古事記)』와 『일본서기(日本書紀)』에 나오는 '바위문(岩戸)' 신
화에서 아메노우즈메가 나체로 춤을 추고 주변의 신들이 큰 소리로
놀리는 장면은, 신화가 성립될 당시에는 성과 성기에 대해 신성하게
든 천하게든 특별히 여기지 않았음을 보여 준다. "매춘은 세계에서
가장 오래된 직업"이라고들 말한다. 그리고 그것이 인류가 존재하는
한 성매매가 없어지지 않는 이유로 설명되어 왔다. 누가 처음에 말했

는지 모르지만, 그 근거는 무엇일까? 세키구치 유코(関口裕子)는 「대우혼(對偶婚)의 종언과 매매춘의 발생」[97]에서 고대 일본의 '우카레메(遊行女婦)'는 예능인이었고 성매매를 생업으로 삼지 않았는데, '우카레메'가 성매매를 하는 유녀(遊女)로 변하면서 성매매를 전문 직업으로 삼는 여성이 등장했다고 지적했다. 즉 9세기 중반에 일본에서 성매매가 발생해 10세기 초에는 명확히 성매매가 성립되었다고 한다.

세키구치 유코는 대우혼의 특징이 "남편과 아내의 관계가 일 대 일이라는 점에서 단혼에 가깝지만", "좋아하면 함께 살고 싫어지면 헤어지는, 아직 영속성을 획득하지 않은" 관계에 있었다고 했다. 또한 "배우자의 성(性)이 상대방 이외의 이성에게 반드시 닫혀 있지 않았으며" 특히 여성에게도 그러했다는 점에서 의미가 있다고 했다. 대우혼 아래서는 쌍방의 합의하에 남녀의 성결합이 이루어졌고, 여성의 의도에 반하는 성결합은 원칙적으로 존재하지 않았다. 이러한 점을 볼 때 대우혼 아래에서는 성매매가 존재하지 않았다고 했다.[98] 또한 세키구치 유코는 노작인 『일본 고대 혼인사 연구』[99]에서 일본의 지배층에서는 10세기 초를 전후해서 대우혼에서 단혼으로 이행했다고 지적했는데, 그러면 성매매를 할 경제적 여유가 있는 계층에서 단혼이 성립한 시기와 성매매의 성립 시기가 들어맞는다.

이미 다카무레 이쓰에(高群逸枝)는 약 40년 전에 『여성의 역사』[100]에서 "양갓집 규수가 '정부(貞婦)'(개인 소유의 물건)가 되었을 때, 마을에 창부(팔리는 물건)가 그 모습을 드러내었다"고 적었다. 다카무레 이쓰에는 헤이안(平安)·가마쿠라(鎌倉) 시기를 "정부와 창부가 아직 분리되지 않았던 시대"라고 했는데, 단혼과 성매매가 성립한 시기를 언제로 상정하든, 성매매는 단혼과 표리일체를 이룬다. 다시 말하면, 성매매는 단혼제 성립을 빼고는 존재할 수 없으며, 단혼제는 성매매의 존재를 전제로 성립된 것이다. 왜냐하면, 대우혼 아래에서는 남성이 성매매를 하려면 그 대우혼 관계가 위기에 빠지게 되며, 또한 최근의 용어를 따라 가부장제를 넓은 의미로 이해하면 가부장제적인 단혼제에서 개인 소유 물건인 정부가 집안의 대를 잇는 사명을 부여받게 되었을 때, 쾌락을 위해서 팔리는 물건인 성매매 여성이 필요해졌기 때문이다.

이러한 사정은 동서양을 불문하고 공통된 사실이다. 버트런드 러셀(Russell, Bertrand)은 이미 1929년에 『러셀 결혼론(Marriage and Morals)』에서 다음과 같이 간파했다.

여자의 순결한 정조를 아주 중요하게 보는 한, 결혼 제도는 또 다른 제도로 보충되어야 한다. 이 제도를 결혼 생활의 일부로 봐도 지장이 없을 것이다—내가 말하려는 것은 매춘 제도이다. 매춘부는 가정의 신성함과 우리 처와 딸 들의 순결을 지켜주는 방파제라는, 레키(Lecky)의 유명한 말은 널리 알려진 바이다.[101]

덧붙이면 아일랜드의 역사가인 윌리엄 레키(Lecky, William)가 『유럽 도덕사(History of European Morals)』를 간행한 것은 1869년으로 거슬러 올라간다. 그렇지만 혼인사 전체에서 성매매의 자리를 매긴 사람은 프리드리히 엥겔스였다. 그는 『가족·사유재산·국가의 기원』에서 다음과 같이 썼다.

이리하여 결혼에는 인류 발전의 중요한 세 단계에 대응하는 주요한 세 가지 형태가 있다. 야만 시대에는 집단혼이, 미개 시대에는 대우혼이, 문명 시대에는 간통과 매춘으로 보충되는 일부일처혼(단혼—인용자)이 있다. 대우혼과 일부일처혼의 중간에, 미개 시대의 높은 단계에 여자 노예에 대한 남성의 지배와 일부다처제가 들어간다.[102]

성매매가 대중화하려면 단혼제가 지배 계급에서 피지배 계급으로 침투되고 이와 더불어 화폐 경제가 발전해야 한다. 성매매의 대가로 현물이 지급되는 상황에서는 성매매가 널리 성립될 수 없다. 즉 급히 쓸 데가 없는 현금을 가진 계층이 대량으로 출현하면서 성매매가 대중화했다. 다이코 겐치[太閤検地, 도요토미 히데요시豊臣秀吉가 1582년 이후 점진적으로 추진한 토지조사를 말하며, 이때 토지의 측량 기준을 통일해 일본 근세 봉건사회의 기초를 구축했다—옮긴이]는 일본의 모든 농민을 단혼제로 묶을 수 있는 제도적 조건을 만들었으며, 에도 시대[서기 1603~1867년—편집자]에는 단혼제가 보급되면서 소작농도 '이에(家)'를 의식하게 되었다. 동시에 화폐 경제가 농민들에게 침투하면서 성매매를 하는 층이 무사와 조닌[町人, 평민, 상공업 종사자—옮긴이]뿐만 아니라 농민층까지 확대되어 대량으로 생겨나게 되었다.

단혼제가 피지배 계급에 침투했다고 해도, 서민들이 결혼에 이르는 과정은 메이지 유신 후에는 비교적 '이에(家)'에서 자유로워졌다. 그 실태에 관해서는 민속학의 '청년조직·처녀조직' 연구에 맡기기로 하자.[103] 젊은 남녀의 성행위는 배타적이지 않고 대체로 여러 명을 사귀어 보고 검토한 뒤에 단혼에 이르게 되므로, 처녀 숭배나 정조 관념이 메이지 유신 후의 사회와는 확연히 달랐으며, 메이지 유신 후와 같은 성에 대한 신성시도 존재하지 않았다. 그러므로 예기·창기는 한 가지 직업이었고, 성매매를 천업으로 업신여기는 습관도 없었다.

문제는 메이지 유신 후 국가 건설 과정에 있었다. 역사학 용어대로 말해서 국민 국가를 건설하려면 당시 '민초' '인민' '억조(億兆)'로 불린 민중을, 중앙 집권 국가를 지탱하는 균질적인 성격으로 바꿔야 했다. 정부는 이를 '신민(臣民)'으로 구상했고, 민권파는 '국민'의 이름을 붙였다.[104] 신민이든 국민이든 국가의 최소 단위를 무엇으로 하느냐가 중대한 문제였다. 이를 둘러싼 싸움이 민법전(民法典) 논쟁이다. 명육사[明六社, 메이지 초기에 성립된 계몽 사상 단체—옮긴이] 멤버이자 개화파 기독교인 모리 아리노리(森有礼)가 문부대신(文部大臣)으로 있을 때, 1888년 부아소나드(Boissonade, Gustave Emile: 프랑스 법학자)가 중심이 되어 작성·발표한 민법 제1차 초안은 개인 단위 경향이 강했다. 제1차 초안에 프랑스풍 성격이 들어 있었어도 당시는 '이에(家)' 개념이 완전히 서민에게 침투하지 않아서, 서양풍이니 일본에 맞지 않다고 단언하기는 어려웠다. 그런데 '민법을 만들어 충효가 사라진다"는 '명언'을 남긴 호쓰미 에쓰카(穗積八束) 도쿄대학 법과교수를 비롯한 보수파가 강하게 반대해 격렬한 논쟁이 벌어졌고, 결국 1898년 '이에(家)'를 단위로 하는 민법이 시행되었다.

그런데 이미 1872년에 완성된 임신(壬申) 호적에 따라 현실적으로는 가족생활을 영위하는 집단이 '호(戶)'로 편제되어 있었고, 호주는 국가에 대해 가족 구성원의 행위에 관한 책임을 지게 되어 있었다. 즉 민법전 논쟁보다 훨씬 이전에 국가 통치 단위는 '이에(家)'로 정해져 있었다. 임신 호적은 징병제를 준비하고자 만든 것이지만, 메이지 유신 전에는 지배 계급인 무가(武家)와 하급 상인에게 확립되었던 '이에(家)' 시스템을 모든 민중에게 강제하는 기능을 담당했다. 다만 유교적 부계제에 사로잡혀 있던 태정관(太政官)은 결혼 후에도 부부는 성을 따로 사용해야 한다고 수차례에 걸쳐 명령을 내렸는데, 여기서 '근대'적 이에(家) 제도의 이데올로기가 아직 확립되지 않았음을 엿볼 수 있다.

호적 제도와 민법은 국민을 창출하는, 가장 강력한 장치였으며, 지배 계급의 가족윤리와 성윤리를 전 국민에게 강제하는 역할을 담당했다. 그렇지만 확실히 시대는 변하고 있었다. 가령 상류 계급에서 일반적이던 일부다처제는 초기 호적 제도에서 호적에 '첩'을 기재하는 형태로 남아 있었지만, 모리 아리노리가 문부대신으로 취임한 1885년에는 이것도 폐지되었다. 그렇다고 해서 순수한 일부일처제가 실현될 리는 없었고, 민법에 서자의 가독(家督) 상속권은 남겨진 채였다. 덧붙이면, 전후에 성립된 '민주' 민법에서도 서자에게 2분의

1이기는 하나 유산 상속권을 인정한 것은 일부일처제의 원칙에서 벗어난, 일부다처제의 잔재이다. 또한 혼인 중인 여성이 출산한 아이의 경우, 실제 아버지가 누구이든 상관없이 그 여성의 법률상 남편이 그 아이의 법률상 아버지가 된다는 점은 그 반대이다(확실히 해두자면, 나는 서자의 상속권 인정을 반대하지는 않는다).

메이지 유신 이전에 서민의 혼인 형태는 단혼이지만 결혼 과정에는 개개인에게 자유로운 여지가 남아 있었고, 결혼 생활에 여러 윤리적 제약이 있어도 민법이 성립된 후와 비교하면 일부일처제라기보다 일부일처 상태라고 할 수 있는 측면이 남아 있었다. 이사야마 요타로(諫山陽太郎)는 『집·사랑·성(姓)』[105]에서 "메이지 21년 개인주의적인 초안과 메이지 23년 가족주의적인 초안 사이에 큰 간격이 있었지만, '부부동성(夫婦同姓)'의 사다리를 걸쳐 놓는 것만으로 가뿐히 그 간격을 뛰어넘었다. '이에(家)'의 이름이 법제도에 등장함으로써 개화적(開化的) '개인'은 암살되었다"고 했다. 이는 유교적 부계주의 편에서 보면 부부동성을 받아들여 '며느리'를 가족의 일원으로 인정하는 양보를 한 것이며, 개화적 개인주의 편에서는 가장권을 승인한 것이다. 보수파에서는 가족 관계를 법으로 규정하는 그 자체를 받아들이기 어려웠으므로 너무 많이 양보해 패배했다고 여겼던 듯한데, 실제로는 법률로 뒷받침된 강력한 가부장제가 확립되었다.

일반적으로 일본제국의 국가 이데올로기인 가족 국가관을 성립시킨 장치라는 '이에' 제도는 "도쿠가와(德川) 봉건 체제하 옛 무사 계층의 가족 질서를 모델"로 삼은 것이며, 그것이 "사회 제도로 민간에 널리 정착되었다"[106]고 한다. "널리 정착되었다"는 점을 나도 인정하지만, 여기서는 반대로 무사 계층과 하층인 조닌(町人) 층, 그리고 상층에 속하지 않는 농민 각 계층에게서 '이에' 제도의 실태와 그 개념 차이에 주목하고자 한다. 가령 세가와 기요코(瀬川清子)는 "에도 말기부터 촌락에서 처녀 총각의 자유연애에 기초한 혼인이 점차 어렵게 되어 중매나 부모의 힘이 보태지게 되었다"고 했는데, 그것이 "어쩐지" 그렇다는 정도여서 그 후 시대에 관해서도 세가와 기요코는 "당시 마을의 상층을 제외하면 농촌과 산촌, 어촌의 일반적인 가족생활에서 가장의 지위는 반드시 절대적이지는 않았다. 부모는 아들과 딸의 혼사에서 한 발짝 뒤로 물러나 있었다"고 적었다.[107]

천황제와 성매매

내가 제기하려는 문제는, 단지 '이에' 제도를 기반으로 가족 국가관이 만들어졌다는 점이 아니라, 옛 무사 계층의 '이에' 제도를 모델로 한 가부장제를 서민에게 철저히 침투시키는 과정에서 가족 국가관이 큰 역할을 담당했다는 점이다. 다시 말하면, 통설과는 반대로 가족 국가관이 서민의 '근대 가족' 형태를 창출했다는 점이다. 단혼―성매매의 일체적 시스템을 전 국민에게 관철한 것이 바로 천황제가 아닌가?

예로부터 느슨하던 일본의 성윤리는 종교적으로는 불교와 유교에 의해 지배 장치로 전환되었다. 여기에 일관된 점은 성과 여성에 대한 천시이다. 석가는 "성관계를 끊는 것을 배우라"고 가르쳤는데 제자인 아난다가 "여자에 대해 어떻게 하면 좋습니까?" 하고 묻자, "쳐다보지도 말고 말하지도 말라", 혹시 말을 걸어오면 "삼가라"[108]고 답했다고 한다. 일본 불교 각 종파에서 사용되는 『혈분경(血盆經)』에서는 피를 부정한 것으로 보고, 여성인 것만으로 지옥에 떨어진다고 한다. 이는 도축업 종사자를 부정하게 보는 원인이 되었다. 에도 시대에 주자학이 관학이 된 이후에는 불교의 성윤리가 유교와 결합되어 정치적으로 재편·강화되었다. 그렇지만 성윤리가 정치적이었던 까닭에, 하라 준코(源淳子)의 표현을 빌리면, 겉으로는 성을 부정하는 정치적 문화와 더불어 속으로는 유곽으로 상징되는, 성 억압 없는 비정치적 뒷문화가 번창하게 되었다.[109]

메이지 유신은 성윤리의 겉과 속 구별을 없애고 단숨에 통합했다. 유신의 공신들은 예기·창기를 처로 삼았고, 그 후에도 고급 관료가 이를 뒤따랐다. 가령 타이후 무라사키(太夫紫)는 요시하라(吉原)에서 계약이 끝난 1894년, 훗날 조선총독부 고관이 되는 인물과 선을 봐서 결혼했다.[110] 야마시타 아키코(山下明子)는 "남자의 정치·성산업·자본주의, 이 세 가지가 이권을 지키고자 삼위일체가 되었다"[111]고 지적했는데, 겉과 안의 융합은 실은 단순히 융합으로 끝나지 않고, 그 융합된 문화를 대중에게 실천하도록 했다. 극히 일부 지배자들만이 일부다처제 아래서 자유롭게 놀면서 생식을 위한 성과 쾌락을 위한 성을 향유할 수 있었는데, 이 시기에 와서는 인민에게 폐쇄적 일부일처제를 지키는 대신 그 대가로 쾌락으로서의 성을 보장해 주어야 했다. 에도 시대에 유곽 출입을 할 수 있던 계층의 남자들은 여성을 두 종류, 즉 생식의 도구인 처와 향락의 도구인 유녀로 나누어 보았는데, 여기에 서민 남자들도 참가하게 되었다. 게다가 쾌락으로서의 성을 보장하는 것은 [노동 계층에게—옮긴이] 한 번 지급된 임금을 다시 시장에 돌게 하는 최고 수단이었다. 이것이 바로 성매매의 대중화이다. 이를 현실화하는 조건은 앞서 서술했듯이, 단혼과 화폐 경제를 전 인민에게 침투시키는 것이었다. 민속학자인 모리쿠리 시게카즈(森栗茂一)는 『요바이(夜這い)와 근대매춘』[112]에서 규슈(九州) 미나마타(水俣) 지방을 예로 들면서, 메이지 시기에 청년 조직과 요바이 소멸, 대규모 공장 성립과 공장노동자 증가, 성매매 융성이 일체를 이루었다는 점을 밝혀 내었다.

메이지 정부는 전 인민에게 새로운 성윤리를 제시해야 했다. 그것은 당연히 국가의 단위인 가족의 모습과 짝을 이룬다. 이 시기에 오면 앞 시대까지는 적합했던 불교와 유교만으로는 대응할 수 없게 된다. 여기서 결과적으로 기독교가 큰 힘을 발휘한다. 선교사들은 당연히 자본주의 정신과 형태가 깃든 일부일처제에 청교도적 성윤리를 제기하려고 했다. 그러나 남자 입장에서 보면, 성 억압이 없던 앞 시대의 뒷문화를 즐길 기회를 코앞에 두고 청교도적 성윤리를 받아들일 수는 없었다. 기독교인이 선두에 서서 투쟁한 폐창 운동과 공창 제도의 변모는 공창 제도를 국책으로 유지하려는 메이지 국가, 성매매를 향유하려는 남자들, 그리고 이에 반대한 기독교인들이 서로 공격하면서도 타협한 결과였다.

여기에 두 가지 과제가 남겨졌다. 하나는 폐창 운동을 통해 기독교인들이 성매매 여성에 대해 천한 것들이라는 결정적 인상을 남긴 것이었다. 1915년 『청탑(青鞜)』에서 이토 노에(伊藤野枝)는 「오만하고 속이 좁으며 철저하지 못한 일본 부인의 공공사업에 관해」라는 글로 부인교풍회의 폐창 운동을 비판했다. 이는 감정적이고 덜 정리된 것이어서 사회주의 이론가인 야마카와 기쿠에(山川菊栄)에게서 철저한 비판을 받았다. 그로부터 80년 후, 이사야마 요타로는 앞의 책에서 이토 노에의 논리를 다음과 같이 완벽하게 재구성했다.

폐창 운동으로 새로운 차별이 형성된 점에 대해 노에는 "불쌍한 여성들을 인간에서 제외하려 한다"는 말로 표현했다. 또한 여기서 노에가 말하는 "'천한 직업'이라는 미신"은 기독교적인 '여자 분류학'을 말한다. 이 새로운 '여자 분류학'을 받아들임으로써 지금까지 존재하지 않았던 차별 범주가 만들어지고, '천업부(賤業婦)'라는 새로운 피차별민이 생겨났다. '예기'와 '창기'는 '천업부'로 불리면서 일부일처 제도에서 제외되어 특수한 범주에 들어가 새로운 피차별민이 되었다. 그리고 '예기'와 '창기'가 단순히 직업이 아니라 '천업부', 즉 일부일처 제도에서 배제된 피차별민으로 규정될 때, 비로소 피차별민 구제 운동으로 '폐창 운동'이 성립했다. 따라서 만약 일부일처 제도가 확립되지 않고 성매매 여성에 대한 차별이 존재하지 않는다면, '폐창 운동' 따위는 난센스이다. 일부일처 제도의 원리에 따라서 '성(섹스)'을 '성스럽다'고 치켜세움에 따라, '성'을 돈으로 주고받는 행위에 대한 죄악감과 차별이 생겨났다. '성 상품화'가 악이라는 논리의 뒷면에는 '성'에 대한 무조건적인 '신성화'가 존재한다. 이처럼 새로운 '여자 분류학'의 확실한 근거에 따라 교풍회는 '폐창 운동'을 전개했기에, 그것이 항상 '일부일처제' 확립 운동, '정조 개념' 강화(성의 신성화)와 한 세트가 되었다. 교풍회는 일부일처제의 새로운 '여자 분류학'적인 제도 확립, 제도에서 일탈한 자에 대한 차별, 그리고 피차별민에 대한 제도 밖 구제, 이 세 가지를 전부 담당했다. 그러므로 노에게 폐창 운동은 운동 자체가 차별을 만들어 내면서 그 차별을 받는 사람을 구제하자고 호소하는 위선자의 운동으로밖에 보이지 않았던 것이다.[113)

실은, 이 문장에 또 하나 과제가 시사되어 있다. 내가 굳이 국가와 기독교가 타협한 결과라고 쓴 것은, 양자가 일부일처제 확립이라는 목표를 공유했기 때문이다. 단순히 일부일처제라는 형태를 공유했을 뿐만 아니라, 근대 천황제는 서양의 기독교를 대신해 설계된 것[114)이어서 천황제와 기독교에는 부권제적 일신교다운 공통성이 있었다. 또한 기독교 문화와 겉으로 드러난 일본 근대 문화에는 성을 천시하고 여성을 천시하는 공통점이 있었다. 다만 정확히 말하면, 야마시타 아키코가 「성침략·성폭력의 역사와 구조」에서 "일본이 '여성적 문화'의 나라라는 것의 실체는, 모성 원리를 공동체=천황제의 원리로 삼은 가부장제 국가의 측면에서 찾아야 한다. 여러 종파로 이루어진 일본의 교회도 가부장제 국가 안에서는 예외가 아니다"[115)라고 지적한 점을 부언해 둔다.

정조 관념 강화를 동반한 일부일처제 확립 운동은 천황제의 국민 통합 측면에서 봐도 절호의 기회였다. 메이지 유신 공신들의 일부다처는 문제시되지 않았다. 또한 일본 내에서 기독교인들이 아무리 비타협적으로 폐창 운동을 전개했대도 서양의 기독교 사회에는 공창 제도만 없다뿐이지 성매매가 광범위하게 존재했으므로, 천황제를 지지하는 측이 안도감을 가졌을 법하다. 성매매가 옳으냐 그르냐가 쟁점이 아니라, 어느 쪽이냐 하면 공창 제도가 문제였다. 천황제 편에서는 일부일처제만 확립되면 좋았다. 왕정복고적 천황제라면 대우혼이든 대가족제든 상관없겠지만 자본주의 육성이 사명인 근대 천황제에서는, 여기서 이를 논증할 지면은 없지만 노동력 산출과 재생산, 자본주의적 상속 제도 확립을 위해 일부일처제와 핵가족을 채용해야 했다.

그런 의미에서 기독교도인 이시카와 다케요시(石川武美)가 1917년에 창간한 『주부의 벗』 등이 부권제적 일부일처제를 국민, 특히 중하층 국민에게 선전해 준 것은 천황제 편에서는 바라던 바였다. 이시카와 다케요시는 1914년에 결혼하기 전부터 "일본이 세계의 한 나라가 되려면 일본의 가정이 세계에서 제일 훌륭한 가정이 되어야 한다고 생각하고, 이를 위해 이 한몸 바쳐서 일하자고 마음속으로 기도했다"고 한다.[116] 이시카와 다케요시의 부권적인 측면은 "뭐든지 주인인 내가 먼저 나서서 하고 아내도 나에게 보조를 맞춰서 함께 나갔으면 한다"[117]는 정도여서 강권적 가부장제에 비해 부드럽지만, 초점은 정조 관념 강화와 일부일처제 확립에 있었다. 따라서 천황제 편에서 보면 『주부의 벗』은 충분히 우군으로 대우할 위치에 있었다. 다만 이시카와 다케요시는 "예수는 순결을 엄히 훈계하면서 이성을 보고 음흉한 생각을 품는 것만으로도 강간과 다름없다고 경계했다"[118]면서, 생식 담당자로서의 여성과 쾌락 제공자로서의 여성으로 분리하는 것이 아닌 통일을 주장하며, 부부 간 성애의 중요성을 주장했다.

이시카와 다케요시는 1930년을 낀 약 10년간, 『주부의 벗』에 여성이 세상을 사는 법에 관해 '○○에 관한 100가지 비결' 따위를 30편 이상 연재했다. 예컨대 「남편을 조종하는 100가지 비결」에서는 "항상 남편에게 매력 만점의 이성이어야 한다는 점을 꿈에서라도 게을리 하면 마지막"이다, 「부부 화합의 100가지 비결」에서는 "성적으로 건전한 것이 화합의 비결"이다, 「남편에게 사랑을 받는 10가지 비결」에서는 "남편에게 사랑을 받으려면 때로는 화장을 다르게 하라"고 썼다.[119]

그런데 처와 유녀의 합치는 쉽지 않았다. 일부일처제가 각 개인에 대한 억압이라는 점은 뒤에서 서술하겠지만, 단혼·성매매 시스템이 타파되지 않은 채 진행된 일부일처제 확립 운동은, 그때까지 꽤 자유로운 결혼 형태를 유지하던 서민을 천황제 아래로 통합하는 효과를 가져왔다. 일부일처제에 대한 칭송은 역사적으로 천황제를 강화했다. 메이지 천황 무쓰히토(睦仁)도 다이쇼 천황 요시히토(嘉仁)도 젊은 시절에 측실(側室)을 개인적으로 거부하려고 했으나, 군주제 아래서 군주의 가장 큰 임무가 생식이었던 까닭에 주변의 말을 듣지 않을 수 없었다. 쇼와(昭和) 천황 히로히토(裕仁)도 세 자녀가 모두 딸이어서 궁내청에서 측실 후보를 세 명 준비했으나 본인이 강하게 거부했으며, 그 후에 현재 천황인 아키히토(明仁)가 태어났다. 이렇듯 솔선해 일부일처제를 확립하고자 했던 황실에서도, 일본적십자사 명예총재인 다카마쓰노미야 비(高松宮妃)의 이름으로 시가(滋賀) 현 특수욕장(浴場)협회, 현재로 말하면 소프랜드 업계 단체에게 감사장을 보낸적이 있다. 이런 종류의 감사장이 남발되기도 했지만, 특수욕장 업계에 감사장을 적잖이 보낸 것은 특수욕장업이 황실과 적십자의 공인된 범위 안에 들어 있었음을 나타낸다.

근대 국가의 대중적 성립은 가족국가 이데올로기를 중요한 무기로 하는 천황제 편에서도, 급속하게 발전하는 자본주의 편에서도 불가결한 과제였는데 이는 운명적으로 성매매 구조를 동반했다. 1980년대 이바라키(茨城) 현 가시마(鹿島) 콤비나트에 들어선 옛 재벌계제철소에서는 종업원들에게 훈시하면서 "성을 처리하려면 S마을에 가라"고, 외국인 여성이 일하는 단란주점이 많은 지역을 소개한 적이 있었다. 이는 구 일본군의 군 '위안부' 문제와 같은 구조이다. 침략 전쟁은, 말하자면 많은 남자들이 집단으로 단신 부임하는 것과 같으므로 근대 국가에 불가결한 유곽 노릇을 담당하는 시설을 각 부임처에 세우지 않으면 안 되었다. 하물며 성매매를 국가가 공인한 당시의 일이니 말이다. "집에서는 좋은 아버지인 사람이 왜 위안소에 갔을까?" 하는 관점이 아니라, "집에서는 좋은 아버지였으니까⋯⋯" 하는 관점이 문제 핵심을 제대로 파악한 것이다.

천황제의 본질은 결코 군사적·강권적 측면에 있지 않으며, 지배

지역에서 문화를 동질화시키고 일부 사람을 배제해서 그 집단을 차별하는 데에 있었다. 20세기 초 국가 언어로 성립된 일본어를 일본 각 지역에 보급한 일도 천황제가 중대한 문화적 권력을 표방하는 행위였다. 식민지와 점령지에서 황민화 정책의 일환으로 이루어진 일본어교육은 그 연장선상에 있었다. 그런 의미에서 천황제는 전전·전중·전후에 연속되며, 현재에도 중요한 의미를 지닌다. 일부일처제 이데올로기를 전 국민에게 강제하려면 그에 준하는 위치를 일부일처제에 부여해야 했다. 천황제 아래서 일부일처제는 앞 시대로부터 여성 분단, 즉 여성을 생식 담당자와 쾌락 제공자로 나누는 분단을 이어받았다. 따라서 근대 천황제·전후(戰後)의 상징 천황제를 통해 이어진 근대 가족의 시대에 성매매 여성은 필연적인 존재였다.

'성노동의 상품화'와 '사랑의 해방'

'성의 상품화'가 아닌 '성노동의 상품화'라는 관점

성매매 여성의 생업은 재생산 활동이며 국가와 국민의 존재 형태에 따라 성매매 여성이 필연적으로 존재했다는 관점에서는, 성매매를 노동으로 보아야 한다. 나는 전부터 성매매를 인권 문제로 보는 것에 대해 위화감을 느꼈다. 가령 『일본부인문제자료집성(日本婦人問題資料集成)』(도메스ドメス출판)에서는 성매매 문제를 제1권 '인권'에 수록했는데, 나는 '노동'에 들어가야 한다고 본다. 확실히 성매매에는 강제 성매매 외에도 인권 문제로 보아야 할 부분이 많으며, 현재도 그러한 부분이 존재한다. 가령 대수롭지 않게 또는 각오를 하고 성매매의 일을 시작했지만 마약에 빠져 성매매에서도 마약에서도 벗어날 수 없게 된 경우가 있다. 그런데 이는 일부일처제 아래서 강한 소외감을 느낀 주부가 각성제에 빠지는 것과 그 본질은 같다. 또한 남성이 일하는 건설 현장의 비좁은

합숙소 문제는 노동을 둘러싼 인권 문제라는 점에서 공통된다. 즉 성 산업 노동자를 약물로 묶어 두는 것과 건설 현장의 비좁은 합숙소 문제는 노동을 둘러싼 인권 문제로 같은 선상에 놓인다.

가정을 신성시한 이시카와 다케요시는 부부 간 성애를 신성시했다. 이시카와는 혼인 외의 성애를 간음과 다름없다고 보고, 부부 간에 정조를 지켜야 바로 신성한 가정이라고 했다. 일본형 청교도식 성애 이데올로기는 근대 천황제의 성애 이데올로기와 비교할 때 뒷문화의 성애를 거부한다는 점은 다르지만, 히로히토형 성애 이데올로기와는 완전히 합치한다. 마르크스주의도 마찬가지이다. 엥겔스는 『가족·사유재산·국가의 기원』에서 "성애는 그 성질상 배타적인 것이므로—단 그 배타성은 오늘날 철저하게 여성에게만 실현되고 있는데—, 성애에 기초한 결혼은 그 성질상 일부일처제이다"라고 썼으며, 일부일처제를 남녀 관계의 최종적인 발전 단계로 보았다. 마르크스도 성매매에 상당한 편견을 가지고 있었다. 이는 그들도 당시 지배 이데올로기인 기독교에서 완전히 자유롭지 못했고 이데올로기의 제약을 받았기 때문이라고 나는 생각한다.

부부 간 성애가 신성하다는 언설에서 연상되는 것은, 노동이 신성하다는 발상이다. 1897년 12월 노동조합기성회는 일본에서 처음으로 노동자를 위한 신문인 『노동세계』를 창간했는데, 그 주필인 기독교인 가타야마 센(片山潛)은 창간호 사설에서 "노동세계의 목적은 '노동은 신성하다'와 '조합은 힘이다'라는 금언을 실행하는 것"이라며, 이후 이 두 구절을 신문 제목의 옆에 쓰도록 했다. 또한 1919

년 제1차 세계대전 후 파리평화회의에서 체결된 베르사유 조약 제 13편 '국제노동헌장'에서 국제노동기구(ILO) 설치와 '노동 비상품 원칙' 등 국제노동 9원칙을 규정했다. 일본에서도 같은 해에 노동자 단체인 우애회(友愛会)가 7주년 대회에서 대일본노동총동맹우애회로 명칭을 바꾸고, '노동 비상품 원칙'을 비롯해 국제노동 9원칙을 내건 '주장'을 채택했다. 서양에서도 일본에서도 성과 노동을 신성시하고 상품이 되어서는 안 된다고 보았다. 이러한 점에서 나는, 성과 노동은 신성시된 점뿐 아니라 극히 인간적이라는 점도 공통된다고 생각한다.

성매매 반대론에서는 성매매가 노동이 아니라는 근거로서, 노동은 그 결과가 노동자에게서 분리되어 독자적 의미를 갖지만, 성은 인격의 일부여서 성매매 행위와 여성의 육체에서 성매매가 갖는 의미가 분리될 수 없다는 점을 든다. 아카가와 마나부(赤川学)의 「매매춘을 둘러싼 언설의 레토릭 분석」은 근대 성매매론을 정리한 중요한 연구인데, 그는 "'성 그 자체가 인격이나 인간성의 중심에 위치한다'는 인식(중략)은 순결 교육 및 성교육 분야에서 활발하게 선전되었고, 80년대 이후 성매매를 비판하는 중심 레토릭이 되었다"[120]고 지적했다.

여기서 나는 '성=인격론'이라는 주장에서 나온, 성매매는 노동이 아니라는 논의의 자기모순이 되는 두 측면을 비판하고자 한다. 먼저 하나는 성매매 행위는 정말 여성의 몸에서 분리될 수 없느냐는 점이다. "남자들이 어떻게 그 절망을 알 수 있느냐"고 반문한다면 할 말이 없다. 그러나 차별자가 피차별자의 아픔을 100퍼센트 전부 이해할 수는 없지만 상상할 수는 있다. 가령 정말 사소한 경험이지만, 내가 전에 전차를 타고 가다 깜박 잠든 적이 있다. 그때 옆 빈자리에 앉으려던 어떤 승객이 내 무릎을 밀쳐 내었다. 내가 졸면서 자리를 넓게 차지했기에 밀쳐 낸 것이겠지만, 이런 사소한 행위조차도 내 무릎에는 오랫동안 불쾌감으로 남았다. 그때, 성매매 여성의 '그 절망'에 대해 상상해 본 적이 있다. 그렇지만 나의 이 사소한 경험은 자신의 의지에 반한 것이었으므로 그 상상도 본인의 의지에 따른 성매매가 아니라 강간에 관한 것이었다. 오치아이 게이코(落合惠子)는 미스터리 장편 소설 『얼음 여자』에서 주인공의 입을 빌려 다음과 같이 말했다.

> 내 하반신은 내 모든 것에서 독립된 기관이 아닙니다. 더럽혀진 것은 하반신뿐만 아니라 내 자존심, 내 긍지, 나 자신이라는 말이에요. 강간은 하반신을 짓밟는 행위가 아니라 오히려 여자의 마음, 여자의 선택권, 여자의 자존심, 인격, 생명을 죽이는 폭력 행위입니다. 생식기를 과대 해석하는 사람이 너무 많아서 강간 사건이 늘 추문으로 부당하게 취급되는 게 아닌가요?[121]

이 논리는 언뜻 보기에 '성=인격론'인 듯하지만 실은 마지막 부분의 한 문장은 그것을 뛰어넘는다. 강간 사건을 보도할 때 피해자를 익명으로 하는 것을 둘러싸고 미국에서 비판이 제기되기 시작했다.

미야 요시코(宮淑子)의 『성희롱(Sexual Harassment)』[122]에 따르면, 미국의 어느 지방 신문 여성 편집장이 페미니스트 입장에서 "강간이 여성에게 오명(stigma)을 덧씌우지 못하도록, 강간 범죄는 성범죄가 아니라 폭행 사건임을 알려 사회의 일반적 의식이 바뀌도록, 피해자의 실명 공개를 호소한다"는 칼럼을 썼더니, 이에 호응해 실명을 공개한 피해자가 나왔다고 한다. 확실히 강간 피해자가 경찰서의 조사 과정에서, 또는 보도나 재판 과정에서 '2차 피해'를 입는 것은 오치아이 게이코가 말한 대로 "생식기를 과대 해석하는 사람들이 너무 많기" 때문임에 틀림없다. 강간이 여성에게 오명을 덧씌우는 것은 사회 전체가, 그리고 그 결과 강간 사건의 피해자 자신이, 생식기 그 자체를 과대 해석하기 때문이다. 피해자에게 '2차 피해'를 주는 것은 개별 기관인 경찰서나 법정, 매스컴이 아니라 바로 성을 신성시하는 사회인 것이다.

오치아이 게이코의 말에서 내가 가장 주목하는 바는 '여자의 선택권'이다. 오치아이 게이코는 소설 주인공의 입을 빌려 다음과 같이 말했다.

언니는 언니의 찢겨진 자존심과 빼앗긴 선택권을 되찾으려고 투쟁한 거예요.

선택권을 빼앗김으로써 여자의 마음, 여자의 자존심, 인격도 빼앗긴 것이다. 핵심은 '선택권'에 있다. 그러면 성매매를 둘러싼 성과 인격의 분리가 가능하지 않은가? 더 큰 과제인 성노동자 자신이 성과 인격을 분리해 생각하는 논리 구조의 분석에 관해서는 다음 기회로 미루겠다.

성매매는 노동이 아니라는 논의의 자기모순에 대한 또 다른 비판은 섹슈얼리티가 인격의 중요한 한 부분을 구성하지만 노동 그 자체도 인격에서 떼어 내서 생각할 수 없지 않느냐는 점이다. 전에 장인(匠人)은 자기 노동의 성과에 한없는 긍지를 가졌다. 그러한 장인 정신은 현대에도 맥이 끊어지지는 않았지만, 가령 큰 문구 메이커 영업 담당자가 생산에 관여하지 않더라도 자사 제품이 얼마나 좋은지 긍지를 품을 수 있다. 또 교사는 어떠한가? 교사의 노동은 인격과 분리할 수 없다. 분리할 수 없기 때문에 교사 성직론이 성립하는 것이겠지만, 교사 성직론은 곧바로 성매매 천시와 연결된다. 또한 문필가의 경우에도, 작가의 인격과 작품은 떼어 내서 생각할 수 없다. 순수 문학과 대중 문학의 구별이 없어진 지 오래지만, 순수 문학이든 대중 문학이든 작가의 인격과 작품은 분리할 수 없다. 반어적인 비유이지만, 제약 회사의 요청을 받고 비가열 제제가 혈우병에 유효하다고 주장한 연구자의 논문도 그 인격과 분리해서 생각할 수 없다.

이러한 자기모순에 대해, 내가 읽은 성 상품화에 관한 논의 중 가장 분석이 날카로운 가토 슈이치(加藤秀一)의 「'성의 상품화'를 둘러싼 노트」에는 그 해결책의 실마리가 제시된 듯하다. 가령 그는 "'상품이 아닌' 성에서 '상품인 성'으로 이행하는 것은 한 방향의 시간적·역사적 순서 관계에 기초한다거나, 혹은 전자는 소외되지 않는 인간 본래의 성이며 후자는 자본제와 가부장제의 결탁에 의해 왜곡된 일탈 형태라고 생각해서는 안 된다"[123]고 서술했다. '한 방향의 시간적·역사적 순서 관계'가 무엇이냐에 관해 좀더 논의를 개진해 주면 좋겠다. 전근대의 성은 소외되지 않았고 근대의 성은 왜곡되어 있다고는 나도 생각하지 않는다. 또한 가토 슈이치는 "'성'은 근대 자본제와 가부장제 사회의 고유한 현상이자 본성에 따라 애초부터 '상품'으로 탄생했으며, 그와 동시에 상품이 아닌 본래의 성이라는 관념이 그에 대한 부정 의식으로서 대조적으로 만들어진 것"[124]이라고 지적했다. 이 부분에 관한 논의는 여기서는 잠시 보류해 두지만, 전 시대의 변화를 연속적으로 보는 역사학도 입장에서 흥미로운 지적이다. 다음과 같은 내용은 선뜻 전면적으로 찬동하게 된다.

> '성 상품화'는 '성' 그 자체의 성립과 같은 것을 가리킨다. 그리고 그것은 '노동력 상품화' 즉 '노동'의 성립과 분리하기 어렵게 뒤얽혀 있다. '성'과 '노동'은 자본제와 가부장제 아래서 살아가는 우리에게 말하자면 개개인의 삶을 관통하는 역사적 조건이다. 자본제와 가부장제에서 일탈을 말하는 것, 그 자체가 필연적으로 가장 급진적 '해방 사상'의 양상을 띠지 않을 수 없는, 그러한 관계이다.[125]

가토 슈이치의 논문은 엮은이인 에하라 유미코(江原由美子)가 "장대한 구상 노트"라고 평했는데, 여기서 그 취지를 다 소개할 수는 없으니 독자들이 직접 읽어 보기 바란다. 가토 슈이치가 "노동이 자본제 메커니즘에 편입되면서 노동자에게서 상대적으로 분리된 노동력이라는 상품이 생겨난 것과 마찬가지로, 여자의 몸에서 '성'이 분리되어 그를 둘러싼 환상이 무한히 증가하기 시작했을 때, 우리가 말하는 의미의 '성 상품화'가 시작되었다"[126]라고 썼는데, 나는 "노동자에게서 상대적으로 분리된 노동력"이라는 글귀 앞에 멈춰 섰다. 가토 슈이치가 제기하려는 문제 구상에서는 사소한 부분일지 모르지만, 나는 이 글귀의 '상대적' 내용을 무시할 수 없다. 가토 슈이치는 성매매＝노동론에 집착하는 가나 미키요(加納美紀代)와 사토 가즈오(佐藤和夫)에 대해 다음과 같이 비판했다.

> 적어도 '임노동'의 의미에서 '노동'에 관해 말하자면, 노동은 원래 도덕적 가치나 인간 개개인의 형편과는 무관하게 정의되어야 하지 않는가? 즉 '노동'은 자본제하에서 가치 생산에 기여하는 행위의 총체이며, (중략) 노동이 될 수 있는 다종다양한 행위 속에 '성'도 포함된 것에 불과하다. (중략) '성'과 '노동'이란 원래 대립되는 위치에서 평면적으로 논의될 성질의 것이 아니다. 그런데도 '성'과 '노동'의 대치가 자연스럽게 보인다면 그 배경에는 반드시 계략이 숨겨져 있다―바로 자의적인 도덕적 평가라는 계략이다.[127]

그런데 노동력이 '노동자에게서 상대적으로' 분리될 때 노동은 당사자인 노동자에 관련된 여러 요건과 '무관하게 정의되어'도 좋은가? 자본제하의 노동에는 노동을 담당하는 개인이 소외를 느낄 경우가 많으며, 성에 관해서도 마찬가지로 소외를 느낄 경우가 많다. 물론 그것은 '느낀다'는 문제이므로 감성의 정제 정도와 떼어 낼 수 없다는 점도 공통된다. 노동력이 상품이 되는 사회 구조를 분석하려면 노동력을 노동자에게서 일단 분리해 생각하는 것이 효과가 있는데, 소외된 노동에서 노동자가 자기 해방을 전망할 때에는 분리된 부분과 분리되지 않는 부분을 동시에 검토할 필요가 있다.

즉 노동력은 상품이 되지만, 그것은 노동 그 자체가 상품이 되느냐는 문제와는 다른 범주의 문제라는 기본으로 되돌아가면, 내가 앞서 비판한 자기모순에 대한 부분이 해결된다. 즉 성적 행위는 상품이 되지만 성 그 자체는 상품이 되지 않는다. 가령 미인 선발 대회에 참가한 여성의 신체 표현이나 직장 여성에게 한정된 커피 심부름도 성적 행위에 포함된다. "남성 동료가 좋아하니까 커피를 가져다준다"며 일하고 받는 임금과, 성산업 노동자가 "내 기술로 손님을 기쁘게 한다"며 버는 돈에는 전혀 차이가 없다. 커피 심부름을 하는 직장 여성이 되는 것도, 성매매 여성이 되는 것도 그것을 결정할 때의 '자유로운' 결정이 환상일지언정 당사자의 의지만 있으면 그 일을 할 수 있다. 한편, 강간이나 강제 성매매는 피해자의 의지를, 선택권을 유린한다는 의미에서 인격으로서의 성 그 자체를 침해하는 행위이다.

"성산업 노동자를 공무원으로!"

『마이니치신문』에 따르면, 독일 녹색당은 1996년 11월 연방의회에 성매매를 직업으로 인지하고, 성매매 여성이 사회보장제도에 가입할 수 있는 권리와 소득세 신고에 따른 필요 경비 공제를 인정한 법률안을 제출했다(11월 24일자). 아울러 성매매 여성의 소득세 신고 기준에 대해, 세무 당국이 "하룻밤에 4~6명을 받는다는 과대 견적에 기초해 소득세를 부과할 뿐만 아니라 필요 경비를 일절 인정하지 않는다"는 성매매 여성 자조(自助) 조합 대표의 목소리도 소개했다. 독일에서 산 적이 있는 친구에 따르면, 독일에서는 전부터 정부가 성매매 여성에게 성매매 영업을 승인한 감찰(鑑札)을 발행하고 세금도 부과한다고 하니, 그곳에선 이미 직업으로 인정한 셈이다. 이번에 제출된 법안은 소위 성매매 여성에 대한 직업 차별 철폐를 지향한 것이라고 하겠다.

'삿포로(札幌) 딸기의 모임'을 조직하고 활기찬 생활을 보내고 있는 뇌성마비 장애인 오사나이 미치코(小山內美智子)가 장애인의 성에 초점을 맞춰 『휠체어를 타고 새벽녘에 커피를』이라는 책을 썼다. 여기에 소개된 덴마크 사례와 그녀의 생각을 살펴보자.

> 최근에 읽은 신문에 덴마크에는 노인 남성이 정서가 불안정하게 되었을 때 성매매 여성을 데리고 가서 함께 침대에 들게 한다는 기사가 있었다. 그 돈은 국가가 지불한다는 것이다. 그 기사를 읽고 깊은 한숨이 나왔다. 돈을 주고 성을 사는 일은 간단하지만 열악한 환경 때문에 그럴 수도 없는 일본에서, 손발이 불편해 자위도 할 수 없는 이들에게 누가 어떻게 성의 기쁨을 나눠 줄 수 있겠는가? 더 이상 숨길 일이 아니라고 본다.[128]

또한 오사나이 미치코는 장애인 여성만 사는 시설에 섹스 자원 봉사자가 정기적으로 오는 것에 대해, "나는 섹스 자원 봉사자를 정면에서 비난할 수 없다. 만약 그 여성들이 일반 지역에서 살고 있었다면 그녀들의 순수함에 반하는 남자들도 있을 터이다. 산 속에 여성들만 가둬 두기 때문에 섹스 자원 봉사자 현상이 생겨난 것"[129]이라며, 장애인을 시설에 격리하는 것이 근본적인 문제라고 비판했다. 호스트바에 대해 "흥미 있을 것 같아서 가고 싶다"고 하면서도 "역시 돈으로는 성을 사고 싶지 않다"[130]는 것이 그녀의 기본 태도이다. 그렇지만 그것은 어디까지나 원칙론이며, "정말 여자와 잘 기회가 없는 장애인 남성이 있다면 나는 그를 소프랜드에 데리고 갈지도 모르겠다. 그 사람이 단 일분일초라도 황홀한 기분을 만끽하고 살아 있는 보람이 있다고 한 줄기 눈물을 흘린다면 그것으로 족하다고 생각한다"[131]는 것이, 장애인 차별이 만연하는 현실에 대한 오사나이 미치코의 시각이다.

내 주위에도 장애인의 성을 둘러싼 현실은 녹록하지 않다. 벌써 20년 전 일이지만, 장애인이 주체적으로 자기주장을 펼치기 시작했을 즈음, 어떤 장애인이 "장애인이 성적 경험을 하기 어려운 것은 장애인을 차별한 결과이므로 차별자인 '비장애인'은 장애인의 성적 요구를 들어주어야 한다"며 내게 따졌다. 근대 성윤리에 얽매여 있던 데다 겁쟁이였던 나는 그것을 거부하는 데 사랑과 성은 불가분의 관계라는 논리밖에 꺼내지 못했다. 여러 논리로 반론을 펴면서도 장애인 차별이 소멸하고 장애인이 자유롭게 사랑과 성을 만끽할 수 있을 때까지 기다리라는 말은 차마 못 했다.

성산업 노동자들 중에는 "우리를 국가 공무원으로 삼아야 한다"고 주장하는 이들이 있다. 잡지 『멋있는 여성』 1981년 5월호에서 '오코토 도로코(雄琴トルコ) 양의 남성 연구 솔직 좌담회'라는 부제 아래, 히로오카 게이치(広岡敬一), 다마오리(玉緒), 뱌쿠란(白蘭), 레오, 아사리 다섯 명이 좌담한 내용 중에 나오는 말이다. 인간에게 성행위가 재생산 노동으로 중요하다면 노인과 장애인뿐만 아니라 성행위를 못하는 사람들에게도 국가가 이를 보장해야 한다는 발상은, 국가 공무원론의 시비를 떠나서 성 논의에 서광을 비춰 주는 것이 아닐까? 호스트바 남성을 포함해 성적 서비스 노동에 종사하는 사람들은 섹스 카운슬러의 역할도 가능할 터이니까 말이다.

오사나이 미치코의 책에는 "양손을 못 쓰는 남성이 소프랜드에 왜 가느냐 하면 시설 직원보다 거기서 일하는 여성들이 페니스를 깨끗이 씻겨 주기 때문이라고 한다. '깨끗이 씻어 주면 일주일은 기분 좋게 잘 수 있어요'라는 말을 들은 적이 있다"[132]라는 구절이 있다. 나도 같은 경험을 한 적이 있다. 최근에 오랜만에 장애인과 함께 목욕을 하게 되었는데, 아랫도리까지 씻겨 줘야 하나 하는 저항감이 들어서 "여기도 깨끗이 씻을까?" 하고 물었다. 젊은 친구는 일말의 주저함 없이 "네, 물론이죠" 하고 대답했다. 그 말에는 조금도 거리낌이 없었다. 나는 물어 본 것 자체가 내 차별적 관념의 표시였음을 자각하지 않을 수 없었다.

몸의 아픔이나 가려움을 해결하는 것, 성적 욕망을 해결하는 것, 배고픔과 목마름을 채우는 것, 우는 것, 화내는 것, 이 모든 것을 오르가슴이라고 하는 오사나이 미치코는 "마스터베이션도 어쩌면 간호사가 해야 할 일일지도 모른다"[133]고 문제를 제기했다. 그리고 스웨덴에서는 장애인을 돌보는 사람이 마스터베이션 보조 기구를 달아주는 일도 한다는 예를 소개했다. 여기서 '백의의 천사'와 성노동자의 경계선이 소멸한다.

'성의 해방'에서 '사랑의 해방'으로

가토 슈이치는 앞의 논문에서 엥겔스가 "성애는 그 성격상 배타적이므로"라고 한 부분을 논하면서 "여기서 여러 상대를 동시에 사랑할 수 있느냐는 등의 연애 상담에 빠져서는 안 된다"고 했는데, 나는 오히려 거기에 빠져야 한다고 생각한다. 연애는 멋있다. 그런데 연애는 상대하고 사이의 관계성에 무한한 가능성이 펼쳐질 환상이 있기에 멋있는 것이다. 자신의 연애를 객관화할 수 있는 단계에서 연애 관계는 안정되고 풍부하게 변한다.

1994년 여류문학상을 수상한 마쓰우라 리에코(松浦理英子)의 『엄지발가락 P의 수업(修業) 시대』는 그러한 의미에서 시사적인 작품이다. 주인공인 여학생은 오른발 엄지발가락이 페니스로 바뀌어 발기하고, 그것이 원인이 되어 애인과 헤어진 후 연하인 맹인 피아니스트를 사귀게 된다. 그녀는 친구가 시작한 연애소개소 일을 도와주는데 그 일이 대성공을 거둔다. 그 사업은 결혼 중개소와 애인 소개소의 중간 형태로 결혼이나 육체관계가 아닌 연애가 목적인 사람들을 서로 소개해 주는 일이었다. 거기에 참가한 젊은 여성들에게 지은이는 그 사업을 주재한 여성의 입을 빌려 다음과 같이 설명했다.

> 무슨 타산이 있어서 만나는 것이 아니고, 맛있는 음식을 사주거나 유명 브랜드를 사주어서도 아니며, 그런 이익과는 관계없이 자신은 순수하게 그를 사랑한다고 확신하는 여자들이 의외로 많습니다. 내가 굳이 '확신하는 여자'라고 말한 것은, 즉 애인이 잘나갈 때에는 "어여쁜 당신, 정말 사랑해요"라는 말을 반복하다가 상대가 엘리트의 길에서 벗어나거나 불치병에 걸리거나 또는 부자인 그의 부모가 파산하면, 갑자기 손바닥 뒤집듯이 "사랑한다고 생각했었는데 착각이었던 것 같아요"라고 담담한 얼굴로 한마디 던지고 헤어지는 여자들이 꽤 많기 때문입니다. 그리고 다음 남자를 만나서는 "이번이 진짜 사랑이에요"라고 말하는 겁니다. (중략) 본심은 이익을 쫓으면서도 의식의 표면에서는 상대방을 순수하게 사랑하는 것처럼 행동하는 여자라면, 더 나아가 불순한 계약을 맺고 사귀는 대가로 돈을 받으면서도 "계약 때문이 아니고 돈을 받아서도 아니며 그런 것과는 관계없이 순수하게 그를 좋아하니까 사귀고 있는 거예요"라는 확신을 갖는 것도 전혀 이상한 일이 아닙니다.[134]

주인공 자신은 '그렇지 않다, 정말 사랑하는 애인이 있다'고 생각하며, '친구의 회사 일을 도와줄 뿐'이라고 생각했는데, 피아니스트와 새로운 연애에 빠진 후에는 연애 소개에 응한 여성들의 모의 연애와 이전의 자신이 한 연애가 본질적으로 같음을 깨닫는다. 즉 풍부한 가능성이 결여된 환상이라는 점에서 모의 연애와 주인공 자신의 연애는 같았다. 그러한 모의 연애를 거쳐서 결혼을 하고, 환상이 깨어진 후에도 혼인 생활을 계속한다면 그것은 성매매와 매한가지이다. 일찍이 히라쓰카 라이초는 「야지마 가지코(矢島楫子) 씨와 부인교풍회 사업을 논함」에서 사랑이 없는 결혼에 대해 다음과 같이 갈파했다.

> 보십시오. 오늘날 처들은 대부분 가령 부모의 명령을 따라서 결혼했다고 해도, 또 아주 성대한 의식을 치르고 혼례를 올렸다고 해도, 한평생 경제적 생활을 보장받으려고 잘 알지도 못하고 사랑하지도 않는 남자에게 '성'을 팔았다는 점에서, 야지마 씨들이 도덕적으로 가장 열등한 인간으로 천시하고 미워하고 두려워하며 애처로이 여기는 예기·창기와 그 근본적인 면에서 이미 큰 차이가 없는 일종의 매음부가 아닙니까?[135]

연애의 환상을 왜곡하는 것은 고루한, 죽어서 같은 무덤에 묻힌다는 일부일처제이다. 근대 연애론에는 '진실한 사랑은 하나이다' 또는 '태어나기 전부터 운명의 여신이 묶어 주었다'는 등 신앙적 운명론이 깊게 반영되어 있다. 가부장제의 중매결혼하에 죽어서 같은 무덤에 묻힌다고 주장해도 이는 억지로 그렇게 하겠다는 결의일 뿐, 집안에 사정이 생기면 쉽게 '며느리'를 내치기도 했으므로 말 그대로 같은 무덤에 들어간다고 하기는 어렵다.

부락 차별에 기인한 결혼 차별 때문에 목숨을 버리는, 비참하고 애달픈 사건이 지금도 끊이지 않는다. 그 원흉인 부락 차별은 말할 필요도 없지만, 운명론적 연애론과 죽어서 같은 무덤에 묻힌다는 일부일처제에 주목할 필요가 있다. 자살의 막다른 길에 내몰린 사람이 쓴 유서에는 '그 사람을 나무라지 말아 주십시오. 내가 사랑한 사람이니까요. 나쁜 것은 그 사람이 아니고 부락 차별입니다'라는 글이 흔히 보인다. 죽음을 결의한 당사자의 슬픔을 생각하면 이러한 논의가 적당하지 않겠지만, 운명론적 연애론과 죽어서 같은 무덤에 묻힌다는 일부일처제에 얽매인 정도가 강하면 강할수록 자살에 이를 위험성이 높다. 1987년 오사카 시 다이에(ダイエ-) 교바시(京橋) 지점에 일하던 직원 사이에서 발생한 결혼차별 사건 규탄 모임에서, 차별을 당한 여성은 이런 말을 했다. "결혼차별 사건으로 목숨을 끊는 사람이 많이 있지만, 저는 그렇게 하지 않았습니다. 그럴 정도로 사가와(佐川) 씨(가명)와 결혼하는 일에 대해서, 저 자신이 '사가와 씨가 아니면 정말 안 된다'는 마음도 없었기에, 거리낌 없이 말할 수 있어요."[136] 이 말은 앞서 말한, 일부일처제에 얽매인 정도가 강하면 강할수록 자살에 이르는 위험성이 높음을 잘 나타낸다. 이 사건은 차별로 인한 파국에서 오는 슬픔과 고통을 차별에 대한 분노로 전환한 사건이다. 한편, 운명론적 연애론은 차별 피해자를 절망의 구렁

텅이로 몰아넣을 뿐이다.

부락해방동맹은 근대 호적 제도가 부락 차별의 주범이라며 호적 제도를 반대한다. 호적 제도에 반대하는 가장 큰 대중 단체가 바로 부락해방동맹이다. 그런데 나는 근대에 들어 주장되기 시작해 전후(戰後)에 확립된 운명론적 연애론과 죽어서 같은 무덤에 묻힌다는 일부일처제가, 호적 제도와 결합해 현대에 이르러 강해지면서 결혼차별에 따른 자살을 불러일으킨다는 점을 강조하고자 한다. 민법을 개정해서 부부에게 별성(別姓)을 용인하려는 움직임은 가부장제적 가족 제도에 맞서 투쟁한 결과 얻어 낸 양보이다. 그러나 동시에, 결혼하면 왜 남편 성을 따라야 하느냐는 당연한 불만을 이용해 사실혼 부부로 하여금 법률혼 부부가 되도록 이끌어, 호적 제도를 현대적으로 강화하려는 움직임의 일환으로 볼 필요가 있다.

비참한 인상이 따라다니는 '이혼'이라는 말이 약간 수줍은 듯한 '별 하나'라는 말로 바뀐 것은, 전에 비해 이혼을 점차 가볍게 보기 시작한, 바뀐 세태를 반영한다. 부부에게 별성을 용인해도 사실혼이 늘어나는 경향은 기본적으로 바뀌지 않을 것이다. 성별 역할 분업과 뒤에 이야기할 강제적 이성애에 대한 소극적 저항인 주부 성매매 증가까지 합쳐서 보면, 일본 근대 가족의 역사는 이제 최종 단계로 한 발 내딛은 듯하다.

아사노 모토메(浅野素女)의 『프랑스 가족 사정』[137]은 근대 가족의 붕괴 과정이 일본보다 몇 발짝 앞선 프랑스의 실태를 전한다. 사실혼 부부가 법률혼 부부에 비해 법적 차별을 받지 않는다는 점, 피임이 보급되어 낳느냐 낳지 않느냐는 결정권을 여성이 갖게 되었다는 점, 가족 내 아버지의 위치가 불확실하게 되어 '암탉 아빠'라고 불리는, 가사·육아를 열심히 하는 아버지가 대량으로 창출된 점, 이러한 현상으로 새로운 아버지 상이 요구되고 있다는 점 등, 흥미진진한 내용이 많다. 이 책의 최절정은 마지막 장 「복합 가족」(원어로는 '재구성 가족')이다.

프랑스에서는 1976년부터 1980년 사이에 태어난 아이의 11퍼센트가 두 번 부모와 이별을 경험했다고 한다. 어느 독신 잡지 기자가 결혼해 쌍둥이를 낳았는데, 배우자는 이미 전에 세 여성하고 사이에 아이 다섯 명을 둔 상태여서, 그 아이들도 함께 살았다고 한다. 프랑스에서는 1993년부터 혼인 여부와 관계없이 이별한 남녀가 원칙적으로 공동 친권을 행사할 수 있게 되어, 이 다섯 명은 아버지와 헤어진 어머니 집을 자유롭게 왕래한다고 한다. 프랑스에서 재혼은 지금까지의 가정을 없었던 것으로 치고 새로운 짝을 중심으로 형성되는 것이 아니라, 아이들을 축으로 부모 관계는 해소하지 않은 채 가족을 재구성하는 것이다. 헤어진 남녀도 부모 관계는 유지한다. 죽어서 같은 무덤에 묻힌다는 일부일처제나 핵가족을 둘러싼 신화가 붕괴되었다. 가족의 구성 요건 중에서 혈연 부분이 크게 후퇴했다고 하겠다. 프랑스만 특별한 경우가 아닐 터이다. 최근 영국에서 귀국한 친구에 따르면, 초등학교에 제출하는 환경 조사서와 같은 서류의 부모 이름을 적는 난에는 최대 8명까지 쓸 수 있다고 한다.

프랑스에서는 1968년 5월 혁명이 그 후의 정치·사회에 지대한 영

향을 끼쳤던 듯하다. 가족의 변화에는 '사랑'을 주제로 한 줄리아 크리스테바(Kristeva, Julia)와 '성'을 과제로 한 뤼스 이리가라이(Irigaray, Luce)를 선두로 한 페미니즘의 공적이 크다. 오고시 아이코(大越愛子)는 앞의 책에서 일본 페미니즘은 사랑과 성 문제에 관한 천착이 약하며 일본 문화 패러다임에 관한 비판을 게을리 했다는 점을 지적했는데, 프랑스 페미니즘은 기독교 문화 패러다임과 철저히 대결하면서 성과 사랑의 문제를 정면에서 다뤄 왔다. 야마시타 에쓰코(山下悦子)의 "우에노 치즈코(上野千鶴子)는 여자를 구원할 수 있는가?"[138]라는 물음에 나는 그다지 찬동하지 않는다. 그렇지만 야마시타 에쓰코가 "우에노 치즈코 여사의 남녀 관계에는 비대칭성으로서 남녀 간 에로티시즘이 전혀 부재하다"고 한 말이나, 아사쿠라 후미(朝倉ふみ)가 "페미니스트들은 '남자와 좋은 관계를 유지한다'는 신화에 얽매여 에로스를 질식시켜 온 것은 아닌가? …… '남녀의 공동참여'를 지향하고 '부부 별성'이 법제화되는 날을 기다리며 '사실혼'이면서도 '섹스리스' 상태인 페미니스트들을, 나는 멋대로 '오바페미'〔오바는 '아줌마'라는 오바상의 준말로 수치심을 모르고 뻔뻔하며 제멋에 산다는 의미가 내포되어 있다—옮긴이〕라고 부르고 있다"[139]고 한 비판에는 나도 전적으로 공감한다. 이는 어디까지나 특수한 일본 페미니즘에 대한 문제 제기이다. 우에노 치즈코 씨 자신이 "'어른 아이(라는 마니아)'가 뭐가 문제냐며 정색하는 게 왜 안 되나요?"[140]라고 되물었으니까 말이다.

프랑스 페미니즘에 관해 내가 현재 이해하는 바를 말하자면, 프랑스 페미니즘은 강제적 이성애에서 벗어나 나르시스 주체 확립, 동성애 발견, 양성 구유(具有) 획득, 이성애 재건 과정을 거쳐서 이제 해방을 향하는 듯하다. 실은, 마쓰우라 리에코는 『엄지발가락 P의 수업시대』에서 주인공에게 프랑스 페미니즘이 밟아 온 과정을 그대로 경험하게 한다. 동급생과 이별하여 강제적 이성애에서 벗어나고, 피아니스트와 만나 나르시스 주체를 확립하며, 이동 극단에서 동성애를 체험하고, 주인공을 버리고 동성애자와 떠났던 피아니스트와 재회하는 장면은 이성애 재건이라고 할 수 있다. 지은이는 가와데(河出) 문고판에 실린 「엄지발가락 페니스는 무엇인가?」라는 강연 기록에서 단지 '외설' 소설이라고만 했는데, 나는 이 소설을 읽고 자신에 대해 생각했다. 나 자신을 돌이켜보면, 아직 해보지는 못했지만 내면에 확실히 여장에 대한 바람이 있음을 알고 있고, 동성애를 경험할 뻔했을 때 그다지 혐오감이 들지 않았다. 이런 점에서 프랑스 페미니즘이 밟아 온 과정이 과연 옳으냐 그르냐는 제쳐 두고, 지금 나는 그 과정을 이해한다.

독신인 아사쿠라 후미는 앞의 글에서 '쌍'을 거부한다.

> 법률혼이든 사실혼이든 또는 이성애이든 동성애이든 모든 '쌍'이나 '커플'에서 나는 "인간은 짝을 찾는 것이 행복"이며 그것이 "인간으로서 당연한 감정"이라는 악의 없는 오만함과 뻔뻔스러움을 느낀다. (중략) '쌍'이나 '커플', 정조 관념, 현상 유지 지향, 생활 보수주의, 이러한 것들이 내가 원하는 행복과 자유와는 상반되는 것뿐이다.[141]

'나는 겁쟁이라서 역시 현상 유지를 지향하고, 생활 보수주의를 붙들고 있구나' 하는 생각이 든다. 아사쿠라 후미가 "남자나 여자나 두 종류 인간이 있다"며 하나는 "성적인 매력이 없고 성에 관심이 적으며, 본능보다 논리를 중시하고, 한 상대(단혼)와 편안하고 안정되며 서로 방심해도 되는 관계를 유지하고 싶어하며, 가족과 아이들을 소중하게 여기는 '가족 인간'"이고 다른 하나는 그 정반대인 '쾌락 인간'이라 분류했는데, 나는 어느 쪽에도 속하지 않을 수도 있고, 한편으로는 어느 쪽에도 속할 수 있다.

프랑스 사회에서는 사실혼을 차별하지는 않지만 애인이 없는 독신은 떳떳하지 못하다고 한다. 복합 가족이어도 두 사람이 짝으로 있는 동안은 폐쇄적인 두 사람만의 관계가 좋다는 것일까? 그렇지 않고 개방적인 관계, 즉 한 사람이 다른 몇 사람과 관계를 갖는 것이 가능한 사회는 실현될 수 없을까? 즉 짝의 한쪽이 타인과 자극적인 관계를 갖는 것이 다른 한쪽에게도 플러스가 되는 관계, 현재에도 그런 관계가 있을 수는 있지만 지금까지는 공동생활을 지속하는 짝들 사이에서만 인정되어 왔는데, 성적 관계가 한 사람만의 관계에서 개방되고 가족이 여러 조건에 따라 수시로 재구성되는 그러한 사회 말이다. 물론 내가 그런 사회에 지금 당장 적응할 수 있을 만큼 해방되어 있을 리는 만무하다. 그렇지만 이러한 사회에서는 '가족 인간'과 '쾌락 인간'의 대립이 지양되지 않을까? 그런 사회에서는 아마 짝 없는 독신도 감소할 것이고, 독신의 존재도 문제시되지 않을 것이다.

이는 대우혼으로 돌아가자는 말은 아니다. 대우혼 상태에서는 재

생산 노동, 즉 가사·육아가 오직 여성에게 맡겨졌기 때문이다. 페미니즘에서는 개인의 자립을 경제적 자립·생활적 자립·문화적 자립·성적 자립의 네 측면으로 생각한다. 여기서 먼저 생활적 자립의 문제를 살펴보자. 성별 역할 분업을 볼 때, 가정 내에서 남성이 여성에게 재생산 노동을 밀어붙이는 것이 문제이다. 원래 재생산 노동은 자신을 위해 하는 것이며 타인에게 상처를 주는 일이 아니므로 소외와 가장 관계가 없을 터이다. 문제는 여성이 재생산 노동에 묶여 있으며, 오직 여성에게만 재생산 노동의 부담을 떠넘기는 데에 있다. 소외 노동이 아닌 가사·육아 노동은 개인의 노동 전체에 플러스 측면이 있으면 즐거운 것이다. 특히 육아는 이미 잊어버린 자신의 어린 시절을 재인식하고 자신의 존재를 재검토할 소중한 기회이다. 모성은 어머니에게만 있는 것이 아니라는 점은 이미 지적되어 왔는데, 소위 모성은 아버지에게도 있고 부성은 어머니에게도 있다. 마루모 준(丸茂ジュン)의 『출생 신고서에 아버지 이름은 없다』[142)]를 참조하기 바란다. 이러한 말은 아이를 갖고 싶은데 못 갖는 사람들에게 상처를 입히는 말일지도 모르겠지만, 말하지 않을 수 없다. 바라건대, 혈연에 얽매이지 않았으면 한다. 복합 가족 사회에서는 해결될 수 있을 것이다.

남성 쪽에서 생각해 보자. 즉 남성이 여성에게 재생산 노동을 밀어붙이는 사회라면, 남자는 가사의 즐거움과 육아 체험의 소중함을 빼앗기고 있다고 봐야 한다. 여성의 처지에서는 성별 역할 분업이 받아들이기 힘든 일이어서, 남성들이 빼앗긴 재생산 노동을 되찾아 자기 해방을 쟁취할 때까지 기다릴 수 없다고 말하고 싶은 것은 당연하다.

그러나 유감스럽지만 타자로부터 부여되는 해방은 진정한 해방이 아니며, 자기 해방만이 진정한 해방이다.

여성이 경제적 자립을 출발점으로 생활적 자립을 쟁취했을 때, 다음 사회가 열릴 것이다. 즉 그것은 개방적 관계가 가능하며 수시로 가족이 재구성되며, 게다가 아이들의 육성이 보장되는 사회이며, 다모다부(多母多父) 상태를 조건으로 다부다처(多夫多妻) 상태를 실현하는 사회, 즉 성적으로 자립된 사회이다. 오스기 사카에(大杉栄)가 내건 자유연애 사회는 이제 그 실현 조건과 길이 희미하게 보이는 듯하다. 아이들끼리 친해지면 "○○네 집 아이가 되고 싶다"는 말이 자주 나올 것이다. 이 말은 혈연에 기초한 핵가족이 절대적이라는 이데올로기에 아직 침식되지 않았기에 할 수 있는 말이기도 하다. 부부가 맞벌이를 할 경우 둘 다 일 때문에 밤늦게 돌아오게 되면 아이를 하룻밤 맡기거나, 반대로 자신의 아이는 두 명이지만 어떤 날은 여섯 명에게 저녁을 먹이고 재우는 일도 있을 것이다. 우리 집에서는 대개 '학생 보육 운동'을 함께하는 동료 아이들을 돌보는데, 이는 여성의 경제적 자립이 다모다부(多母多父) 상태의 초기 모습과 더불어 지역 사회에 새로운 보육·교육의 힘을 만들어 냄을 의미한다.

성적으로 자립된 사회란 성매매가 있을 수는 있어도 반드시 필요하지 않으며, 강간도 일어나기 힘든 사회이다. 그런데 가장 필요하고도 곤란한 것은 문화적 자립이다. 우리가 일상생활에서 당연시하는 일들을 의심하기는 어렵다. 어떤 의식이나 감정이 인간 본래의 것인가? 혹은 정치권력과 사회적 권력에 의해 당연히 여기게 되었는가?

전근대 사회에서 차별은 당연한 것이어서 구별하는 의미밖에 갖지 못했다. 엥겔스도 일부일처제가 혼인의 최고 형태라고 확신했다. 근대 일본에서 성매매는 악이며 성매매 여성은 천하다는 개념이 굳어졌다. 그래서 성매매 여성은 일을 그만둔 후에도 결혼하기 어려웠고, 부인교풍회에서도 '매춘방지법'에서도 성매매 여성을 갱생 사업의 대상으로 보았던 것이다. 1990년대에는 성매매 단란주점에서 일하던 동남아시아 여성이 손님인 일본인 남성과 결혼해 시어머니와 사이좋게 잘 사는 모습을 곧잘 볼 수 있다. 성매매 관계의 유사 연애가 애인 관계로 발전할 수도 있다. 성매매 여성이 비천하다는 이데올로기가 강제된 것은 겨우 100년에 불과하다. 그런 것에 얽매이지 않는 감각은 복류(伏流)로서 계속 흐르고 있다. 물론 근대 이데올로기만 제거하면 된다는 말은 아니다. 성매매를 비논리적으로 부정하는 사람들은 성매매 여성이 스스로를 천하게 여기며 고통받지 않느냐고 반문하는데, 천하다는 직업의식은 사회에 의해서 강제된 것이다. 일본에서 메이지 유신기까지는 누구나 다 피혁업을 천시했지만, 그것이 있어서는 안 될 직업을 의미하지는 않았다. 강제된 개념을 의심하고, 거부하고, 낡은 개념을 극복하는 가운데 페미니즘이 말하는 문화적 자립이 실현된다면 사람과 사람의 관계는 풍요함을 획득할 수 있을 터이다. '성 해방'은 얽매인 사랑에서 해방되지 않고는 불가능하다. 또한 그것은 문화적 균질성을 강제하는 천황제를 해체할 수 있을 때에야 가능할 것이다.

6장

일본 성산업에서 일하는 타이인 여성들

와타나베 사토코(渡辺里子)

"(브로커에 의해 바에 팔리는) 가격은 사람에 따라 달라요. 예쁜 애들은 비싸게 팔려요. 우리가 채소도 아닌데 말이죠." — 락

(성매매에 항의하는 일본 여성들에게서 "그런 일을 그만두고 어서 타이로 돌아가요"라는 말을 들으면 뭐라고 대답하겠느냐는 질문에) "돈을 주면 돌아갈 거라고 할 거예요. 돌아가면 뭐 해요? 할 일도 없는데." — 먀오

나는 일본에 있는 아시아 여성 이주노동자에 관한 논문을 쓰고자 1995년 12월부터 1996년 3월까지 요코하마를 중심으로 현장 조사를 했다. 그간에 면담 조사한 사람은 성산업에 종사하는 타이인 여성 다섯 명, 일본인과 결혼한 타이인 여성 몇 명(성산업 종사자였던 사람도 포함됨), 아시아 여성을 고용한

스낵 경영자와 그의 필리핀인 처(전직 연예인entertainer), 성매매 종사자인 타이인 여성과 함께 살며 행상을 하는 타이인 남성, 타이 식품점 겸 타이 레스토랑 경영자(타이 여성), 여성 단체(지원 조직) 일꾼, 경찰관, 입국관리국 직원, 인신매매에 관여한 폭력단 간부, 국제결혼 브로커, 필리핀 연예인 초빙업자, 필리핀인 댄서와 가수 등이다. 이 글에서는 이 책의 주제에 따라 성노동에 종사한 타이인 여성 다섯 명과 면담한 결과를 보고하겠다.

면담 조사 방법

미리 준비한 면담 설계에 기초해 타이인 여성 다섯 명에게 가족 상황, 타이에서의 경력, 이주 경위, 일본에서의 노동 조건, 일 외의 활동, 모국과의 관계, 일본 내의 네트워크, 일본인과의 교제, 생활 조건, 장래 계획 등에 관해 이야기를 들었다.(단, 이 글에서는 지면 관계상 일부를 생략한다.) 한 사람씩 여러 번에 걸쳐 면담했으며, 1회당 시간은 상황에 따라 짧게는 30분, 길게는 4시간 정도이다. 면담 장소는 거의 음식점이나 그들의 집이었는데, 한 여성하고는 그녀의 남자친구와 함께 이야기도 들을 겸 도쿄 디즈니랜드와 가마쿠라에 놀러 가기도 했다. 그들은 고용인과 동료 앞에서는 사적인 이야기를 하지 않으려 해서 직장에서 면접하는 일은 피했다. 그러나 내가 '일하던' 단란주점의 동료 여성하고는 손님이 없는 틈을 이용해 일을 중심으로 단란주점에서 면담했다.

면담은 전부 대화 형식으로 이루어졌으며 메모와 녹음은 일절 하지 않았다. 그 이유는 첫째, 이야기를 메모하거나 녹음하면 그들이 자신의 감정과 체험을 말할 때 주저하지 않을까 해서이다. 둘째, 듣는 사람이 메모를 하면 대화 분위기를 망쳐 상대가 이야기하기 어렵지 않을까 해서이다. 셋째, 인도의 콜걸을 조사한 인도인 심리학자 카푸르(Kapur, Promilla)가 말했듯이, "만약 주의 깊고 유능하며 경험이 풍부한 사람이 면담 중에 들은 내용을 기억해 내지 못한다면 그것은 중요하지 않은 것임에 틀림없기"[143] 때문이다. 나는 카푸르만큼 유능하고 경험이 풍부하지는 않지만, 지금까지의 경험에 비추어 그녀의 지적에 동의한다. 한 지도교수가 몰래 녹음하라는 제안을 했지만, 나는 상대방에게 부정직한 일이라고 생각되어 그 방법을 채용하지 않았다. 면담하는 동안은 메모하지 않았지만, 혼자가 되면 바로 상세한 내용과 관찰 사항을 기록하고, 뒤에 그것을 면담 설계에 따라서 정리했다. 그러나 이야기를 하는 도중에 면담 설계서를 꺼내 본 적은 없다. 이 면담 설계를 미리 작성한 덕분에, 내가 그녀들에게 물어 보려던 내용은 거의 빠짐없이 들을 수 있었다.

조사상의 문제들

타이인 여성에 대한 접근

가장 큰 어려움은 내 질문에 흔쾌히 응답해 줄 타이인 여성을 어떻게 찾느냐는 것이었다. 요코하마에서 현장 조사를 시작하기 전에는 함께 살게 될 타이인 여성들(일본인 남성과 결혼한 타이인 여성과 그 친구)이 적어도 성산업에 종사하는 타이인 여성 몇 명을 소개해 줄 터이고, 또 그 여성들에게 소개를 받아서 더 많은 타이인 여성들과 면담할 수 있겠구나 하고 적잖이 기대했다. 그런데 그들의 아파트에 들어간 지 조금 지나서, 그들에게 단란주점의 호스티스나 가창(街娼)으로 일하는 타이인 여성 친구가 있는 듯하긴 했지만 소개받기는 어렵겠다는 사실을 알았다. 그 이유는 한참 나중에야 알았다. "처음에 일본에 온 건 언제예요?" 하는 질문에, 내게 방 한 칸을 세준 타이인 여성이 "이제 결혼해서 아이도 있는데 옛날이야기가 무슨 상관이죠"라고 대답했을 때, 눈치를 챘다. 그때까지 나는 성매매 여성을 천시하는 타이의 도덕관을 충분히 인식하지 못했다. 일본에서 타이 문화에 정통한 사람들조차 타이에서는 성매매를 당연하게 받아들이는 것처럼 오해하는 듯한데, 오우치(大內)는 타이의 상류 계급뿐만 아니라 일반 민중에게도 "성매매 여성은 사회에서 아주 혐오받는 사람"[140]으로 인식된다고 지적했다. 1996년 2월이 끝나 갈 무렵 (내가 어떤 사건으로 그녀들에게 협력한 일이 있어서인지) 그제야 그녀는 자기 주위의 친구 중 몇 명이 이세자키초(伊勢佐木町) 부근의 단란주점에서 호스티스로 일하고, 또 한 사람은 고가네초(黃金町)의 바에서 성노동자로 일하며, 그녀 자신도 이전에 요코하마의 단란주점에서 일한 적이 있다고 말해 주었다.

그렇지만 그녀도 다른 타이인 여성도 결국 성산업에 종사하는 타이인 여성을 한 사람도 소개해 주지 않았다. 그들이 명시 또는 암시한 이유는 첫째 호스티스로 일하는 여성이 타이인 남성과 살림을 차리고 있어서 그녀의 과거나 현재 직업을 묻기가 어렵다. 둘째 자신들이 부도덕하게 보는 직업을 '조사'하는 나와 같은 사람을 소개해 친구를 곤란하게 만들고 싶지 않다. 셋째 거의 단란주점 등에서 일할 때 알게 된 친구들이어서 내가 자신의 과거까지 알게 될지 몰라 꺼림칙하다는 것 등이었다. 같은 이유에서 그들은 일본인과 결혼하기 전에 성산업에 종사했던 타이인 여성도 소개해 주지 않았다. 성산업과 관련된 일을 한 적이 있는 타이인 여성들은 아무래도 '외부 사람'에게 과거를 밝히지 말라는 '행동 규약'을 공유하는 듯했다.

조사 대상인 타이인 여성에게 접근하는 데 또 한 가지 어려웠던 점은 성매매 산업에 직·간접으로 폭력단이 관계하기 때문이었다. 특히 내가 조사지로 선정한 이세자키초 일대는 가나가와(神奈川) 현의 유력한 폭력단이 집중된 지구였다. 방콕의 팟퐁(Patpong)이나 마닐라 마비니(Mabini)의 고고바와는 달리, 이 부근의 성매매 바에 여성이 손님으로 들어가는 것은 불가능했다. 이 지구의 성산업을 잘 아는 사람의 소개를 받지 않는 한, 고가네초·히노데초(日ノ出町)의 성매매 바나 와카바초(若葉町) 부근에서 호객 행위를 하는 타이인 여성에게 말을 걸지 말라는 충고를 들었다. 그러한 여성은 모르는 사람이 짓궂게 말을 걸면 자신이 매일 단속요금(내가 면담한 폭력단 간부는 이를 '경비세'라고 했다)을 내는 폭력단 조직원에게 연락할지도 모른다고 했다. 그 때문에 나는 타이인 성매매 여성에게 시간당 얼마씩 요금을 지불하고 면담한다는 당초 계획을 단념하지 않을 수 없었다. 상대가 폭력단이면 나를 죽일 가능성도 있고, 설령 죽이지는 않아도 그들의 세력권에 오래 있으면 있을수록 괴롭힘과 폭력을 당할 위험성이 높아지기 때문이다. 실제로 현장 조사를 하는 동안, 대립하는 두 파벌의 난투극(남자 한 명이 칼에 찔리고, 또 한 사람이 총에 맞았다)에 휘말릴 뻔한 적이 있다. 나중에 내가 한쪽 파벌의 간부와 면담한 것이 싸움의 발단이 되었다는 이야기를 들었다.

타이인 여성 성노동자가 가게나 길거리에서 내 접근을 환영하지 않는 이유는, 내가 손님이 아니라는 이유도 있지만 '불법 취업 외국인 노동자'를 단속하는 경찰관이나 출입국관리국 직원이 아닌가 하고 경계하기 때문이다. 타이인 여성은 '불법 체류자' 중에서도 최대 집단에 속하며, 또 대부분이 성산업에 종사하기 때문에 1990년경부터 경찰과 출입국관리국에게 '집중 적발 노력'의 대상이었다. 내가 머물렀던 이세자키초 부근에서도 단속이 빈번해, 타이인 여성들은 물론 외국인 노동자들이 심하게 경계하는 눈치였다. 이주노동자를 조사하는 데에는 체포된 사람이나 이들을 돕는 시민단체에 구원을 요청한 사람들을 만나 면담하는 방법도 있다. 그러나 나는 쉼터에 찾아오는 여성들은 일본에서 자신의 네트워크를 갖지 못한 특수한 사례로 보았고, 또 체포된 상황에서는 진실을 말하기 어렵겠다고 생각해 구속되지 않은 타이인 여성을 면담하고자 했다.

타이인 여성 성노동자에게 접근하는 데 위와 같은 문제가 있어서 나는 취업 비자가 없는 타이인 여성과 필리핀인 여성을 고용한 단란주점에서 무보수 '호스티스'로 일하기로 했다. 그 단란주점 경영자는 필리핀인 연예인(댄서)을 처로 둔 일본인으로 내 의도를 이해하고, 가게 영업시간에도 업무에 지장이 없는 범위에서 호스티스와 면담하도록 승낙해 주었다. 첫날 그가 가게의 호스티스 여섯 명에게 나에 관해서—거기서 일하는 목적을 포함해서—자세하게 소개해 주어서, 그들은 내게 상당히 협조적이었다. 그런데 유감스럽게도 내가 그 단란주점에 나가고 얼마 되지 않아 거기서 일하던 타이 여성 세명 중 두 명이 해고되어, 그들과는 고작 두세 마디만 나누고 끝나 버렸다. 그렇지만 남은 한 명은 단란주점 일에 관해 여러모로 '지도'를 해주었고, 그녀의 집을 몇 차례 방문해 개인적인 이야기를 들을 기회가 있었다. 이 참여 관찰은 호스티스 일과 단란주점 시스템에 관한 지식을 얻는 데 많은 도움이 되었다. 또한 이 경험 덕분에 타이인 여성과 면담하면서 얻는 정보의 질을 높일 수 있었다. '호스티스' 일을 하면서 내가 느낀 점은 호스티스란 손님을 즐겁게 하는 것 이외에 어떤 것도 아니며, 게다가 '남자 옆에 앉아서 술만 따르고 고액 보수를 받는 일'이라는 일반적인 시각과는 달리, 심신이 피곤한 일이라는 점이었다.

조사 비용

일본에서 사회학적 현장 조사를 하려면 상당한 비용이 들 것을 각오해야 하는데, 이 조사에서는 면담할 때 찻값과 밥값이 비용으로 들어갔다. 먹고 마시는 것은 터놓고 이야기할 분위기를 만드는 데 반드시 필요했지만, 그 비용은 무시 못할 액수였다. 따라서 면담에 응해 준 타이인 여성들이 집에서 직접 식사를 차려주거나 때로는 레스토랑에서 (내가 그러지 말라고 해도) 내 밥값까지 내준 것은 고마웠다. 요코하마에서 몇 명이 여러모로 도와주었는데, 그들의 협력이 없었다면 비용이 더 들었을 것이다. 그래도 3개월 반 동안 현장 조사를 하면서 100만 엔 이상이 들었다. 나는 논문에서 성매매와 외국인 여성노동자를 범죄시하는 것을 비판했기에, 공적 연구 기금의 수혜는 애초부터 기대도 하지 않았다. 그렇지만 조사 후반에 타이인 여성 성노동자와 만남이 늘어난 상황을 고려하면, 좀더 조사했더라면 더 많은 타이인 여성과 면담할 수 있었을 텐데 하는 아쉬움이 남는다.

언어

당초에 조사를 진행하는 데 언어가 장애가 되지 않을까 하고 예상했는데, 면담에 응해 준 타이인 여성 다섯 명과 현장 조사에서 알게 된 다른 타이인 여성에 관한 한, 언어는 그다지 문제가 되지 않았다. 일본에 사는 많은 타이인 여성들, 특히 얼마간 단란주점에서 호스티스로 일한 적이 있는 여성들은 내가 생각했던 것보다 훨씬 유창하게 일본어를 말할 수 있어서 내가 직접 일본어로 면담을 진행했다. 상대가 내 질문을 이해하지 못하면 다른 말로 바꿔 말하고, 내가 상대방의 대답을 이해하지 못하면 보충 설명을 요구했다. 계획 단계에서는 통역을 쓸 생각으로 타이 말을 할 수 있는 남성에게 협력을 요청했는데, 요코하마에 가서 타이인 여성과 한동안 함께 살면서 남성 통역자를 통해 타이인 여성에게 성에 관한 이야기를 묻는다면 솔직한 대답은 거의 기대할 수 없으리라는 점을 깨달았다. 타이인 여성의 태도는 일본인 여성의 태도와 상통하는데, 남성에게만 자유로운 성행동이 허락되고 여성의 섹슈얼리티는 억압되는 타이의 도덕규범과 관련이 있는 듯했다. 화제가 성에 관한 것이 아니어도 상대가 개인적인 이야기를 할 때는 제3자가 동석하지 않는 편이 좋다. 일본어로 일 대 일 면담을 진행하는 일은, 때로 그 말을 이해하는 데 시간이 걸리기도 했지만 친밀한 분위기를 만드는 데 도움이 되었고, 얻은 정보의 질을 생각하면 유효한 방법이었다고 생각한다.

정보의 정확도

면담할 때 종종 상대가 질문에 대답하려 하지 않거나 일관성이 없는 대답 또는 거짓말을 하는 등의 상황이 벌어진다. 면담한 타이인 여성 다섯 명뿐만 아니라 조사 기간에 알게 된 다른 타이인 여성과 이야기할 때에도 같은 상황을 경험했다. 어느 여성에게서 들은 이야기가 다른 여성에 의해 부정되었으며, 또 어느 여성이 내게 말한 경력은 그녀 친구의 말과 전혀 다른 경우도 있었다. 처음에는 그들의 '솔직하지 못한 태도'에 화가 나기도 했지만, 나 자신을 돌아보아도 자신에 관해 남에게 자세히 말하지 않는 것은 오히려 당연한 일이다. 누구든 자신의 인생 중에서 타인에게 말하고 싶지 않은 부분이 다소 있게 마련이다. 내 질문이 사적인 일이나 타이에서도 일본에서도 사회적으로 용인되지 않은 일에 관한 것이라면 더욱 그러할 것이다. 내가 일본인과 결혼한 필리핀인 여성을 면담하려고 대상자를 찾고 있을 때, 일본인과 필리핀인의 국제결혼에 관해 조사하던 하와이대학의 한 일본인 인류학자를 만난 적이 있다. 필리핀인 여성을 2년 이상 면담해 온 그 학자가 "필리핀인 여성들은 결코 진실을 말하려 하지 않아요"라고 단언해서, 나는 적이 안심이 되었다. 방콕의 팟퐁에서 일하는 성매매 여성에 관해 조사한 미국인 인류학자 오드저(Odzer, Cleo)도 면담 조사하면서 경험한 "애매하고 틀린 대답, 거짓말, 혹은 화제를 바꾼 일"을 보고했다.[145] 그렇지만 이번에 면담 대상인 타이인 여성의 일상생활을 관찰하면서, 또 단기간이나마 부분적으로 호스티스 일을 체험하면서, 그들에게서 얻은 정보의 대부분이 정확(또 정직)한 것이었음을 믿게 되었다. 말 한 마디 한 구절이 전부 진실이라고 할 수는 없을지언정, 그들의 대답은 일본 성산업에서 일하는 타이인 여성이 주체성을 가진 자율적인 존재라는 내 가설을, 적어도 그 일부를 뒷받침해 주었다.

면담 결과

본인의 특성과 가족 상황

면담한 타이인 여성은 락(24세) · 사이 (34세) · 벳(30세) · 먀오(25세) · 녹(21세) 이렇게 다섯 명이다(괄호 안은 면담 당시의 나이). 이들의 이름은 조사 성격상 익명성을 보장하고자 타이 여성들 사이에 널리 쓰이는 가명으로 했다. 조사 시점에 락 · 사이 · 벳은 단란주점에서 호스티스로 일하고, 먀오와 녹은 '특수 음식점'에서 성매매에 종사하고 있었다.

락, 사이, 녹은 타이 북부(락은 치앙마이, 사이와 녹은 치앙라이) 출신이고, 먀오와 벳은 타이 중부(각기 랏차부리와 방콕) 출신이다. 먼저 학력을 보면, 녹은 고등학교 1학년을 중퇴했고, 먀오는 중학교 졸업, 그 외 세 명은 초등학교(1978년 타이의 의무 교육 제도가 개혁되어 취학 기간이 나이에 따라 다른데, 초등학교는 4년 또는 6년이다)를 졸업했다. 종교는 모두 불교도이다. 한편 사이, 먀오, 녹 이 세 사람은 이혼한 경험이 있으며, 벳은 약혼자(그녀는 남편이라고 부름)와 동거 중이었고, 락은 미혼이었다. 가족 관계를 보면, 형제자매가 2~8명씩 있는데, 여기에는 양친이 데려온 아이나 부모가 재혼 후 낳은 아이들도 포함된다. 녹만 장녀이자 맏이였는데, 맏이가 아닌 다른 사람들도 부모 형제를 부양해야 한다는 의무감을 느끼고 있었다. 또 사이만 아이가 있는데, 16세가 되는 사이의 딸은 치앙라이에서 고등학교에 다녔다. 부양가족은 2~7명씩이었는데, 필요에 따라 경제적 원조를 하는 친척까지 합하면 그 수는 더 늘어난다. 한편, 그들의 부모는 농민·기술자·소규모 자영업자 등이었는데, 사이를 제외한 네 명은 자신의 집을 "부자는 아니지만 가난하지는 않다"고 말했다. 사이만 "우리 집은 가난해요"라고 대답했다. 그러나 그녀의 아버지가 그녀의 이주·구직 비용을 대려고 농지를 담보로 은행에서 150만 엔을 빌렸다고 하니, 타이에서 극빈층에 속한다고는 할 수 없을 것이다. 실제로 조사 중에 만난 타이인 노동자 대부분이 "진짜 가난한 사람은 일본에 오지도 못해요"라고 했다.

타이에서의 직업 경력

초등학교만 나온 락, 사이, 벳은 중학교에 진학하고 싶었지만 집안에 학비를 댈 여유가 없어서 단념했다. 그들은 10~13세부터 집안의 농사일과 가사를 돕거나 미장원·양장점의 보조로 일을 시작해서 15, 16세에 레스토랑 여종업원과 같은 임금노동자로 본격적인 직업 전선에 뛰어들었다. 락은 15세에 치앙마이에서 나콘사완으로 나와 거기에서 칸차나부리로 옮겨 갔다. 방콕 출신인 벳은 16세부터 19세까지 '큰 레스토랑'에서 서빙을 하다가 나중에는 계산대 일을 보았고, 그 후 27세에 일본으로 오기 전까지 방콕의 한 백화점에서 일했다. 사이는 타이에서 어떤 일을 했느냐는 질문에 묵묵부답이었다.

녹은 15세에 고등학교를 중퇴하고 같은 농촌 출신인 잡화상과 결혼했다. 그녀가 결혼을 선택한 이유는 "(상대방을) 좋아해서, 공부는 별로 좋아하지 않았기" 때문이었는데, 2년 후 "싫어져서" 이혼했다. 그 후 친정으로 돌아가 집안의 농사일과 가사를 돕다가 1993년 19세에 일본으로 올 때까지 임금노동자로는 일하지 않았다. 먀오도 중학교를 졸업한 후 가업인 요업(窯業)과 가사를 돕다가 18세에 결혼했는데, 얼마 지나지 않아 이혼한 후 여러 직업을 전전했다. 최근에는 방콕의 보석 가공 공장에서 세공 일을 했는데, 아주 미세한 작업이어서 눈이 나빠져 3개월 만에 그만두었다. 그 후 치앙라이 출신인 애인과 함께 그의 마을로 가서 잠시 농사일을 도우며 살았는데, "일도 그렇고 시골 생활도 시시해서" 그 남자를 두고 떠나 22세에 일본에 돈 벌러 왔다.

타이에서 임금 노동에 종사한 적이 있는 여성들은 전부 일이 힘들고 임금이 낮았다고 보고했다. 먀오는 보석 가공 공장에서 주 6일 오전 9시부터 오후 5시까지 일하고 월급 3000바트[26.09Baht＝0.0245$,

2006년 3월 현재—옮긴이]를 받았다. 그 일은 숙련공이 되면 1만 바트 이상 벌 수 있었는데 일이 꽤 힘들었다. 벳만 백화점 일이 직장 환경, 고객, 급여(월 3500바트) 면에서 "꽤 좋은 편이었다"고 대답했다. 그 백화점은 고객 대부분이 외국인 관광객이어서 일을 하면서 영어를 배울 수 있었다고 한다. 그녀는 백화점을 그만두고 싶지 않았지만, 옆집에서 일본에 돈 벌러 간 딸이 보내 준 돈으로 양옥을 신축한 것을 본 어머니가 그녀에게 누차 일본에 돈 벌러 가라고 간청해, 백화점을 그만두고 일본에 왔다.

일본으로 이주한 경위

다섯 명 모두 일본은 처음이었다. 그들은 모두 4년 전에 '단기 체재 비자'(단기 체재의 최장 체류 기간은 90일임)로 일본에 입국했다(따라서 모두 '불법 체류자'이자 '불법 취업자'이다). 다섯 명이 모두 일본에 오기 전에 일본에서 가능한 일이나 일반적 노동 조건에 대해 다소 정보를 입수했는데, 이들이 각각 입수한 정보의 양과 질에는 상당한 차이가 있다. 먀오와 눅이 모집인과 친구에게서 정보를 얻은 데 비해, 벳은 책·신문·잡지·텔레비전이나 일본에서 일한 적이 있는 사람과 그 가족에게서 가능한 많은 정보를 수집했다. 이들이 사전에 입수한 정보의 양과 질이 그 후 이주 방법과 일 찾기 등을 좌우해, 결과적으로 일본과 타이의 '인신매매 조직'에 희생자가 되느냐 마느냐까지 결정했다고 생각된다.

1990년대 초에는 타이인 여성이 모집인이나 브로커와 직종·노동 조건·여비·소개 수수료의 반환 조건 등에 관한 계약서를 교환하지 않고 구두로만 약속하고 일본에 왔는데, 자신도 모르는 새에 수백만 엔이나 되는 빚을 떠안았다는 이야기가 신문과 잡지 등에 종종 보도 되었다. 먀오와 녹도 일본에 도착한 후, 일의 내용과 조건이 타이에 서 들었던 것과 다름을 알았다. 먼저 먀오는 일본에서 할 일이 섹스 라는 점은 알았지만 고액 보수가 보장된다고 해서 받아들였다. 먀오 가 처음에 한 일은 신주쿠의 단란주점에서 호스티스 겸 성매매 일(가 게 밖에서 손님과 데이트)을 하는 것으로 "생각보다 힘들었다"고 한 다. 여기서 그녀는 '빚' 370만 엔을 떠안았는데, 3개월 만에 다 갚았 다. 한편, 녹은 타이의 모집인에게서 일본에서 하는 일이 "바에서 손 님에게 술을 따르는 일"이라고만 들었는데, 첫 직장인 이바라키 현 이타코초(潮来町)의 단란주점에 도착해 비로소 손님과 가까운 호텔 에 가는 것이 자신의 일임을 깨달았다. 그녀는 하는 수 없이 하루에 서너 명 손님을 받았다. 처음에는 신세가 서글퍼서 매일같이 울었다. 그녀의 '빚'은 450만 엔(숙박비, 식비, 의복비 등 70만 엔 포함)이었 는데, 7개월 만에 전부 갚았다. 먀오와 녹은 '빚'을 다 갚을 때까지 무보수로 일했다.

먀오와 녹을 제외한 다른 세 명은 친구나 매스컴을 통해서, 브로커 의 힘을 빌려 일본에 가면 빚을 거액으로 떠안게 되고 성매매를 강요 받는다는 점을 알고 있었다. 그래서 락은 일본에서 일하던 친구의 충고를 듣고, "100엔도 안 가지고 가도 돼"라며 접근한 브로커의 유혹을 단호하게 잘랐다. 그 대신에 일본에서 일하는 친구에게서 30만 엔을 빌리고 또 다른 친구의 도움을 얻어서 여권과 비자를 취득했다. 한편, 사이는 여권과 비자 취득 수수료, 비행기표, 일본까지 동행해 준 '일본인 아줌마'에 대한 소개비를 합해 치앙마이의 브로커에게 150만 엔을 지불했다. 그 돈은 그녀의 아버지가 농지를 담보로 은행에서 빌려서 만들어 주었다. 또한 벳은 '빚'을 떠안고 강제로 성매매하게 되는 것을 피할 방법을 수년간 연구했다. 자신이 발품을 팔아 여권과 비자를 받았고, 도쿄행 비행기표도 저금한 돈으로 샀는데, 여기에 든 돈은 모두 약 10만 엔 정도였다. 타이에서 도쿄의 호텔을 예약한 후, 수중에 30만 엔을 가지고 일본에 건너갔다. 그녀는 백화점에서 영어를 배운 덕분에 혼자 힘으로 이런 일을 할 수 있었다고 했다.

여성들은 타이의 농촌이나 도회에서 모집되어 일본에 연고가 있는 브로커에게 팔려서(모집인과 브로커가 동일인물인 경우도 있다), 브로커 또는 관계자의 손에 이끌려 일본의 첫 직장에 가게 된다. 모집인과 브로커는 범죄 조직의 조직원, 여행업자, 일본인 사업가 등 여러 부류가 있었다. 타이 정부는 부정하지만, 아는 타이인이나 타이의 신문 보도에 따르면 타이의 일부 경찰관이 '인신매매'에 관여하는 경우도 있다고 한다.[146] 많은 타이인 여성들은 브로커를 의지하면 위험과 불이익이 뒤따른다는 것을 알면서도 혼자서는 이주 수속을 밟을 수 없어서 브로커를 의지한다. 모집인과 브로커는 친구, 아는 사람, 친척인 경우가 많았다. 먀오의 모집인은 그녀의 '친구'였다. 녹의 모집인도 그녀가 '아는 사람'으로, 치앙라이에서 태어나 방콕에서 학교를 다니고 일본에서 일한 적이 있는 여성이었다. 성매매를 단속하는 이세자키 경찰서의 담당 경찰관은, 외국인 여성들은 자신의 입국과 취직에 범죄 조직·폭력단원이 관련되었다고 해도 보통 그 사실과 실태를 모르는 경우가 대부분이라고 했다.

다섯 명 중에 먀오만 위조 여권이어서 일본에 도착한 후 여권을 '보스'에게 빼앗겼다. 현재 그녀는 자신을 증명할 서류 한 장 없이 일본에 체류하고 있다. 이와는 대조적으로 녹은 '빚'을 다 갚은 후 여권, 신분증명서, 가족증명서(일본의 호적 등본과 같은 것)를 되찾아 지금은 항상 휴대하고 다닌다. 한편, 다섯 명 중에는 말레이시아나 싱가포르 등을 경유해 일본에 온 사람은 없었다.

다섯 명 중 네 명이 일본에 돈 벌러 온 이유가 "가족과 자신을 위해 돈을 저축하는 것"이라고 대답했다. 벳만이 일본에 올 결심을 한 것은 오로지 새집과 차를 갖고 싶어하는 엄마를 위해서라고 했다. 락과 사이는 금전적 이유와 더불어 "모르는 장소를 찾아가거나 새로운 경험을 하는 것을 좋아하기" 때문에 일본에 일하러 왔다고 말했다. 일본에 오기 전에 락은 남자친구가 홍콩 사람이어서 홍콩에 일하러 갈 생각이었는데, 남자친구와 헤어지는 바람에 계획을 변경했다. 일본에 갈 결심을 하게 된 것에 대해, 17세 때부터 엄마가 누차 일본에 가서 돈 벌어 오라고 강권하다시피 한 벳을 제외한 네 명은, 전부 '자신과 가족을 위해' 일본행을 결심했으며 누가 강요한 것은 아니라고 했다. 결심하기까지 걸린 시간은 사람에 따라 차이가 있었다. 벳이 일본에 갈 것인가를 10년 이상 고민한 것에 비해, 먀오는 '단 하루만에' 결정했다.

다섯 명은 전부 일본에 오기까지 일본어에 관한 지식이 거의 없었다. 일본에 도착하고 나서 주로 타이인 동료나 친구에게서, 일부는 손님과 주인에게서, 또는 혼자서 회화 책을 사서 일본어를 배웠다. 이들은 다른 친구들이 가라오케에서 노래를 부를 때 모니터에 나오는 일본어 가사를 보고 많은 단어를 외웠다고 했다. 벳은 "들은 단어 전부를" 공책에 적어서 일본어를 외웠다. 락은 일본 생활이 익숙해지자 빨리 일본어를 터득하려고 일부러 타이인이 없는 바를 골라서 일했다. 호스티스로 일하는 세 명은 섹스가 전문인 먀오와 녹에 비해 일본어를 더 잘했다.

일본에서의 노동 조건

인터뷰를 할 시점에 사이는 이세자키초의 단란주점에서, 벳은 후쿠토미초(福富町)의 단란주점에서, 락은 치바(千葉) 현 이치하라(市原) 시의 단란주점에서 각각 일하고 있었다(락은 요코하마에서 일하던 타이 여성의 소개로 알게 되었다). 호스티스 일은 술을 따르는 일에서 지적(知的)인 접대, 육체적·정신적 위안까지 일의 폭이 넓다. 일본인 호스티스를 고용한 가게와 마찬가지로 외국인 호스티스에게 어떤 일을 어디까지 시키느냐는 손님과 가게에 따라 다르며, 모든 외국인(특히 아시아인) 호스티스가 성매매를 강요당하는 것은 아니다. 사이는 '좋아하는 손님'과 섹스를 하고 대가를 받지만, 가게에서 손님과 섹스하라고 강요하는 일은 없다고 했다. 락과 벳은 이전에는 성매매 일도 했지만, 내가 만났을 때에는 호스티스 일만 하고 있었다.

녹은 고가네초의 바에서 성매매 일을 했다. 먀오도 히노데초에서 "1년 정도" 성매매 일을 했는데, 내가 처음에 먀오를 만났을 때는 임신 중절 수술을 받으려고 그 가게를 막 그만둔 상태였다. 그 후에는 출입국관리국의 단속을 우려해 성매매 일은 하지 않고 가게를 쉬었다. 히노데초·고가네초의 바는 교하마(京浜) 급행 히노데초 역과 고가네초 역 사이의 고가 밑에 벨트처럼 빽빽이 들어서 있다. 이들 바는 '특수음식점'이라고 불리는데 '가게' 그 자체는 3평 정도 되는 좁은 자리에 카운터와 의자가 놓여 있을 뿐이다. 손님은 거기서 술을 마실 수도 있지만 손님의 목적은 2층의 작은 방에서 그녀들이 제공하는 섹스 서비스를 받는 것이다. 손님이 2층에 있는 동안은 문을 닫아걸고 그 위에 분홍색 형광등을 켠다. 요금은 10분(여성에 따라서 20분)에 1만 엔이며, 10분 연장하면 1만 엔이 추가로 청구된다.

전후(戰後)에 '성매매와 마약의 소굴'로 알려진 히노데초·고가네초 일대는 고가 밑에 가려진 형태여서 이런 장사를 하기에 적합한 장소였다고 하는데, 이 일대의 '특수음식점'에 1970년대쯤부터 대만, 한국, 중국, 타이 등 아시아 여성들이 노동의 주력으로 된 듯하다. 신문 등의 보도와 경찰관에게서 얻은 정보, 그리고 내가 관찰한 자료를 종합해 판단하면, 1996년 현재 이 일대에서 성노동자로 일하는 여성으로는 타이인 여성이 가장 많은 것으로 보인다. 히노데초·고가네초에서 일하는 여성 중에는 아직도 '빚'에 묶여 옴짝달싹하지 못하는 사람도 있지만, 대부분은 먀오나 녹처럼 '프리'가 된 여성들, 즉 '빚'을 다 갚았거나 처음부터 빚에 구속되지 않은 여성들이다. 손님은 일본인뿐만 아니라 중국·대만·한국·말레이시아·인도네시아·타이·인도·이란·브라질·페루 등 여러 나라에서 돈 벌러 온 남성노동자도 있다.

다섯 명은 전부 일본에서 가게를 몇 번씩 옮겼다. 사이는 히로시마의 단란주점에서 5개월간 일한 후, 아는 타이인 여성을 의지해 3년 전에 요코하마의 단란주점으로 옮겼다. 왜냐하면, 히로시마에서는 월수입이 고작 12만 엔 정도여서 고향에 충분한 돈을 보낼 수 없었기 때문이다. 요코하마에서도 몇 번 가게를 옮겨다녔지만, 계속 이세자키초 내의 단란주점에서 호스티스로 일하고 있다. 사이는 가게를 옮겨다니면서도 단골손님을 많이 만들어, 어느 가게로 옮기든 주인에 대해 유리한 관계를 유지해 왔다. 사이가 지금까지 가게를 바꾼 이유는, 주로 자신이 뒤를 봐주던 젊은 호스티스(라오스인와 대만인)가 문제를 일으키거나 찾아오는 손님이 적어 해고되자 그들과 함께 그만둔 것이지 자신은 주인과 별 문제가 없었다고 했다. 벳은 일본에서 처음 반년간은 생활에 익숙해지도록 노력하며 일자리를 알아보는 한편, 임시로 할 수 있는 일을 하면서 지냈다. 타이에서 가져온 돈이 거의 바닥날 무렵, 타이인 친구의 도움으로 이세자키초의 단란주점 일을 소개받아 요코하마로 갔다. 그녀는 거기서 2개월간 일했는데, 대만인 마마가 사람이 좋지 않고 월급도 기대에 못 미쳐서 그 가게를 그만두고, 2년 전쯤에 현재 일하는 후쿠토미초의 단란주점으로 옮겼다.

락은 처음 4개월간은 이바라키 현 시모다테 시에서 '반은 이자카야[일본의 선술집—옮긴이], 반은 단란주점'인 가게에서 시간당 800엔을 받으며 서빙하다가, 친구에게서 한 달에 30만~40만 엔은 족히 벌 수 있는 일이 있다는 소리를 듣고 '시모다테와 시모즈마(下妻)의 중간쯤'에 있는 성매매 단란주점에서 일하기 시작했다. 그 가게에는 그녀를 포함해 타이인 호스티스가 18명 있었는데, 그들은 자원하거나 주인의 강요를 받아 손님과 외출해서 가까운 호텔에서 성매매를 했다. 단란주점의 마마는 타이 사람으로 락이 일하기 시작했을 때 100만 엔을 빌려주었다. 조건은 아파트 집세와 식비는 지불하지 않아도 좋지만 4개월 안에 이자까지 포함해 180만 엔을 갚을 것, 기한 내에 다 갚지 못하면 빚이 200만 엔이 된다는 것이었다. 그녀는 부모에게 빨리 목돈을 보내고 싶은 마음에 '융자' 이야기를 냉큼 받아들였는데, "지금 생각하면 집세를 포함해도 100만 엔을 빌려서 4개월 만에 180만 엔을 갚다니 상당히 손해를 보았다고 생각해요. 처음부터 빚을 지지 않고 시작했더라면 더 벌었을 텐데"라고 했다. 빚을 다 갚을 때까지 그녀가 손님에게 받은 돈은 전부 마마가 가지고 가서, 실제로는 갚을 금액보다 더 많은 돈을 갚았는지도 모른다. 락은 2년쯤 이바라키에서 일한 후 오사카의 단란주점에서 2개월간 일했다. 치바에 온 지는 거의 2년이 된다고 했다. 락이 이바라키, 오사카, 치바로 옮겨다닌 것은 "여러 곳에서 살아 보고 싶었기" 때문이라고 한다. 새로운 일을 찾을 때에는 언제나 친구(처음에는 타이인 나중에는 필리핀인도 포함됨)가 도와주었다.

녹은 이타코초의 성매매 단란주점에서 7개월간 일해 '빚'을 다 갚은 후, 치바로 옮겨서 거기서 또 수개월간 성매매 일을 했다. 1993년 말 타이인 여성을 따라 요코하마로 간 그녀는 스스로 고가네초의 성매매 바 일을 선택했다. 그 후 그녀는 현재의 가게에서 일해 왔다.

마오는 1년간 신주쿠에서 일한 후 나가노(長野) 현 도쿠라초(戸倉町)로 갔다가 "1년쯤 전에" 요코하마로 갔다(그녀는 일본에서 '2년'을 살았다고 했는데 그 후의 이야기를 종합해 볼 때 적어도 3년은 일본에 머문 것으로 보인다). 요코하마에서 나를 만나기 며칠 전(1996년 2월 중순)까지 히노데초의 성매매 바에서 일했다.

호스티스인 세 사람은 일요일을 제외하고 매일 6시간 가게에서 일한다. 근무 시간은 사이와 락이 오후 8시부터 오전 2시까지, 벳은 오후 7시에서 오전 1시까지이다. 그런데 락은 바에 자신의 손님이 남아 있으면 오전 4시나 5시까지 일하기도 한다고 했다. 그녀들은 가게 문을 닫은 후 손님과 식사를 하거나 섹스를 하기도 한다. 사이는 일주일에 몇 번은 손님을 '동반'하는데, 그럴 경우는 오후 8시 반을 전후해 밖에서 손님을 만나서 오후 9시까지 가게에 들어간다. 사이의 가게는 손님과 동반하면 3000엔이 붙는데 그중 2000엔이 사이의 수입이 된다. 일본인 호스티스의 경우는 가게에서 동반 횟수를 부과하는 일이 많은 모양인데, 사이의 가게에서도 주초의 미팅에서 '점장'(주인)이 각 호스티스(전부 외국인)들에게 동반해야 할 횟수를 지시한다. 손님을 많이 동반하면 할수록 경영자는 그 호스티스를 함부로 무시할 수 없게 되는데, 아주 수완이 좋은 호스티스가 아니면 외국인 여성은 빈번히 동반할 손님을 얻지 못한다. 손님을 일정한 만큼 유지하고자 호스티스는 근무 시간 외에도 손님에게 전화를 하거나 바에서 일하기 전후에 또는 휴일에 식사를 함께하는 등 나름대로 시간과 공을 들여야 한다. 게다가 호스티스는 다른 여성노동자보다 많은 시간을 화장과 머리, 옷차림에 신경 써야 하므로(나 자신의 경험으로 봐서도), 그녀들의 평균 '실제 노동 시간'은 하루에 6시간 이상이다.

호스티스인 사이, 벳, 락, 이 세 사람은 병이 나면 일요일이 아니어도 쉴 수 있다. 그런데 사이는 다소 몸 상태가 좋지 않더라도 일하러 간다고 했다. 쉬면 그만큼 월급이 줄어들 뿐만 아니라 자신을 찾아온 손님을 놓치고 싶지 않기 때문이라고 한다("일부러 찾아와 주었는데 내가 없으면 두 번 다시 안 올지도 모르니까"). 매일 가게에 나가는 것은 단골을 확보하는 데 필요조건인 것이다.

히노데초·고가네초의 성매매 바는 통상 매일 24시간 영업하므로 거기서 일하는 여성들의 근무 시간은 사람에 따라서 다르다. 각각의 바에서는 두세 사람이 2교대나 3교대로 일한다. 먀오에 의하면, 바에서 일하는 여성들은 보통 가장 손님이 가장 많이 들어오는 시간대인 오후 6시에서 밤 12시까지 일하고 싶어하며, 요일과 주에 따라 근무 시간대를 바꾸는 경우가 많다. 내가 만났을 때 녹은 매일 오후 6시에서 오전 4시까지 일했으며, 심히 피곤하지 않는 한 쉬지 않는다고 했다. 일은 힘들지만 '빚'에 묶여 있을 동안은 생리 중이거나 몸이 안 좋을 때에도 손님을 받아야 했으므로, 그때에 비하면 현재의 노동 조건은 나쁘지 않다고 한다. 한편, 먀오는 오후 6시에서 밤 12시까지 또는 오후 6시부터 오전 6시까지 가게에 나갔는데, 먀오의 가게에서는 대만인 마마가 직접 밤 12시부터 오전 6시까지 손님을 상대했다. 먀오는 일요일에는 일을 나가지 않고 일요일 외에도 자주 쉬었다.

여성들의 임금은 일하는 장소나 내용에 따라 다르다. 먼저 사이는 일당 1만 엔 외에 동반료 2000엔, 지명료 1000엔, 손님이 내는 술값의 20퍼센트를 받았다. 운이 좋으면 한 달에 30만 엔 이상 벌 수 있는데, 매일 손님을 동반하기는 어려워서 사이가 가게에서 받는 월급은 그보다 적다. 그렇지만 사이는 단골손님과 데이트를 해 월급 외에 몇 십만 엔을 더 번다. 다음으로 락은 시간당 1500엔에 지명료와 술값의 20퍼센트를 받는데, 매달 수입은 25만 엔 안팎이다. 그녀의 바에서는 일본인 호스티스에게만 동반료가 붙어서 락은 손님을 동반하지는 않지만, 가게에 나가서 그날 찾아 줄 것 같은 손님에게 전화를 한다. 한편, 벳의 월급은 일당 1만 엔에 술값뿐이다. 벳은 "섹스는 싫어해" 손님을 동반하지도 않고 손님과 섹스도 하지 않는다. 따라서 월급은 25만 엔 정도이다(먀오는 벳이 이전에 히노데초의 바에서 일한 적이 있다고 했는데, 벳 자신은 성매매 일 따위는 한 적이 없다는 듯한 분위기를 풍겨서 나는 직접 그 진위를 확인할 수 없었다. 면담장소가 그녀의 약혼자가 일하는 타이 레스토랑이었다는 점이 영향을 미쳤는지도 모른다).

먀오는 손님에게서 10분당 1만 엔을 받아 그중에서 4000엔을 마마에게 건넨다. 그리고 그 바를 세력권으로 하는 폭력단에게 하루 1000엔 '경비세'를 낸다. 이세자키초의 가창과 히노데초·고가네초 일대의 바에서 일하는 성매매 여성들은 한 사람도 빠짐없이 전부 폭력단에게 '경비세'(가창은 하루에 3000엔)를 낸다. 이 돈을 안 내면 폭력단원의 제재를 받는 데다 강간·살해·절도·요금 미지급과 같은 위험한 상황에 어떤 방위나 대비책을 강구할 수 없게 된다. 이는 명확히 성매매와 불법 체류가 위법이 아니면 지출하지 않아도 되는 돈이다. 먀오는 하루에 평균 서너 명 손님을 받고, 때로는 하루에 10명 이상도 받았다. 몸 상태가 최상인 날에는 오후 6시부터 오전 6시까지 30명을 상대했다. 마마는 그녀에게 피임약·콘돔·윤활제 비용으로 하루에 1000엔(손님이 여섯 명을 넘으면 2000엔)을 별도로 받았다. 한편, 녹의 사정은 먀오와 비슷했는데 녹은 쉬지 않고 일을 해 평균 수입이 먀오보다 많을 것으로 보인다. 한 달에 150만 엔을 번 적도 있다고 한다. 히노데초·고가네초의 성매매 여성은 바에서 일이 끝난 뒤 손님과 가까운 호텔로 직행해 가외 수입을 올리기도 한다. 이 요금은 먀오의 경우 1박에 4만 엔이다.

그들을 직접 관리하는 '마마'도 외국인 노동자인 경우가 허다하다. 사이의 마마는 가게 주인의 처로서 1989년에 일본에 와서 요코하마의 필리핀 술집에서 6개월간 쇼댄서를 한 적이 있는 필리핀인 여성이다. 먀오의 마마는 대만인 여성이다. 그녀의 남편은 그 가게의 주인(일본인)으로 그 가게 외에 타이 레스토랑과 아파트를 소유하고 있다. 녹의 보스는 한국인 남성(재일한국인일지도 모른다)으로 가게의 주인이기도 하다. 그는 고가네초에 성매매 바를 또 하나 소유하고 있다. 벳의 마마는 일본인 여성으로 가게 주인은 그 남편이며 도쿄에서 회사를 경영하는 일본인이다. 벳이 전에 일했던 가게의 마마는 대만인 여성이었다. 락의 마마는 일본인인데, 그 전에 이바라키 현에서는 타이인 마마 밑에서 일했다.

타이인 여성은 곧잘 마마를 '보스'라고 부른다. 그렇지만 경우에 따라서 보스란 브로커에게서 여자를 사다가 바 등에 팔아넘기고, 일을 감독하고, 그들이 돈을 벌어 '빚'을 갚도록 독촉하는 사람을 가리킨다. 1991년 이바라키 현 시모다테에서 타이인 여성 세 명에게 살해당한 타이인 보스가 이에 해당한다. 타이인 여성 보스는 세 명에게 성매매를 강요하고, 이를 거부하면 학대하고 벌금을 부과했다.[147] 내가 면담한 다섯 명은 마마나 가게 주인과 이렇게 심각한 문제는 없었는데, 이는 그들에게 '빚'이 없는 것이 큰 이유이다. 사이만 월급 때문에 가게 주인과 옥신각신한 일이 있었다고 보고했다. 가게 주인이 영업 부진을 이유로 하루 일당을 갑자기 1만 엔에서 8000엔으로 줄여서, 사이가 항의하며 다른 가게로 가겠다고 했더니 차액을 돌려주었다. 또 사이가 가게에서 제일 잘나가고 돈도 가장 많이 벌어들이는데, 가게 주인이 필리핀인 호스티스를 더 총애하는 것도 불만이었다. 한편, 대만인 마마 아래서 일한 적이 있는 먀오와 벳은 마마가 "성질이 독하고 제멋대로"였다고 평했다. 벳은 현재 타이인 호스티스 여섯 명과 함께 일본인 부부 아래서 일하는데 "우리 모두가 사장님을 '아버지'로, 마마를 '어머니'로 부르며 마치 가족처럼 지낸다"고 했다.

단란주점의 손님은 거의 일본 남성이다(락과 벳은 단골손님 중에 일본인 '아줌마'도 있다고 보고했다). 손님들의 나이, 결혼 여부, 직업도 다양하다. 나이는 20대에서 60대까지로 총각·기혼자·이혼자도 있고, 직업은 회사원·공장 노동자·중소 자영업자·대기업 관리직 등 다양하다. 먼저 사이의 단골 중 대부분은 "사장님"인데 내가 만난 손님의 한 사람은 회사원, 또 한 사람은 "선박 관계 일을 하는 사람"이었다. 그들 대부분이 40대, 50대이다. 손님 중에는 폭력단 조직원과 그 관계자도 있다. 다음으로 벳의 가게는 손님 대부분이 가게 주인과 사업상 관계가 있는 사람들이며, 회사 경영자나 기업 간부이다. 벳에 따르면, 그들 대부분이 중년 기혼자들이다. 한편, 락의 손님은 20대 공장 노동자에서 회사원, 중년 회사원, 자영업자까지 그 폭이 넓다(단, 그녀는 손님이 실제 어떤 일을 하는지 잘 모른다고 했다). 한편, 히노데초·고가네초의 바를 찾는 손님 중에는 외국인 남성노동자도 있는데, 녹도 먀오도 일본인 손님을 더 좋아한다. 녹은 일본인만 받으며, 특히 "이란 남자는 인상이 나쁘고 치근덕거리며 (돈을 지불하지 않고) 더 서비스를 하라고 해서 싫다"고 한다. 만약 바에 이란 남성 같은 손님이 들어오려고 하면 "미안해요, 지금 좀 안 되는데요"라고 거절한다. 또 남자친구가 타이인이어서 같은 나라 사람이면 "일하기 어려워" 타이인은 되도록 피한다고 한다. 녹의 손님은 17, 18세 젊은이에서 50, 60세 중년에 이르기까지 다양한데, 손님과 이야기할 기회가 별로 없어서 녹은 그들이 기혼인지 미혼인지 또 무슨 일을 하는지 거의 몰랐다.

"손님을 고를 때 가장 중요한 기준은 무엇인가" 하는 질문에 대해, 다섯 명은 전부 '돈'이라고는 대답하지 않았는데, 이는 단란주점에서도 성매매 바에서도 요금이 고정되어 있기 때문이라고 생각된다.

단, 사이는 돈이 중요한 기준의 하나라고 했다. 즉 손님이 그녀의 시간과 서비스에 대해 흔쾌히 돈을 지불한다면 그녀는 그 손님과 계속 데이트할 가능성이 높아진다. 당연한 일이지만, 다섯 명은 전부 '다정한' 손님을 좋아했다. 사이는 "할아버지가 더 다정하다"며 비교적 나이 든 손님을 좋아했다. "젊은 남자가 아니면 받지 않는다"는 먀오와는 대조적으로 먀오보다 4세 연하인 녹은 "할아버지라도 다정한 사람이면 좋다"고 했다.

손님을 얻는 데 가장 중요한 기준으로 생각하는 것은, 먀오가 멋진 용모와 젊음이라고 대답한 데 비해 다른 네 명은 손님의 '만족도'가 가장 중요하다고 대답했다. 사이는 내가 처음에 '출근'한 날, 손님이 계속 가게를 찾는 것은 호스티스의 얼굴이나 몸매를 보려는 것이라기보다 서비스(상냥한 태도, 상대에 대한 경의, 즐거운 대화, 노래 등) 때문이라고 가르쳐 주었다("손님이 즐거우면 '또 올까' 하고 생각하잖아요?"). 사이는 이렇게 해서 일본인 단골을 일고여덟 명 확보했는데, 그중 몇 명과는 가게 밖에서도 자주 데이트를 한다. 21세에 귀여운 여성인 녹도 많은 손님을 오게 하는 것은 젊음과 아름다움보다 오히려 "서비스와 상냥함"이라고 했다. 그녀의 서비스를 마음에 들어하는 손님은 매달 서너 번은 바를 찾아온다고 한다.

세 호스티스는 손님에게 혐오감을 느낀 적은 거의 없지만, 예외로 "야쿠자"를 접대할 때 그렇다고 대답했다. 그들에 따르면, 야쿠자는 조잡하고 폭력적이며 주문이 많다. 서비스가 부족하다느니 건방지다느니 불만을 말하기도 하고, 폭력단의 싸움에 휩쓸릴 염려도 있다고 했다. 사이가 일반 손님들 중에 호스티스가 싫어하는 데도 추근대며 몸을 만지는 사람이 있다고 해서 그런 경우는 어떻게 하면 좋으냐고 물으니, 그녀는 "어느 정도는 하는 수 없지만 너무 치근대면 살짝 손을 잡고 상냥하게 그만 하세요, 라고 말하면 돼요. 그래도 손님의 자존심이 상하지 않도록 해야 해요", "밤 장사는 수월하지 않아요"라고 몇 번이나 말했다. 한편, 성매매를 하는 먀오와 녹에 따르면, 손님 중에는 추가 요금을 지불하지 않고 서비스를 더 요구하거나 섹스를 한 뒤에도 돌아가지 않고 이야기를 나누고 싶어하는 사람들도 있다고 한다. 먀오는 "시간이 아깝다"며 그런 손님은 곤란하다고 했다. 녹은 손님이 "이상한 짓"을 할 때 "경비세"를 지불하는 폭력단에게 전화하면 바로 달려와서, 그 점은 도움이 된다고 했다.

다섯 여성은 손님에게 특별한 애정을 느끼지는 않으며, 손님을 "좋아한다"는 말도 주로 일과 관련되어 있었다. 녹은 일본인 손님의 관심이라곤 섹스뿐이며 상대 여성의 기분 따위는 신경도 쓰지 않는다고 말했다. 벳은 자신의 손님을 보면, 거의 유부남이고 괜찮은 직장인들인데 왜 매일같이 밤늦게 바에서 술을 마시는지, 부인들은 아무 말도 안 하는지, 이상하다고 했다. 그들에 따르면, 타이에서 기혼 남성들은 부인의 추궁을 피해 퇴근길에 술을 마시고 심야까지 돌아다니는 것은 도저히 생각조차 할 수 없는 일이다.

사이, 먀오, 녹, 이 세 사람은 경구 피임약과 콘돔을 함께 사용하고 있었다(다른 두 사람에게는 이 질문을 하지 않았다). 경구 피임약은 타이제로, 타이 식품점이나 타이인 행상에게 한 갑에 1500엔을 주면 손에 넣을 수 있다(타이에서는 같은 약이 150바트). 경구용 피임약은 체중 증가, 구토, 유방 통증 등 임신 증상과 같은 부작용을 일으키기도 한다. 먀오는 이러한 부작용을 피하려고 경구 피임약을 먹지 않았을 때, 남자친구와 섹스하고 임신을 했다. 여성이 일 관계로 경구 피임약을 먹어야 한다면 그로 인해 발생하는 몸의 이상은 일종의 '과로 재해'로 볼 수 있겠다.

또한 그들은 성병에 감염될 위험에 노출되어 있다. 먀오가 "콘돔을 사용하지 않는 손님과는 절대 하지 않는다"는 데 비해, 사이는 단골과 남자친구와는 콘돔을 사용하지 않고 섹스를 했다. 사이는 남자친구에게 콘돔을 사용하라는 말을 하기 어렵다고 했다. 그 남자친구는 자기 명의의 아파트를 그녀에게 빌려주고, 매달 25만 엔 수당을 주고 있다고 한다. 사이는 친구의 친구로 일본에서 일한 적이 있는 타이인 여성이 최근에 에이즈에 걸려서 타이에서 죽었다는 소식을 들었기에 에이즈의 위험성을 잘 알았고, 감염을 우려했다. 그녀는 단골이 다른 여성과도 섹스를 할 것이라며 일본 남성에게서는 에이즈가 옮지 않는다고 믿고 싶어했다. 그들과 면담한 바로 판단하면, '프리'인 여성들은 '빚'을 진 여성에 비해 콘돔 착용을 더 당당하게 손님에게 요구할 수 있다. 그럼에도 사이나 먀오의 예에서 볼 수 있듯이, 그들이 단골이나 남자친구에게는 콘돔 착용을 항상 요구하지는 못한다는 것을 알 수 있다. 세 명 중에 뇩만 3개월마다 성병 클리닉에서 검사를 받았다.

다섯 명은 전부 '기둥서방'이 없었다. 내가 농담 삼아 먀오의 남자친구인 마야트에게 "마야트는 먀오의 기둥서방이에요?"라고 물으니, 그 남자는 '기둥서방'의 의미를 모르는지 먀오에게 물었다. 의미를 알고 나서 그 남자는 "아닙니다, 아니에요"라고 정색을 하고 부정했는데, 먀오는 "맞아요, 기둥서방이에요, 기둥서방!"이라며 짓궂게 웃었다. 내가 두 사람에게 과거 일본에 있었던 성매매 여성과 기둥서방의 관계를 설명하자, 먀오는 "왜 그 사람들은 돈을 빼앗기고 괴롭힘을 당하면서도 기둥서방을 버리지 않나요? 나라면, 마야트가 그런 남자면 진작에 헤어졌어요"라고 정색했다. 그녀는 마야트를 자신의 아파트에 살게 해주고, 그가 직업이 없을 때는 경제적 원조도 했으므로 그를 기둥서방으로 볼 수도 있지만, 그 남자는 가사를 확실히 분담하고, 그녀를 정신적으로나 육체적으로 만족시켜 주는 듯했다. 뇩도 이타코초에서 일할 때 알게 된 타이인 남자친구와 함께 살았다. 그녀는 그 남자가 친절하고 가사도 분담해 준다고 했으며, 그가 '기둥서방'이냐는 내 질문에 분명히 아니라고 답했다.

다섯 명은 모두 정도의 차이는 있지만 일에 스트레스를 느꼈다. 스트레스의 원인은 손님을 만족시키고자 하는 육체적·정신적 노동이다. 호스티스인 사이와 벳은 동료 관계도 스트레스의 원인으로 꼽았다(사이는 그녀에게 단골이 많음을 질투하는 동료가 일을 방해하거나 비협조적으로 굴었던 일이 있다고 한다). 그 밖에 사이는 일방적으로 임금을 인하하거나, 가게 주인이 필리핀인 호스티스를 총애하는 것을 스트레스로 들었다. 스트레스 해소법은 사람에 따라 다르다. 먼저 먀오의 스트레스 해소법은 술·약물·담배·섹스(자신이 즐기고자 하는 것으로 일로서 하는 섹스와는 다르다)·수면 등인데, 그녀의 말을 따르면 히노데초·고가네초에서 일하는 여성들 대부분이 일에서 오는 육체적·정신적 고통을 극복하기 위해 약물을 사용한다고 한다. 먀오는 "이 일은 약이라도 먹지 않으면 못 해요"라고 했다. 녹은 피곤하면 사우나에 가서 마사지를 받거나 푹 자며, 건강을 위해 "술도 약물도 담배도 전혀 손대지 않는다"고 했는데, 실제 그녀의 얼굴에는 윤기가 돌아서 내가 요코하마에서 만난 타이인 여성(성노동자 이외의 사람도 포함됨) 중에 가장 건강하게 보였다. 한편, 락은 친구와 술을 마시거나 가라오케에 가기도 하며, 사이는 휴식을 취하며 친구를 만나서 식사를 하거나 수다를 떤다고 했다. 마지막으로 벳은 사이와 같은 해소법에 더하여 가게 일이 끝나면 남편이 일하는 레스토랑에 가서 친구와 트럼프 게임을 한다고 했다.

타이인 여성 성노동자는 대개 트럼프를 좋아하는 모양이다. 녹은 본인은 도박을 하지 않지만, 하룻밤에 1000만 엔을 탕진한 타이인 여성을 알며, 타이인 여성이 트럼프로 하룻밤에 100만 엔, 200만 엔을 잃는 것은 드문 일이 아니라고 했다. 먀오와 벳에 따르면, 성노동자로 일하는 타이인 여성 중에는 자신이 섹스를 즐기고 싶을 때 타이인 호스트를 부르는 사람도 있다. 호스트의 서비스 가격은 하룻밤 또는 1회에 수만 엔에서 수십만 엔까지 호가하는데, 호스트와 여성 손님의 관계에 따라 달라진다. 어느 호스트를 독점하려면 매달 50만~70만엔 정도는 주어야 한다. 벳은, "타이 여자가 나빠요. 돈이 아니라 무슨 수단과 방법을 써서라도 가지고 싶은 남자를 가져요"라며, 자신의 약혼자가 호스트를 했을 때, 어느 여성이 약혼자 몰래 수면제를 먹이고 호텔에 데려간 적이 있다고 한다. 마야트는 호스트 가격이 이렇게 비싼 것은 일본에서 멋있는 데다 여성에게 친절한 타이인 호스트 수가 타이인 여성 수에 비해 적기 때문이라고 설명해 주었다(그 자신은 호스트가 될 마음이 있냐고 내가 묻자 "호스트는 싫습니다"라고 답했다). 호스트와 성적으로 관계하는 것은 성노동자들이 스트레스를 해소하는 수단이며, 여가 활동이라기보다 오히려 노동력 재생산을 위한 것으로 봐야 한다.

다섯 명은 모두 성매매를 부도덕하게 보았고, 타이 사회에서도 성매매는 부도덕한 일로 간주되는 듯하다. 그런데도 그들이 성매매를 하고 또 전에 했던 것은 일본에서 그들이 할 수 있는 일 중에서 가장 손쉽게 돈벌이를 할 수 있는 일이기 때문이다. 또한 락·사이·먀오의 경우에는 남자에게서 독립할 수 있게 된 계기이기도 하다. 사이는 손님과 섹스하는 것은 부도덕하지만 호스티스 일은 괜찮다고 생각했다. 먀오도 자신의 일을 "더러운 일"로 표현했지만, "몸은 팔아도 마음은 팔지 않는다"고 했다. 성매매 여성은 돈을 받고 '전인격'을 판다고 종종 말하는데, 먀오의 말은 이를 부정했다. 먀오에게 "성적 서비스를 파는 것"은 "자신을 파는 것"과 같은 일이 아니다. 그것은 "나는 월급을 받고 자신의 시간을 팔지만 자신을 파는 것이 아니다"는 '일반 노동자'의 사고방식과 조금도 다르지 않다.

자신의 일을 좋아하는가 하는 질문에 대해 사이만 호스티스 일을 좋아한다고 대답했다. 자신이 타이에서 하던 일에 비해 돈을 많이 벌수 있고, 일본의 노동 조건이 타이보다 낫다는 것이 그 이유이다. 그녀는 앞으로 1, 2년 더 일하고 타이에 돌아갈 작정이지만, 가능하면 계속 일본에서 일하고 싶다고 했다.

사이 외에는 지금 하는 일을 좋아하지는 않지만, 목돈을 벌고자 한동안 일본에서 계속 일하려고 한다고 했다. 먀오도 "이 일을 좋아하지는 않지만 손님이 적으면 수입도 줄어들어서 오히려 곤란하다"며, 지금은 출입국관리국의 적발을 우려해 쉬고 있지만 "빨리 히노데초에 일하러 가고 싶다"고 거듭 말했다. 그때 내가 공장에 일당 5000엔인 일자리가 있다고 하니, 그녀의 반응은 "그거 힘들기만 하고 월급은 적죠? 절대로 싫어요, 안 해요" 하는 식이었다. 그 후 먀오는 관내 단란주점에 호스티스로 취직했는데, 2, 3일 만에 그만두었다. 월급이 '적고'(하루에 7000엔+지명료와 술값), 그 밖에 영업 부진으로 월급을 제대로 받을 수 있을지 의심스러워서 그만두었다고 한다. 그녀는 손님과 호텔에서 하룻밤 자고 4만 엔을 받기보다 10분 섹스를 하고 6000엔 순이익이 남는 쪽이 낫다고 했다. 그 이유를 묻자 "몇 번을 할지 모르잖아요? 가게라면 금방 끝나지만요. 몇 번씩 하면 힘들어요. 게다가 여기저기 만지고"라는 대답이 돌아왔다. 먀오에 따르면 와카바초의 가창도 같은 이유로 하룻밤에 4만 엔인 '긴 밤'보다 45분에 2만 엔인 '짧은 밤'을 선호한다고 한다.

모국과의 관계

다섯 명은 한결같이 일주일에 한두 번은 고향 집에 전화를 건다. 다들 편지를 쓰기보다 전화를 선호한다고 한다. 바빠서 편지를 쓸 틈이 없고 전화가 간편하기 때문이다. 그들의 월 평균 전화비는 1만~2만 엔 안팎이다. 전화나 편지로 서로의 안부를 묻고 일상생활을 전한다. 사이, 먀오, 벳, 녹 네 명은 현재 타이에 집을 신축 중이어서 공사 진행 사항과 건축 비용 등에 관해 부모와 자주 전화로 이야기를 나눈다. 또 그들의 부모는 종종 물건을 구입할 돈이나 학비, 축의금 등을 보내 달라고 부탁한다.

그들이 매월 타이에 송금하는 돈은 사람에 따라 1만 엔에서 40만 엔까지 각각 다른데, 지금까지 상당한 금액을 보내 왔다. 녹은 지난 2년간 500만 엔을 송금했다. 사이, 벳, 먀오는 '300만 엔 이상'을, 락은 '200만 엔'을 보냈다. 그들은 통상 가까운 타이 식품점을 통해 송금을 한다. 하루나 이틀이면 고향 집에 돈이 도착하고, 재류 자격·직업·송금 목적 등을 말할 필요도 없다. 물건을 가족에게 보내는 일은 거의 없지만, 보낸다면 비교적 크기가 작고 타이에서 사려면 비싼 물건을 보낸다. 가령 먀오는 형제들에게 워크맨과 CD플레이어를 보냈다. 타이에 이러한 물건을 보내면 관세를 물어야 하는데, 타이에서 사려면 일본 시중 가격의 두 배여서 관세를 지불해도 이익이라고 한다. 사이는 가끔 아버지가 좋아하는 일본제 식품과 전기 제품, 조카에게 줄 장난감 등도 보낸다.

이들 다섯 명은 3, 4년 전에 고향을 떠난 후 한 번도 가족을 만나지 못했다. 그들은 가족의 얼굴을 보러 타이에 돌아갔다가 다시 일본에서 일하고 싶어하지만, 그것은 거의 불가능에 가깝다. 다들 불법 체류자들이어서 귀국하려면 출입국관리국에 '출두' 해 '강제 송환' 절차를 거쳐야 하는데, 강제 송환되면 재차 일본 비자를 취득할 수 있다는 보장이 없다. 그들 말에 따르면, 타이의 일본대사관은 지금 '부자 타이인' 에게만 비자를 발행해서, 자신들과 같은 '보통 타이인' 은 한 번 돌아가면 두 번 다시 일본에 발을 디딜 수 없다(일본대사관은 신청자가 노동자가 아니라 관광객으로 일본을 방문할 재력이 있음을 확인하고자 비자 신청 시 소득 증명 서류를 첨부하도록 제도를 바꾸었다고 한다). 어느 날 사이는 "고향에 돌아가고 싶은데 돌아갈 수 없는 건 정말 괴로워요"라고 내게 말했는데, 벳과 락도 일본에 다시 오는 것이 수월하다면 가끔 타이에 다니러 가고 싶다고 했다.

녹의 부모는 그녀가 일본에서 어떤 일을 하는지 안다. 그녀는 "처음에는 부모에게 비밀로 했지만 뒤에 알렸다." 부모는 그녀를 많이 걱정하며 지금도 자주 전화로 괜찮은지를 묻는다. 그렇지만 녹에게 "그 일을 그만두고 빨리 돌아오너라" 하고 말하지는 않는 듯하다. 녹은 치앙라이 출신인데, 그곳은 파야오와 더불어 타이에서 '성매매 여성의 산지'로서 널리 알려져 있다. 초등학교를 막 졸업한 소녀가 방콕이나 지방 도시에서 성매매를 하면서 부모를 돕는 것은 그다지 드문 일이 아니라고 한다.[148] 북부 출신 여성은 피부색이 희어서 중부나 남부에서 비싼 가격으로 팔린다. 나는 요코하마에 체재하는 동안 소녀는 아니지만 치앙라이와 파야오 출신인 여성을 몇 명 만났다. 중부 출신인 먀오에게 일본에서 무슨 일을 하는지 왜 부모에게 말하지 않느냐고 물으니, 내 말이 떨어지기 무섭게 "나는 북부 출신이 아니에요. 부모님이 알면 화내실 테니까 절대로 말할 수 없어요"라고 했다. 나는 그때 먀오가 말한 "북부"의 의미를 바로 이해하지 못했지만, 뒤에 북부에서 방콕의 성매매 소굴에 팔려 간 10대 소녀들에 관한 보고가 생각났다. 녹의 부모가 보이는 태도는 타이 북부의 그런 상황을 반영하는지도 모른다.

벳의 부모는 딸이 일본에서 어떤 일을 해 돈을 벌지 알면서도 누차 일본에 돈 벌러 가라고 벳의 등을 떠밀었다. 벳은 초등학교만 나온 타이 여성이 일본에서 할 수 있는 일이란 많든 적든 섹스와 관련된 일이라는 점을 알기에 부모의 말을 듣지 않았는데, 벳의 엄마에게는 딸이 무슨 일을 하든 돈을 많이 버는 것이 더 중요했던 모양이다. 단, 벳은 아마 부모에게 호스티스 일만 말하고, 전에 한동안 한 적이 있는 성매매 일에 관해서는 말하지 않은 듯하다.

락, 사이, 먀오의 가족은 일본에서 그들이 하는 일을 모른다. 락은 이바라키에서 하던 성매매 일에 관해 "걱정을 끼치고 싶지 않아서" 부모에게 말하지 않았다. 락은 부모에게 웨이트리스나 호스티스를 한다고만 했다. 또 사이는 아버지에게, 단란주점에서 남자 손님에게 서비스하는 일이라고만 했으며, 몇 손님과 성적인 관계를 맺는 것은 감추고 있다. 만약 아버지가 그 사실을 안다면 에이즈에 감염되지 않을까 걱정하실 것이란 이유에서이다. 먀오도 성매매를 '나쁜 일'로 생각하기 때문에 부모에게는 타이 음식점에서 웨이트리스를 한다고만 했다. 그녀는 부모뿐만 아니라 타이의 친척과 친구 들에게도 자신의 직업을 사실대로 말할 마음이 없다.

일본에서의 네트워크

그들의 친구 중에는 타이인 남성·여성, 일본인 남성·여성, 그 밖의 사람들(가령 필리핀 여성 등)이 있다. 그렇지만 대다수가 타이인 여성이며, 거의 일본에서 일을 하면서 알게 된 사람들이다. 먀오와 벳은 일하면서 일본인 여성 몇 명과 친구가 되었지만, 직장을 옮기고 나서는 일본인 여성들을 만나지 않았다. 그들이 친구를 만나는 장소는 자신의 집, 친구 집, 레스토랑 등이며, 때로는 함께 관광이나 쇼핑을 하기도 한다. 친구의 대부분이 동료인데, 일을 마치고 집에 돌아가는 길에 함께 밥을 먹거나 술을 마시러 가는 일이 많다(그 때문인지 이세자키초에 있는 레스토랑은 대부분 아침 6시까지 문을 연다).

친구와는 휴일을 함께 보내고, 일본 문화와 언어·주거·교통수단·상점과 레스토랑 주소·송금 방법·경찰과 출입국관리국의 단속 동향 등등, 일과 생활에 관련된 전반적인 사항에 관해 중요한 정보를 얻는다. 따라서 바빠서 만나지 못할 때에는 서로 자주 전화를 건다. 곤란한 일이 생기면 타이인 친구에게 도움을 요청하는 일도 많다. 먀오와 녹은 현재 함께 사는 타이인 남자친구와, 벳은 타이인 약혼자와 상담을 한다. 한편, 사이는 손님이자 남자친구인 일본인 남성을 의지하며, 락은 전에 동거한 적이 있는 24세 연상인 일본인 남성에게서 정신적·재정적 원조를 받는다.

타이인 여성은 사회적 네트워크가 없어서 외국인 노동자 중에서는 가장 '약한' 집단이라는 일반적 견해[149]와는 달리, 내가 조사 중에 만난 타이인 여성들은 면담한 다섯 명을 포함해 어떤 형태로든 상호부조와 정보 교환 네트워크를 가지고 있었다. 이러한 네트워크는 주로 일본에 생활하면서 알게 된 타이 노동자들 사이에서 형성되어, 모임과 전화를 통해 기능하고 있었다. 사이처럼 연장자에다 경험이 풍부한 사람은 가령 아파트 빌려주기, 병원에 데려가기, 일 찾기, 손님

소개 등, 여러 면에서 신참이나 자신보다 나이 어린 사람들을 돌봐준다. 락에 따르면 '빚'에 옴짝달싹 못하는 여성들도 보스에게 들키지 않게 몰래 서로 돕는 일이 있다고 한다. 교회와 같은 조직에 비하면 드러나지는 않지만, 이는 외국인 노동자 스스로의 네트워크라고 하겠다.

일본인과의 교제

일의 성격상 이들 다섯 명은 일본인 여성보다 일본인 남성과 사귈 기회가 많다. 그들이 아는 일본인 여성은 성매매 일을 하면서 알게 된 사람들(마마, 동료 호스티스, 가정부 등) 외에 늘 물건을 사러 가는 가게 주인이나 점원 등이다. 그들은 일본인 여성과 소원한 관계라고 느끼는데, 그렇다고 해서 일본인 여성과 친구가 되고 싶다거나 일본인 여성을 더 알고 싶다는 것은 아니다. 그들이 일본인 여성에게 무관심한 이유 중 하나는 일본인 여성들이 일반적으로 자신들을 차갑게 대한다고 생각하며, 타이인 여성들 대부분이 일본의 성산업에 종사하므로 일본인 여성이 자신들을 동정하거나 멸시하지 않을까 하고 짐작하기 때문이다. 벳은 "일본인 여성은 우리를 별로 안 좋아해요. 그래서 우리도 일본인 여성들을 안 좋아해요"라고 말했다. 그들은 일상생활에서 일본인 여성과 사귈 기회가 한정되기도 하고 또는 한정된 까닭에 일본인 여성에 대해 안 좋은 감정을 가지고 있다.

일본 생활

타이인 여성 다섯 명은 모두 직장 부근의 아파트나 맨션에 살고 있다. 집세는 한 달에 7만~15만 엔 정도인데, 입지·크기·거주 형태·집주인과 관계가 어떠냐에 따라 다르다. 치바 현 이치하라 시에 있는 락의 아파트가 7만 엔으로 가장 집세가 싸다. 그들이 사는 아파트나 맨션은 고용주나 남자친구, 아는 사람이 소유하거나 임대해서 그들에게 재임대하거나 빌려주는 형식이다. 먀오의 맨션은 그녀가 일하는 가게 주인 소유로, 그녀는 정식 계약을 맺지 않은 채 살고 있다. 사이의 아파트는 그녀의 손님이자 남자친구인 일본인의 명의로 빌린 것이다. 한편, 락, 벳, 녹, 이 세 사람은 자신이 직접 아파트를 임대했는데, 이들은 만약 자신들이 일본인이라면 집세가 더 쌀 텐데, 라고 했다.

사이의 아파트는 날품팔이 노무자의 거리로 알려진 고토부키초(寿町)의 끝자락에 있다. 집세는 한 달에 9만 엔인데, 6장과 4장 반 크기인 다다미방 2개, 8장 정도 되는 부엌 겸 거실에 목욕탕과 화장실이 딸렸다. 그녀의 아파트에는 타이인 여성이 여러 명 같이 묵고 있었는데, '가라바오의 모임'(고토부키·외국인 이주노동자와 연대하는 모임)의 하나타 가쓰지(花田勝爾) 씨가 안내해 준 간이 숙박소(3장 크기 방은 하루에 2000엔, 4장 반 크기인 방은 하루에 2300엔)에 비하면, 아주 조건이 좋은 축이라고 생각된다. 사이는 자전거로 통근하는데, 이세자키초에서 걸어서 15분 거리에 있는 고토부키초는 그 주변의 바에서 일하는 외국인 여성에게는 '교통이 아주 편리한' 곳이다.

락, 사이, 먀오, 벳, 이 네 사람은 일본 생활이 꽤 마음에 든다고 했다. 그것은 주로 타이에서보다 돈벌이가 좋고, 노동 조건도 타이에 비해 대체적으로 좋기 때문이다. 사이는 도로가 잘 정비된 점, 공사가 순조롭게 진행되는 점, 거리가 깨끗한 점, 교통 체증이 심하지 않다는 점을 예로 들면서, 타이보다 일본이 좋다고 했다. 락은 "타이도 좋은 점도 있고 나쁜 점도 있으며, 일본도 좋은 점도 있고 나쁜 점도 있어요. 일본인은 싸움을 해도 바로 화해를 하며 오랫동안 원한을 쌓아 두지 않아요. 원한이 있어도 상대를 죽이거나 하지는 않잖아요? 그런데 타이인은 사소한 일에도 화를 내며 사람을 죽여요"라고 논평했다. 녹은 "요코하마는 개방적인 곳이고 타이 레스토랑이나 타이 가게(식품점)도 있어서 꽤 마음에 들지만, 일본은 그렇지 않아요. 타이가 훨씬 좋아요"라고 했다.

그들이 일본 생활에서 가장 갖고 싶은 것은 '비자'이다. 더 정확히 말하면, 어떤 형태로든 노동을 할 수 있는 허가이다. 그녀들은 목표액을 모으기 전에, 또는 자신이 귀국할 마음이 들기 전에 체포되어 타이에 강제로 송환될까 봐 우려하고 있다. 먀오는 히노데초·고가네초 일대에서 경찰과 출입국관리국의 단속이 심해져서 매일 타이인 여성 두세 명이 체포되는 것을 보고, 그날로 바에 나가는 일을 그만둬 버렸다. 그 시기에 나는 자주 먀오와 슈퍼마켓에 가곤 했는데, 몇 명이 잡혀갔는지, 그 사람이 어디서 일하고 있었는지 하는 이야기가 우리의 '오늘의 주제'가 될 정도였다(어느 날, 먀얏도 고가네초 부근에서 체포될 뻔했는데, 경찰관을 밀치고 도주했다. 그와 함께 있던 타이인은 이세자키 경찰서에 연행되었다). 먀오는 출입국관리국의 적발을 피하려고 일본인과 위장 결혼하는 방법도 고려 중이다.

　그들이 일본 생활이 마음에 든다고 해도 일본에 뼈를 묻고 싶은 것은 아니다. 처음에 만났을 때, 사이, 먀오, 벳 세 사람은 "계속 일본에서 살고 싶어요!"라고 했으나, 정말 죽을 때까지 계속 일본에서 살고 싶으냐고 묻자, 사이와 벳은 고개를 내저었다. 영주 비자를 취득할 가능성이 거의 불가능하다는 점보다 자신들의 고향은 역시 타이이며, 일본 생활은 일시적인 것이라고 생각하기 때문이다. 먀오를 제외한 네 사람은 이미 언제쯤 타이에 돌아갈지, 귀국 후에는 무슨 일을 할지, 막연하기는 하지만 계획을 세우고 있다. 먀오는 "일본에서 일해 더 돈을 모으고 싶으니까" 한동안 일본에 살고 싶다고 했다. 벳은 타이가 살기도 좋고, "일본인은 타이인에게 좀 냉정하게 대하기" 때문에 타이가 더 좋다고 했다. 녹의 대답도 같았다. 한편, 락은 두 나라에서 여러 가능성을 검토했지만, 타이에 돌아갈지 결혼해서 일본에 남을지 아직 결정을 내리지 못했다. 락은 일본인 남자친구가 심장병으로 입원하기 전까지는 그와 결혼할 작정이었다. 그 남자의 생활과 장사에도 깊게 관여했고, 그 어머니도 예뻐해 주었으며, 자신도 일본에서 뭔가 장사나 해볼까 생각도 했다. 그러나 지금은 더 나은 일을 찾고자 타이에 돌아가서 공부하려고 한다고 했다.

장래 계획

다섯 명 중 네 명은 2년 안에 타이에 돌아갈 계획이라고 한다. 조사 중에 불법 체류자인 타이인들에게서 여권(5년간)의 유효 기간이 만료되기 전에 출입국관리국에 출두해 귀국할 것이라는 말을 종종 들었는데, 사이와 락의 대답도 이와 같았다. 벳과 녹은 송금 목표액이 있으니 목표액을 달성하면 돌아가겠다고 한다. 먀오만 언제 돌아갈지 모르겠고, 귀국 후 무엇을 할지 아직 결정하지 못했다고 했다. 락은 타이에서 괜찮은 월급을 받는 직종에 취직하기 위해 고졸 자격을 따고 싶다고 했다. 초등학교 졸업자는 공장에서 힘든 일을 하고 하루에 200바트 정도밖에 벌지 못하지만, 고졸이면 한 달에 2만 바트 이상 벌 수 있다고 한다. 그녀는 "영어를 할 줄 알면 여러 일을 할 수 있으므로 타이에 돌아가서 영어 공부를 하고 싶다"고 했다. 녹은 내 질문에 "돌아가서 무엇을 할지 지금까지 생각해 본 적이 없어요. 그런데 일본에서 번 돈으로 편의점을 내고 싶어요. 음, '세븐일레븐'과 같은 가게 말이에요"라고 대답했다. 사이와 벳은 일본인과 타이인 양쪽을 상대로 하는 레스토랑을 열고 싶다고 했다. 벳은 "레스토랑 일을 배우려고" 매일 단란주점 일이 끝나면 남편이 일하는 레스토랑에 일을 도우러 간다. 사이는 일본어를 살려서 일본인 여행 가이드가 되고 싶다고 했다.

사이와 먀오는 전에 결혼한 적이 있지만, 재혼할 마음은 없다. 사이는 이혼하면서 앞으로 남자에게 얽매이지 말고 살아가자고 결심했다. 먀오에게 결혼은 '귀찮은' 일이다. 그녀는 지금까지 일본인을 포함해 몇 남자와 살아 보았지만 "지금이 가장 행복하다"(마야트도 함께 있었음)고 했다. 그녀에게 좋아하는 사람과 함께 사는 것은 결혼과는 전혀 별개의 일이다. 결혼은 하지 않겠다는 그녀이지만 "아이가 없으면 나이 들어서 쓸쓸하니까" 아이는 갖고 싶다고 했다.

녹과 락은 앞으로 결혼할지 모르겠다고 했다. 녹은 이혼 경력이 있지만, "생각해야 할 일이 너무 많아서" 아직 재혼은 생각해 보지 못했다. 그녀는 한 번 결혼에 실패하고 나서 신중해졌다고 한다. 락은 일본인 남자친구와 헤어지려고 한다. 그 남자가 입원 중이라는 점도 있지만 전에 필리핀인 여성과 이혼한 경력이 있어서 다시 외국인 여성과 결혼할지 불투명하기 때문이다(그런 전력이 있어서 구청에서 혼인 신고서가 반려되지 않았나 하고 그녀는 추측했다). 그녀는 "싫어진 것은 아니지만 더 이상 함께 살아도 어떻게 되는 것도 아니고, 그이가 나이도 24세나 많으니까, 내 장래를 생각하지 않으면 안 돼요"라고 했다.

벳, 녹, 먀오, 이 세 사람은 일본인과 결혼할 마음은 없었다. 벳은 "일본인과 결혼하는 타이인 여성이 늘어났지만 일본인 남성과 타이인 여성의 결혼은 어렵다고 생각해요. 음식, 언어, 사고방식, 다 다르잖아요? 게다가 타이인 여성과 결혼하려는 일본인 남성은 나이가 많든지, 사고방식이 고루하다든지, 문제 있는 사람이 많잖아요? 결혼을 해도 잘살지 못할 것 같은데"라고 했다. 녹의 견해도 벳과 같았는데, 녹은 "일본 남성은 섹스밖에 모르고, 거의 집안일을 거들지 않는 것 같아서 싫어요"라고 덧붙였다. 먀오도 도쿄에서 일할 때 2개월간 일본 남성과 살림을 살아 보았는데, 좋지 않았다. 그 후로는 일본인 남성과 살고 싶은 마음도 없고 일 외에는 일본인 남성과 데이트도 하지 않는다.

락은 일본에서 적어도 두 번(한 번은 오사카에서 알고 지내던 당시 26세 남성)은 일본인 남성과 결혼을 고려했지만, "지금은 일본인과 결혼할지 어떨지 잘 모르겠다"고 했다. 그녀는 타이인이나 필리핀인 여성과 결혼한 일본인 남성은, 대체로 과거에 일본인 처와 이혼한 경험이 있거나 일본인 여성과는 결혼하지 못하는 남성이라고 지적했다. 락의 말에 따르면, 그러한 남성들은 아시아 여성과 결혼해도 바로 이혼하는 경우가 많으며, 결혼·이혼을 몇 번이고 반복한다. 락은 자신의 일본인 남자친구도 그러한 사람이 아닌가 하고 생각하기 시작했다. 한편, 사이는 일본인과 결혼하고 싶으냐는 질문에 아무런 대답도 없이 "(배우자) 비자를 받는 게 어렵잖아요? 타이에 돌아가서 1년은 기다려야 한다고 들었어요"라고만 말했다. 그녀는 일본인 남성은 친절하고 책임감이 강하다고 했다. 적어도 그녀의 손님들은 그런 남성인 모양이다. 사이는 결혼할 마음은 없다고 했는데, 그런 손님들 중한 사람과 결혼을 생각하고 있는지도 모른다.

　이번에 현장 조사를 하면서 알게 된 타이인과 필리핀인 여성에게서 그들의 일본인 남편에 대한 '불만'을 많이 들었다. 또 남편인 일본인 남성에게서 들은 불만(아내가 가사나 섹스를 하려고 하지 않고, 친정에 보낼 돈만 바란다는 따위)을 종합해 볼 때, 일본인 남성이 결혼한 주된 목적은 무보수로 생리적·정신적·성적으로 자신을 돌봐줄 여성을 손에 넣는 것임을 알 수 있다. 이 점에서 내가 면담한 타이인 여성 다섯 명은 일본인 남성과 아시아 여성의 결혼 문제에 관해 통찰력을 가지고 있었다.

맺으며

타이인 여성의 이주 노동에 관한 이 글의 분석은 '노동자 계급(주부·학생·농민 등을 포함함)'이 자본주의적 발전의 원동력이며, 노동자 계급은 지식인·정당·어용 조합 등의 지도 없이도 자신들의 필요에 따라서 자율적으로 투쟁하는 사람들이라는 자율주의적(autonomist) 마르크스주의[150]의 인식에 기초한다. 자율주의적 마르크스주의 분석에서는 자본주의적 발전을 자본의 관점과 노동자 계급의 관점 양쪽에서 분석하는 방법(Two-sided analysis)을 사용하는 것이 특징인데, 나는 이 방법에 기초해 이주노동자의 관점에서 분석을 시도하면서 타이인 여성에 대한 면담과 참여관찰 방법을 사용했다. 아래에 이러한 관점에 근거해 분석한 결과를 요약하도록 한다.

자율적 주체인 여성 이주노동자

일본에 돈 벌러 온 타이인 여성

노동자들 중에 적어도 일부는 불평등한 경제 발전의 단순히 '수동적인 희생자'에 머물지 않고, 국제 이동을 이용해 자신과 가족의 생활을 개선하고자 자율적으로 투쟁하는 여성들이다. 그들은 타이의 저임금과 열악한 노동 조건을 거부하고, 자신의 의지로 일본에 돈 벌러 가기로 결정했다. 비록 100퍼센트 자신을 위한 것은 아닐지언정, 주어진 선택지 안에서 각종 정보에 근거해 나름대로 검토해서 일본에 돈 벌러 가는 길을 선택한 것이다. 그들에게 이주 노동은 일본에서 또는 귀국 후 타이에서 새로운 인생을 설계하는 수단이다. 어떤 여성은 돈벌이뿐만 아니라 미지 생활을 경험하고 신나는(exciting) 인생을 살고 싶어서 일본행을 결심했다. 일본에서 획득한 경제력과 지식은 인생의 선택 폭을 넓히고, 일본이 아니면 실현하지 못했을 여러 활동을 가능하게 한다. 따라서 "가난하기 때문에 일본에 돈 벌러 왔다"는 일반적 견해는 타이인 여성들에 한해서 말하면 전모를 파악하지 못한 것이며, 여성들이 '이주'라는 투쟁을 통해 타이에서 받은 '억압과 착취'를 타파할 가능성을 간과한다고 하겠다.

스스로 투쟁할 힘을 가진 여성들

일본에 돈 벌러 온 타이인 여성들이 '국제인신매매조직'의 손에 걸려 가혹한 성노동을 강요받는다는 사실은 신문 보도 등을 통해 널리 알려졌는데, 타이인 여성 다섯 명과 면담하면서 그러한 실태가 밝혀졌다. 또한 면담을 통해 많은 타이인 여성들이 그러한 위기를 회피할 지혜와 힘을 갖추었으며, 인신매매의 덫에 걸린 경우에도 학대와 착취를 뚫고 나갈 방법을 찾아낼수 있음을 알 수 있었다. 이주를 통해 높은 활동성(mobility)을 갖게된 그녀들은 일본에서 일하기 시작한 후에도 더 나은 일자리를 찾아서 기회를 놓치지 않고 이동한다. 마쓰이(松井)는 타이인 여성이 희생되기 쉬운 원인은 "필리핀인 여성과 달리 거의 영어를 못 하기 때문"[151]이라고 했는데, 내가 만난 타이인 여성은 대부분이 놀랄 정도로 일본어를 유창하게 구사했다. 물론 처음에는 언어가 커다란 장벽이었겠지만, 다섯 여성과 관계자들의 보고에서 알 수 있듯이, 그들은일의 성격상 아주 단기간에 일본어를 습득했다. 어쨌든 일본(특히 타이인 여성이 희생된 사건이 많이 발생한 이바라키나 치바 같은 지방도시나 농촌)에서 일하는 타이인 여성 중에는 영어를 잘하는 사람이많지는 않다. 그러나 그보다 더 심각한 문제는 그들이 이구동성으로지적했듯이, 타이인 특히 성산업에서 일하는 타이인 여성에 대한 일본인의 멸시와 냉담한 태도가 아닌가 생각된다.

타이인 여성의 네트워크와 연대

'면담 결과'에서 보고한 바와 같이, 조사 중에 만난 타이인 여성들은 거의 어떤 형태로든 정보를 교환하고 상호 부조하는 연결망을 가지고 있으며, 그 네트워크를 통해 일자리와 집을 구하고 여유 시간을 즐기기도 한다. 마쓰이는 타이인 여성이 희생되기 쉬운 이유에 대해서 이렇게 지적했다. 그들 대부분이불교도여서 "필리핀인 여성들처럼 교회에 도움을 요청할 수 있다고는 보이지 않으며, (중략) 일본 내의 필리핀인 공동체에 비해 타이인 공동체는 규모가 작아서 타이인 여성은 손쉽게 도움을 요청할 수 없다"[152]고 말이다. 그러나 타이인 여성이 교회나 일본의 여성 단체에 도움을 요청하지 않는 이유는 도움을 요청해도 그 결과 귀국을 재촉하는 꼴이 되기 십상이기 때문이다. 이는 귀국할 의사가 있는 사람을 제외한, 일본에서 돈을 벌어 인생의 기회를 잡으려는 사람들에게는 해결책이 되지 않는다. 또한 타이에서 이주 노동이 시작된 초기에는 타이인 공동체의 규모가 작았지만 타이인 불법 체류자가 적어도 몇만 명에 달하는 현재는 각지에 타이인 공동체가 존재하므로, 타이인 여성들은 타이인 동료의 도움을 받아서 일자리를 찾거나 생활상 곤란한 문제를 해결한다. 타이인 여성 공동체에서는 도시에 사는 일본인들이 가질 수 없는 또는 잃어버린 연대를 찾아볼 수 있다.[153]

여성 노동으로서 성노동

일본의 성산업에 종사하는 타이인 여성들의 일은 다양하지만 그 본질은 남성 노동력을 재생산하는 일이다. 그들의 일은 손님의 육체 피로뿐만 아니라 일하면서 마모된 인간성을 회복시켜 주는 일이며, 페더리치(Federici)가 "자본이 준비한 일과 사회적 관계 ―그것은 고독한 관계인데― 에 의해 남편의 망가진 자아를 펼치게 하는 일"[154]이라고 부른 주부의 위안 노동과 성질이 같은 것이다. 성매매 바에서 일하는 타이인 여성들의 보고에서 손님이 그들에게 요구하는 것은 단순히 성적인 관계만이 아닌 정서적 관계라는 점을 알 수 있다. 이렇듯 그들의 일은 손님의 스트레스를 줄이는 것인데, 이는 한편으로 그들을 육체적·정신적으로 피곤하게 한다. 이를 해소하려고 그들은 호스트바에 다니거나 술과 약물의 힘을 빌리기도 한다.

섹스 워크는 노동이다.[155] 이는 성매매를 전문으로 하는 타이인 여성 두 명이 일로 하는 섹스와 자신이 즐기는 섹스를 명확히 구별하는 데에서도 분명하다. 따라서 성산업에 관여하는 노동자에게 더 중요한 관심사는 섹스보다 돈이다. 면담한 타이인 여성 다섯 명은 섹스와 관련된 일이 '나쁘다'고 하면서도 일본에서 자신들이 종사할 수 있는 일 중에서 가장 높은 임금을 제공하는 까닭에 그 일을 선택했다. 그 돈으로 그들은 더 나은 일을 얻고자 자신과 아이들, 동생들의 학비를 대고 새로운 장사를 시작하는 등 인생의 선택지를 넓힐 수 있다. 그들은 자신을 남성 권력과 사회적 관리에 대해 반역자로 인식하지도 않지만, 성적 노예라고도 생각하지 않는다.[156] 그들은 손님에게 자신의 육체에 대한 성적 접근을 허락하고 돈을 받지만, '전인격'과 자신의 모든 것을 팔지는 않는다. 성적 접근도 최소한으로 할 수 있도록 연구를 한다. 또한 그들은 질병과 부상, 혹사, 멸시, 육체적·정신적 학대, 강제 등의 위험에 내몰리는데, 이는 성노동에만 한정된 것은 아니며, 그들은 그러한 위험을 회피하고자 여러 수단을 강구한다. 그들은 불리한 노동 조건 아래에서도 일방적으로 호되게 당하지만은 않는다. 곤란한 문제를 극복하려고 나름대로 일의 방법

등을 고안하기도 한다.

국외 이주 노동과
일본인 여성들의 투쟁

타이인 여성 다섯 명, 일본인과
결혼한 타이인 여성 두 명, 그리고 그 밖의 관계자들과 면담하면서,
일본인 여성의 재생산 노동에 대한 거부가 국외로부터 여성 노동력
의 유입을 늘리는 한 요인이 된다는 점을 엿볼 수 있었다. 가정과 성
산업에서 일본인 여성들의 노동 거부에 직면한 일본인 남성들이, 더
광범위하게 말하면 자본과 국가가, 싼값에 순종적인 노동력을 찾아
아시아 여러 나라의 여성 노동력에 주목한 것이다. 그러나 현실적으
로 적어도 타이인 여성 노동자들에게 한정해 말하면 성노동자이든
주부이든 애초부터 더 나은 생활을 찾아서 이주한 것이므로, 일단 일
본 생활과 일에 익숙해지면 일본인이 받는 만큼 높은 임금과 좋은 노
동 조건을 요구한다.

국제적인 임금 피라미드에
대한 거부

내가 면담한 타이인 여성 다섯 명
뿐만 아니라 현장 조사 중에 만난 타이인 여성 노동자의 대부분이 본
국에 송금한 돈은 집을 신축하거나 물건 구입에 쓴다고 했는데, 이는
타이 노동자 계급의 소비 수요가 타이 국내(특히 농촌)에서 그들이

버는 수입을 훨씬 웃돈다는 것을 시사한다.[157] 급속한 경제 발전에 따라 일부 사람들이 구미 수준의 생활을 실현하고 외국에 돈벌이 갔던 사람이 새집을 짓거나 물건을 사들이는 것을 보고, 농촌과 도시 노동자는 점점 현재에 만족할 수 없게 되어 더 높은 임금을 요구한다.[158] 일이 있어도 타이의 공장이나 농촌에서는 일하려 하지 않고 적극적으로 외국에 나가는 것은 타이의 저임금, 즉 국제적 임금 피라미드를 거부하는 것이다. 타이인 여성들은 초기 단계에서는 같은 업종에 종사하는 일본인 노동자보다 낮은 저임금과 열악한 노동 조건을 받아들이지만, 점차 일본 생활과 일에 익숙해지면 고용주와 직접 교섭하는 힘을 갖게 된다. 그중에서는 일본인 노동자와 같은 수준의 임금을 얻어 낸 사람도 있다. '불법 취업자'라는 불리한 상황에 처했지만, 일부 여성들은 노동자로서 투쟁하기에는 타이보다 일본이 더 유리하다고 인식하고 있다. 그들은 국경을 넘어 이동함으로써 자본이 강제하는 국제적 임금 피라미드를 적어도 부분적으로 무효화시키고, 노동자 대 자본의 힘 관계 및 노동자 계급 내부의 힘 분포와 구조를 재편성했다.

여성 투쟁의 순환

정보 교환과 상호 부조 네트워크의 존재는 타이인 여성노동자들 사이에서 투쟁이 유효하게 순환하고 있음을 보여 준다. 그런데 유감스럽지만, 타이인 여성과 일본인 여성 사이에는 거의 이러한 움직임을 찾아볼 수 없다. 이는 타이인 여성

대부분이 '불법 체류자'이고 일본인 여성과 접촉할 기회가 적은 성산업 종사자라는 점에 기인하는 것으로 보인다. 게다가 국제 여성 성매매를 반대하는 운동이 다양한 형태의 성산업 종사자들을 '성적 노예'로 한데 묶어서 취급하는 오류를 범하고 있기 때문에, 일본인 여성들도 타이인 여성들도 서로 상대방에게 다가가기 어려운 인상을 증폭하고 있다고 생각된다. 착취적인 성매매 관광과 국제 인신매매를 고발하는 것은 물론 중요하다. 그러나 그 결과 성노동과 출입국에 대한 국가 관리가 강해져 성산업에서 일하는 여성들, 특히 외국인 여성노동자들의 노동 조건이 한층 나빠지고 있다. 가령 일본의 출입국 관리국은 1995년부터 흥행(興行) 목적으로 체류하는 필리핀인 연예인(entertainer)들이 호스티스로 일하면 적발하기 시작했는데, 그 배경에는 "외국인 여성노동자에 대한 성매매 강요나 성적 학대를 방치한다"는 ILO(국제노동기구) 등 국내외의 비판이 작용했다. 그러나 이러한 적발 결과 그 후 필리핀인 연예인들의 '숨은 성매매'가 증가했다.[159] 성산업에 관여하는 외국인 여성노동자를 착취와 학대에서 '지키는' 최선의 방법은 성매매를 다른 노동과 똑같이 비(非)범죄화하는 것(decriminalization, 성의 국가 관리로 이어지는 합법화와는 다르다)이며, 성산업의 노동을 외국인에게도 인정하는 것이다. 그러면 외국인 여성들도 다른 노동자와 똑같은 권리를 획득할 수 있고, 성매매 강요나 임금 미지급과 같은 사태가 훨씬 줄어들 터이다. 자본주의적 사회관계 속에서 성노동은 다른 산업 노동과 본질적으로 다르지 않다는 인식이 있어야 비로소 성산업에 관여하는 외국인 여성과 일본인 여성이 노동자로서 함께 투쟁하는 계기가 생겨날 것이다.

이상과 같은 면담 결과는 대부분이 "아시아 국가의 여성노동자들이 본국의 저임금 노동을 거부하고 더 나은 생활과 투쟁할 힘을 기르고자 일본에 돈 벌러 온다"는 내 가설을 뒷받침했다. 그렇지만 투쟁의 순환 측면에서는 그것이 자본의 국제적 지배를 깨뜨릴 가능성을 내포하면서도, 아시아 여성과 일본인 여성 사이에서는 거의 연대를 찾아볼 수 없었고, 오히려 근거 없는 '적의'가 존재하는 듯하다. 이는 '분할 통치' 책략이 성공을 거둔 것으로 보이는데, 우리 일본인 여성은 아시아 여성에 대한 편견을 버리고, 그들의 생각과 실정을 더 알려는 노력을 기울여야 하지 않을까? 적어도 내가 만난 타이인 여성은 결코 '특수한' 여성들이 아니며, 일과 가정에 관해 나와 생각이 같은 '보통' 여성들이었다. 이 장을 빌려, 바쁜 가운데 귀중한 시간을 내어 면담에 응해 준 그들에게 다시 한 번 감사의 말을 전한다.

7장

성매매와 노동에 관하여

— '시모다테 사건의 세 타이인 여성을 지원하는 모임'
참여자 좌담회

'시모다테 사건의 세 타이인 여성을 지원하는 모임'에 뜻을 함께한 이들이 모여 1995년 5월, 좌담회를 개최했다. 시모다테 사건은 1991년 9월, 이바라키(茨城) 현 시모다테(下館) 시에서 인신매매와 강제 성매매의 피해자인 타이인 여성 세 명이 매일같이 강간당하는 일상에서 벗어나고자 자신들을 지배하던 보스인 타이인 여성을 살해하고 도주, 은신처에서 체포되어 재판에 회부된 사건이다. 검찰은 이 사건을 강도살인 사건으로 기소했고, '피고인'들과 변호인단은 강간당하는 일상에서 벗어나려면 어쩔 수 없었다며 정당방위를 주장했다. 재판 결과, 1996년 도쿄 고등재판소 제2심에서 징역 8년이 선고되었다. '피고인'들은 강도살인이 아니라고 주장하면서도 상고를 포기해 형이 확정되었다.

간담회 참여자들은 시모다테 사건의 '피고인'들을 지원하면서 기회가 있을 때마다 성매매를 어떻게 볼 것인가에 관하여 의견을 나누었는데, 이 책의 기획에 즈음하여 중간 보고를 겸하여 좌담회를 열게

되었다. 단, 여기서 개진된 의견은 '지원하는 모임'의 전체 의견이
아님을 밝혀 둔다.(치모토 히데키)

■ **참여자** (발언 순, 직업·연령은 1995년 현재)

하시모토 슈(橋本充, 이하 고지라): 물리치료사, 30대.

치모토 히데키(千本秀樹): 대학교수(일본 현대사), 40대.

데라카와 기요시(寺川潔): 자유기고가, 30대.

하시모토 미치요(橋本実千代): 커피숍 근무, 20대.

시오미 나오코(塩見直子): 보모, 20대.

이마이 가즈히코(今井和彦): 연구자(전기기술 전공), 40대.(중도 퇴장)

'성매매＝노동' 관과 '성매매＝악' 론의 대치

고지라 | 시모다테 사건의 타이인 여성을 돕자고 활동을 시작했는데, 활동을 하면서 이것도 성을 사는 쪽의 발상일 수 있겠다는 생각이 들었습니다. 그런 생각을 하다 보니, 사건에 관여하면서 저 자신의 내면에서 성매매관이 변했는지 어떤지를 검증할 수 있지 않을까 하는 생각이 들었습니다.

치모토 | 저는 당시 성매매관이 분명하지 않았다는 생각이 듭니다. 십 몇 년 전부터 성매매는 노동이라고 주장하면서도, 시모다테 사건 직후에는 성매매를 용인하는 사회를 바꿔야 한다는 글을 쓴 적이 있어요. 지금이라면 그런 글은 쓰지 않을 겁니다.

고지라 | 특별히 그런 문제를 의식하지 않는, 보통 남자 공무원이나 회사원 들의 머릿속에는 성매매 단란주점이 있는 것이 당연할 테고, 좋고 나쁘고를 떠나 시스템으로 받아들이는 측면이 있다고 봅니다. 그런 입장에서는 성매매 그 자체가 나쁘다는 논의가 성립하기 어렵

지 않나 합니다만.

데라카와 | 그건 반 정도는 알 듯합니다. 저도 비슷한 생각을 했었어요. 시모다테 사건에서 우리는 인신매매의 희생자가 된 타이인 여성을 보고 이들과 같은 처지에 처한 여성들을 어떻게든 돕고 싶어서 이 운동에 참여하게 된 것이지, 남자들이 도덕적으로 옳다는 생각에서 활동을 시작한 건 아닙니다. 그런데 성매매 그 자체가 나쁘다는 논의는 비교적 호응하기 쉬운 논리인 데 반해, 거꾸로 성매매가 없어지지 않으면 인신매매도 없어지지 않을 거라는 이야기가 되면, 현실감이 없는 머나먼 곳의 이야기가 되어 버려요. 그래서 성매매가 곧 인신매매다, 성매매는 곧 나쁘다, 고 하는 논의를 한번 의심해 보자고 생각한 거죠.

하시모토 | 저도 처음에 시모다테 사건을 알았을 때와 지금을 비교하면, 제 안에서 성매매를 보는 관점이 많이 바뀌었다고 생각합니다. 처음에는 '뭐? 성매매? 당했다고?' 하는 식으로 대단히 충격을 받았어요. 얼굴도 모르고 알지도 못하는 남자가 여성의 몸 안에 들어가서 강제로 섹스를 하다니, 좀 불쾌하다는 이미지를 가졌었어요.

시오미 | 저도 처음에는 강제로 당했다는 인상이 너무 강했어요. 성에 관하여 저 자신의 일로 생각하고, 성매매가 무엇인가에 대해 생각하게 된 건 그 후의 일이에요. 그렇지만 그 사건에 관한 느낌은 별로 바뀌지 않아요. 음, 신비화라고 하면 성의 신비화일지도 모르겠지만, 역시 내 안에 남자가 들어온다는 건 지금도 다른 일과는 좀 다르다고 봐요. 발가벗고 무방비 상태가 되는 거죠. 실제로 러브호텔에 감금되

면 바깥과 소통할 수 없는 상황이 발생할 수 있는 것도, 섹스의 현장이 갖는 위험성이 있기 때문이죠. 따라서 정말 신뢰할 수 있는 사람이 아니면 무서워요.

치모토 | 그건 성매매 이외의 노동도 마찬가지입니다. 안전하고 좋은 환경을 골라서 일하고 싶지만 그러지 못하고, 위험한데도 일하지 않을 수 없는 경우도 있어요.

시오미 | 정말 그래요. 그러니까 정도 문제인지도 몰라요. 다양한 직업이 있고, 위험도와 만족도가 각기 다르지만, 섹스를 직업으로 선택한 사람에게는 꽤 힘든 최후의 선택일 것 같아요.

고지라 | 이야기가 좀 건너뜁니다만, 성매매가 노동인가를 논하기 전에, 섹스 그 자체 또는 성매매 그 자체가 좋지 않다고 보는 사회적 가치관이 존재합니다. 그럼 가령 소프랜드에서 일하는 여성과 거리에 서서 손님을 잡아끄는 여성들은 인권이 제한되어도 할 수 없다는 식의 풍조가 생겨나기 쉬워요. 그러니까 이 시모다테 사건에 관여하기 전부터 저는 성매매 여성의 인권도 보장되어야 한다, 소프랜드의 아가씨들이 조합을 만드는 것도 좋지 않은가 하고 생각했었습니다. 그런데 막상 이 사건이 터지자, 성매매 그 자체가 문제라는 쪽으로 한때 확 기울었어요. 그러한 저 자신의 약한 모습이 무엇 때문인가 하는 생각도 들었고요.

데라카와 | 아까 시오미 씨가 이야기한, 밀실에 갇힐 위험성을 가능한 억제하는 방법에는 조합 결성과 이의 신청에 대한 권리 보장, 그 외에도 여러 방법이 있습니다. 그런데 저는 바로 성매매가 있기 때문

에 문제라는 식으로 생각이 기울었어요. 그러니까 위험하니까 즉 성매매는 좋지 않다는 논의와 연결된 건 당연한 결과라고 봐요.

시오미 | 아니, 전혀 당연하지는 않아요.

데라카와 | 저는 남자이지만, 그 공포감과 감금된 상태에서 강제로 당하는 혐오감을 알 것도 같습니다. 그런데 그것이 성매매가 좋지 않다는 식으로 흘러가는 건 좀 어떨까요?

시오미 | 그 이야기와 연결될지 모르겠지만, 막상 시모다테 사건이 터지자, 사건 직후의 발언이 사건 전의 제 생각이나 행동과 일치하지 않은 면이 있었어요. 그건 저에게 섹스와 성매매 사이에 상당한 괴리감이 있었기 때문이에요. 남이 한다면 그다지 문제가 아닌데, 만약 제가 하게 된다면 끔찍하고 싫어요. 이 괴리감은 도대체 뭘까요? 공포감과 윤리적 부분이 연결되어 있는지는 지금 잘 모르겠어요.

치모토 | 아까 제가 일반적 노동과 비교해서 말하니까, 시오미 씨가 정도 문제라고 했지요? 그런데 고급 콜걸은 상대방의 신분을 조사한 후에 하룻밤에 몇 십만 엔 하는 식으로 몸을 파니까, 분명히 상대를 고를 권리를 가지고 있는 거죠. 그건 결국 도쿄대학 출신이 직장을 고르는 것과 같은 문제이므로, 정도 문제와는 다르다고 봐요. 이러한 예를 포함하여 생각하면 아까 나온 공포감을 상대화시킬 수 있습니다. 가마가사키(釜ヶ崎)의 노동자들이 일을 골라서 할 수 없는 것과, 가장 학대받는 성매매 여성이 손님을 고르지 못하는 건 같은 겁니다.

시오미 | 아, 그런가? 음, 저도 상대를 골라요(웃음).

하시모토 | 시모다테 사건을 처음 알았을 때 저는 성매매를 부정적

으로 보았는데, 성매매를 한다는 것만으로 일본인 여성과 아시아 여성을 한데 묶어서 생각해도 좋을까요?

고지라 | 그건 구조적인 문제죠. 게다가 같은 '노동', 가령 성매매의 현장을 살펴보면, 좁은 방에서 여럿이 침식을 하는 사람, 개인 방이 주어진 사람, 자신의 집에서 다니는 사람, 이런 식으로 계층적 차이가 있어요. 그러니까 아시아인 성매매 여성이 처한 상황이 가혹하다는 건, 성매매 그 자체도 확실히 가혹하지만, 자신의 의지를 일에 전혀 반영할 수 없는 상황에 처한 것이 가혹하다는 겁니다.

치모토 | 그 논의를 할 때에도 아시아인 여성이 성매매를 강요당하는 경우와 강요당하지 않는 경우, 또 같은 자발적인 성매매라도 아시아인 여성과 일본인 여성은 역시 분리해 생각해야 합니다.

데라카와 | 여성들이 처한 상황을 뭉뚱그려서 하나로 보는 것이 좋으냐 하는 문제는 제쳐 두고, 성을 사는 쪽의 남자들이 사는 방식, 또는 그 상대 여성에 대한 섹스의 방식이 과연 같은가 하는 것도 의문이에요. 몇 사람에게서 이야기를 들어 보면, 외국인 여성을 사면 상대와 관계를 고려하지 않아도 된다는 점을 이점으로 보는 사람도 많은 것 같아요.

치모토 | 요컨대, 돈을 지불하는 건 같지만 계약 관계를 맺은 성매매의 상대로 보지 않고, 성노예로 취급한다고나 할까요.

데라카와 | 네, 노예를 손에 넣었다는 식이죠. 상대가 일본인 여성일 때와는 달리, 잘못하면 무시당하지 않을까, 뭐라고 하지는 않을까, 잘 모른다는 것을 꿰뚫어보지 않을까 하는 긴장감을 갖지 않아도 된

다는 거죠. 요컨대, 그건 자신의 인격을 연장해서 상대를 제멋대로 다룰 수 있다는 우월감에서 비롯되는 것이죠. 이건 성매매와는 차원이 다른 이야기가 될지 모르겠습니다만.

고지라 | 그런 사람에게 아시아인 여성은 아주 형편이 좋은 성 처리 장치라고나 할까요.

치모토 | 음, 상상입니다만.

성매매 환경과 유사 연애

시오미 | 그래도 노동과 성을 생각할 때 노동의 범주에서 생각하는 편이 좋다고 봐요. 성의 부분과 노동의 부분이 겹치는 곳에 성매매가 있는 거죠? 그런데 노동과 성, 어느 측면을 봐도 저는 아시아 여성이 처한 그러한 상황에서 성매매를 하는 건 끔찍해요.

하시모토 | 자유의사에 따른 자발적인 것이라도요?

시오미 | 네, 성매매가 노동이라고 해도 내 인격이 완전히 무시된 상태에서 성매매를 한다는 건 역시 끔찍한 일이에요.

치모토 | 즉 일본인을 차별하는 외국에 가서, 자발적인 성매매는 하지 않겠다는 거죠?

시오미 | 네, 네, 그건 역시 최악의 노동이니까요…….

이마이 | 그건 한 직업에 대해, 어떤 사람은 괜찮은 직업이라고 하고, 다른 사람의 입장에서는 그런 직업 따위는 끔찍하다고 하는 것과 같은…….

시오미 | 네, 같은 거죠. 그러니까 저는 제 인격이 존중되는 직업을

선택하려고 하고, 그 일은 성(性)과는 관계가 없는 노동이에요.

데라카와 | 그건 이해가 됩니다. 가령 자발적으로 성매매를 하는 여성도, 일본인 남성 손님과 아시아인 성매매 여성의 관계를 말하자면, 일본인 남성은 아시아 여성을 아주 천대하는 경향이 있어서 제멋대로 다룹니다. 그런데, 그러한 힘 관계를 바꿀 수는 없는가 하는 점을 좀 생각해 보았어요. 만약 일본인 남성 손님이 그런 태도로 다루면 고발하는 시스템, 요컨대 상대가 허용하는 이상의 서비스를 힘으로 요구하지 못하게 하는 시스템은 없는가? 외국인 여성이 일본인 남성을 거부할 수 있다든지, 조합이 있다든지, 그런 형태로 대응할 수 있으면 위험도 줄어들지 않을까 합니다. 시오미 씨는 지금, 성매매는 인격을 무시하니까 끔찍한 일이라고 논한 거죠?

시오미 | 그건 아니에요. 지금 현재 아시아 여성이 처한 상황에서 성매매 일이 끔찍하다는 것이니까, 그런 주변 상황이 달라지면 물론 다르겠죠.

치모토 | 확실히, 가령 금지 조항 목록과 같은 것을 만들어서 미리 상대방에게 전할 수는 있어요. 그런데 습관은 좀처럼 공유할 수 없습니다. 부부 관계 안에서는 허용되지만, 같은 행동이 다른 여성에게는 상처가 되는 일이 얼마든지 있을 수 있어요.

시오미 | 네, 그래요.

고지라 | 예전에 쓰치우라(土浦)에 있는 소프랜드에 놀러 간 적이 있어요. 그때 아가씨가 "안녕하세요" 하고 인사한 후, "저는 이러이러한 건 괜찮지만 이런 건 안 돼요" 하며 분명히 선을 긋는 거예요.

말하자면 자기 신고식인데, 그런 식의 영업이 그래도 소프랜드의 장점이라고 봅니다. 길거리에서 잡아끄는 식으로는 그렇게 못할 테니까요.

데라카와 | 현상을 생각하면 좀 현실감이 떨어질지 모르겠지만, 그런 일을 점차 보이는 형태로 만드는 것이 중요하다고 봅니다. 가령 타이에서는 성매매 여성이 손님과 헤어질 때 카드를 보여 주는데, 그 카드에 뭐라고 쓰여 있느냐 하면 "이 여성이 당신의 가방 안에 있는 것을 훔치지 않았는가 확인해 주세요. 이상이 없으면 사인하셔서 이 여성에게 전해 주세요" 라는 내용이 영어로 쓰여 있어요. 그럼 손님이 사인을 해주면, 그 여성이 그것을 받아서 가게에 돌아가는 시스템이에요. 이는 여성에 대한 규제인데, 그 정도로 여성에 대해 체크를 한다면, 거꾸로 손님을 체크하는 시스템을 보이는 형태로 만드는 것이 중요하지 않을까요? 그럼 성을 사는 남성도 확실히 섹스를 하게 될 테죠. 음, 물론 인간과 인간이니, 거기서 관계가 필연적으로 생겨날 것이고 거기에서 더 발전되느냐는 경우에 따라 다르겠죠. 요는 확실히 섹스를 하고 돈을 줄 것, 다른 말로 하면 "당신은 손님일 뿐이에요" 하고 말하면 꼬리를 내리고 돌아가는, 뭐랄까 파는 쪽의 주체성이 존중되는 그런 고전적인 장사라고 할까……

치모토 | 그런데 처음 만나는 사람과 성행위를 할 때는 역시 미지의 기대감 같은 것이 있죠. 지금 이야기라면 성매매에서 그런 기대감을 배제하는 것이 됩니다. 그건 한 가지 이론이에요. 특히 일본인끼리 성매매를 할 경우에는 유사 연애의 요소를 무시할 수 없다고 봅니다.

그런 경우에 호테토르[호텔과 터키탕(소프랜드)의 합성어. 손님의 요구에 따라 계약 여성을 호텔에 파견해 소프랜드의 서비스를 하는 것을 말한다. 계약 여성은 주로 학생, 직장 여성, 주부 등으로 전문가에 비해 요금이 싸고 풋내기여서 오히려 인기가 있다고 한다―옮긴이]나 맨토르[맨션과 터키탕의 합성어. 일반 아파트나 맨션에서 영업하는 형태―옮긴이]와 같이 유사 연애를 강조하는 형식과, 소프랜드와 같이 완전한 계약 관계 아래에서 행위를 전부 분해해 하나하나에 가격을 매기고 제한을 두어 유사 연애의 부분을 가능한 한 배제하는 형식, 두 가지 중에 어느 쪽이 그야말로 노동력 재생산을 위해 좋으냐는 거죠.

고지라 │ 소프랜드에서는 유사 연애의 요소가 오히려 방해가 됩니다. 시스템이 되어 있으니까요. 한편, 프리로 거리에서 남자의 소매를 잡아끄는 경우는 유사 연애의 요소가 없으면 거래가 잘 성립되지 않아요.

하시모토 │ 성매매를 생각할 때 연애와 겹치는 점도 고려해야 한다는 말인가요?

고지라 │ 고급 콜걸이 상대를 고를 때 안전성을 보는 것은 확실히 한 가지 기준이지만, 마음에 안 들면 안 한다는 요소도 있어요. 그건 성매매 여성이 손님을 선택할 권리가 있다는 것이겠지만, 그것도 유사 연애일지 몰라요.

치모토 │ 네, 그건 그래요. 유사 연애를 해도 좋겠다고 여성 측이 판단하는 거죠.

고지라 │ 그런 거죠. 그러니까 같은 성매매라고 해도, 그런 유사 연애를 상정할 수 있는 고급 콜걸과 좁은 방에서 강제로 성매매를 하는 타이인 여성은 전혀 사정이 다릅니다. 그건 확실하죠.

하시모토 | 인신매매의 피해자로 강제로 성매매를 당하는 상황에 처한 타이인 여성을 산 남성의 말을 한 번도 들어 본 적이 없어서 잘 모르겠지만, 그런 남성도 유사 연애를 원할까요?

고지라 | 아니, 그 부분은 아주 살벌하지만, 상대의 인격을 인정하지 않는다고 할까, 유사 연애의 대상으로도 보지 않는 것이 일반적이죠.

데라카와 | 그런데 속으로는 돈을 지불하고 서비스를 받는 것에 불과하다고 생각하면서, 즉 본질적으로는 담배를 사고파는 것과 다름없다고 생각하면서도, 한편으로는 마음을 안정시켜 주는 장소를 찾는다고 할까, 그런 매달리고 싶은 심리가 있지 않을까요?

고지라 | 다만, 확실히 한쪽이 돈을 지불한 쪽에 권력이 있다는 식으로 행동하죠. 가령 전에 타이인 여성에게서 성매매를 하면서 정말 견딜 수 없이 고통스러웠다는 이야기를 들은 적이 있어요. 그러니까 데라카와 씨가 말한 것처럼, 섹스만 하고 그에 대한 대가를 확실히 지불하고, 그 외의 서비스는 요구해서는 안 된다고 생각하지만, 성행위란 정상적인 섹스에서도 사디즘이나 마조히즘적인 요소라 할까, 어느 정도 상대를 학대하면서 쾌감을 느끼는 본능이 있지 않나 하는 생각도 듭니다.

치모토 | 섹스에 정상이니, 비정상이니 하는 경계선 따위는 없다고 봅니다.

하시모토 | 저는 졸업 논문의 결론 부분에서 성을 신비화한 결과, 일

대 일의 관계가 아닌 성매매를 천시하는 상황을 초래했다는 점을 지적한 바 있어요. 그러니까 성매매는 노동이므로 성매매 여성에게도 노동자의 권리를 인정하자고 썼는데요. 그럼 처지를 바꾸어서 생각해 보면, 머리로는 어느 정도 알고 있는데 지금 다니는 직장을 그만두고 내일부터 당장 성매매를 할까 하는 식으로는 내 몸이 움직여지지 않는다는 점이, 아무래도 마지막에 마음에 걸려요.

고지라 | 세대론을 가지고 말하려는 건 아니지만, 저는 억압적인 성교육을 받으며 자랐어요. 학교는 남녀 공학이었는데, 역시 쉽게 섹스를 해서는 안 된다는 가치관이 뿌리 깊습니다. 그것이 족쇄가 되어 가령 아까 말한 것처럼, 성매매 여성에게도 조합이 있어야 한다고 말한 장본인이 한때는 모든 성매매는 좋지 않다는 식의 논의로 기울었던 겁니다. 그것은 아마 그런 성교육을 받았기 때문이라고 봅니다. 지금 하시모토 씨가 막상 자신이 내일부터 성매매를 할까 해도 몸이 움직여 주지 않는다는 건, 교육받은 가치관이 지금도 자신의 행동을 규제하고 있기 때문이 아닐까요?

시오미 | 무엇이 자신을 옭아매고 있느냐를 전혀 알 수 없어요. 자신 안에서 성을 신비화시킨 것인지, 아니면 아무하고나 가볍게 섹스를 해서는 안 된다는 도덕관념인지, 또는 공포심인지 말이에요.

하시모토 | 그런데 성매매 여성들이 조합을 만들어야 한다, 권리를 인정해야 한다, 그런 생각은 가령 "팬티를 판다고는 애인한테 말 안 해, 돈을 버니까 상관없지 뭐" 하는 여고생들의 성 관념, 성에 대한 사고방식과는 아주 많이 다르잖아요. 그러니까 우리가 가진 성의 관

넘만으로 성매매를 보는 건 어떨까 하는 생각도 들어요.

시오미 | 저는 만약 임금도 노동 조건도 확실히 보장된다면, 역시 저 자신을 규제하는 건 도덕이니 윤리관이니 하는 것이 아닌가 해요.

치모토 | 그럴 경우에 특정한 애인이 있느냐가 억제의 원인이 됩니까?

시오미 | 일단 억제의 원인이 될지 모르겠지만, 역시 자신이 가진 도덕관, 가치관이라고 생각해요. 애인이 있느냐 없느냐는 근본적으로 관계가 없다고 봐요.

하시모토 | 그런데 나도 졸업 논문을 열심히 쓸 때에는 성매매는 노동이니까 괜찮다고 생각했지만, 일단 애인이 생기면……(웃음).

고지라 | 윤리라는 말이 아까 나왔는데, 아마 성매매가 직업으로 어떠한가 하는 이야기가 되면, 고루한 성윤리와 직업윤리가 서로 대치하는 측면이 나타나지 않을까요?

치모토 | 그건 가령 옛날 요시하라(吉原)가 있었을 때로 말하면, 가족을 먹여 살리려고 성매매를 한다는 그 부분으로 논의가 돌아가는 거예요.

고지라 | 예로부터 소위 고급 창부는 있었으리라 봐요. 왕족과 귀족 주위에 몰려드는 사람들 말입니다. 그런데 성매매가 일반 서민에게 개방되어 불특정 다수를 상대하는 성매매 여성이 시스템에 편입되고 나서 처음에는 사회 전체의 빈곤으로 말미암아 그런 현상이 나온 거죠. 어찌 됐든 몸으로라도 벌어야 한다고 말입니다. 그러니까 고통의 나락에 떨어진다는 인상이라고 할까요.

하시모토 | 그래도 말이죠, 빈곤에 처했을 때 왜 몸이라도 팔아야 한다는 발상이 나왔느냐가 의문이라고 생각하지 않으세요?

고지라 | 그 시점에 남성 우위의 사회 구조가 있었다고 생각해요.

이마이 | 단순한 대답으로 몸을 파는 게 제일 돈을 쉽게 벌 수 있다든지, 또는 돈 버는 다른 방법을 모른다든지, 다른 방법이 없었다든지 말이에요.

고지라 | 생산 수단을 가지지 못했으니까요.

이마이 | 그게 가장 단순한 대답이 아닐까요? 확실히 잘만 하면 나름대로 돈을 벌 수 있습니다. 성을 사주는 사람이 있으면 먹고살 수는 있어요. 아주 냉정하게 말하면, 성매매는 사회 표면에 나타난 단순한 현상입니다. 그 현상의 의미는 사회의 인간관계에 의해 형성된 힘 관계와 밀접한 관련이 있는 게 아닌가 해요. 그 경우 힘 관계는 문화나 그 사회에 사는 사람들의 가치관, 사고방식 등 여러 요소가 얽혀 다양한 의미를 내포하게 되는 거죠.

그래서 일반적으로 말하면, 역시 다른 생산 수단을 가지지 못한 사람들이 우선 돈을 벌 수 있으니까 몸을 판다는 식의 왠지 더러운 인상이 있어서, 사회 전체가 그런 가치관을 공유하게 된 거죠. 그런데 저는 성매매를, 사회의 표면에 나타난 단순한 현상이랄까, 행위·행동이라고 봐요. 그것을 어떻게 보느냐, 어떻게 바꾸느냐 하는 단계가 되면, 이번에는 성매매를 하는 사람들이 그것을 어떻게 생각하고, 어떻게 주체적으로 접근하느냐 하는 문제와 연관이 됩니다.

이런 것을 포함해 이번의 시모다테 사건의 의미를 생각해 보면, 무엇보다 일본인 남자가 역시 저질이고 나쁩니다. 왜냐하면, 일단 일본 밖의 외국에서 일본인의 행동을 보면 여자도 마찬가지이지만, 너희들 이거 가지고 싶지 하며 돈다발을 사람의 코밑에 들이대며 돈이면 뭐든 할 수 있다는 듯이 우쭐댑니다. 그걸 보면 아주 화가 나요. 게다가 일본은 구미와 비교해 굉장히 남성 우위의 사회입니다. 그런 곳에서 이루어지는 성매매에는 남성 중심 사회가 안고 있는 여러 내용들이 표출됩니다. 게다가 성매매를 하는 여성이 동남아시아 여성이라는 데에 여러 문제가 있다고 봅니다. 그런 일이 있어서 일본인 남자가 나쁘다는 게 일단 저의 결론입니다. 어디나 똑같겠지만, 저는 전에 북미의 어느 나라에 산 적이 있는데, 일본인 단체 여행객이 오면 몇 만 엔씩 하는 스웨터를 한 사람이 몇 십 벌씩 사 갑니다. 금세 물건이 동나고, 아주 혼을 빼놓고 사라집니다. 뭐가 문제냐 하면, 돈을 내는 쪽이 왕이라는 의식이 있어서……. 그게 남녀 차별, 외국인 차별과 연결되는 겁니다. 아시아 여성들이 일본인 남자가 나쁘다고 말하는 건 저도 나름대로 공감이 됩니다.

치모토 | 저도 그렇게 생각합니다. 다만, 일본인 남자가 나빠요, 미안해요, 그렇게 사과로 끝날 문제인가 하는 점입니다.

이마이 | 저는 그렇게 말한 게 아닙니다. 다 같이 생각해 보자는 문제 제기이죠.

치모토 | 생각하지 않는 건 아닙니다. 계속 생각하고 있어요.

고지라 | 두 분의 의견은 대립되는 것이 아니라고 봅니다. 일본인 남자가 나쁘다는 건 저도 같은 의견이고, 돈다발을 사람 코밑에 들이

댄다는 건 정말 그렇다고 생각해요. 기업이 외국에 나가서 고용을 창출하면 좋다고들 하지만, 결국 이익은 전부 이쪽으로 가져오고, 번 돈으로 현지인에게 노동의 대가는 지불하겠지만, 그쪽 나라의 경제 구조를 개선하는 그런 방향으로는 가지 않죠.

성을 사러 가는 의식

고지라 | 이전에 성매매 그 자체를 일단 인정하는 방향에서 적어도 남녀의 동등한 권리를 생각한다면, 호스트바와 같은, 여성이 남자를 손쉽게 살 수 있는 환경을 정비하지 않으면 안 된다는 식의 말을 한 적이 있어요.

치모토 | 사실 제일 문제가 되는 건 환경이 아닌, 여성을 옭아매고 있는 의식이죠. 여성이 성을 사러 갈 수 없다면 말입니다.

고지라 | 남자를 옭아매고 있는 의식이기도 합니다.

데라카와 | 먼저 남녀의 힘 관계를 바탕으로 남자가 여성을 옭아매는 여러 요소가 있다고 봅니다. 한편, 자기 여자가 오늘 밤 남자를 사서 섹스를 하고 들어온다면, 용서할 수 있느냐 없느냐는 의미에서 남자도 묶여 있는 거죠.

치모토 | 네, 네. 그중에 하나로 남자들은 들통이 나도 뭐 용서해 주겠지, 그런데 여성은 들통이 나면 용서받지 못할 거야, 하는 의식이 강하게 박혀 있어요. 그러니까 같은 관념이 남성도 여성도 옭아매고 있지만, 그 옭아매는 방법이 다른 겁니다. 또 하나 문제는 성행위 그 자체를 어떻게 볼 것인가 하는 겁니다. 요컨대, 피부와 피부의 접촉

만으로 볼 것인가, 극단적으로 말해서 신성한 것으로 볼 것인가 하는 점입니다. 머리로는 가령 피부와 피부의 접촉이라고 생각해도, 몸이 마음대로 따라 주지 않는다는 말은 아까도 했죠.

하시모토 | 네.

치모토 | 그런데 말이죠. 피부와 피부의 접촉이라고 할 경우, 어디까지 용인되느냐는 그 시대에 따라서 또는 지역에 따라서 다릅니다. 일본에서는 남녀가 서로 악수하는 것을 인정하지 않던 시대도 있었고, 지금도 친구끼리 단순히 친애하는 정으로 키스를 하는 건 인정되지 않지만, 어느 나라에선가는 당연한 일이라고 들었어요. 요컨대, 성행위를 그런 접촉의 연장선상에서 볼 수 있는지, 아니면 본질적으로 다른지 하는 겁니다.

하시모토 | 그런데, 일본에서도 메이지 전에는 축제 같은 데서 만나서 가볍게 "오빠, 이따가 봐" 하며, 거리낌 없이 연애를 하던 때가 있었잖아요?

치모토 | 축제와 일상생활은 아주 다른 이야기입니다. 그러니까 일본이 작은 나라여도 일상적으로 어떠했는가 하는 성풍속은 역시 각지역에 따라 다르다고 봅니다.

하시모토 | 네, 다르겠죠.

치모토 | 그런 성풍속까지 국가가 교육의 힘을 통해 가능한 한 균질적으로 만들려고 하니까요.

데라카와 | 저는 어떤 시대는 이러했다, 또는 어떤 나라에서는 이렇다는 이야기는 별로 의미가 없다고 생각해요. 왜냐하면 저도, 성을

파는 여성도, 지금 현대에 살고 있으니까요. 그래서 이건 마사지와 마찬가지로 살갗을 좀 비빈다고 그 여성이 더러워지는 것이 아닌, 아무것도 아니라는 생각에서, 즉 성매매는 노동이라는 생각에서 제가 여성을 산다고 칩시다. 그런데 그 여성이 귀속된 문화가 저의 문화와 다를 경우, 제가 그 여성이 부담할 위험까지는 공유할 수 없는 거죠. 그 점이 더 중요하다고 봅니다. 그러니까 같은 문화권에 속한 사람들 사이에서 성매매가 성립할 수 있지만, 다른 문화에 속한 사람들의 성매매는 일률적으로 논하기 어려운 면이 있습니다. 개인에 따라 자신이 자란 사회 속에서 어떤 가치관을 가지고 있느냐가 다르겠지만요. 그런데 가령 타이인과 일본인은 전혀 다르지 않겠어요? 아니면 그다지 다르지 않나요?

치모토 | 그건 모르죠. 저는 그보다 개인차가 더 크지 않을까 해요. 일본인이라도 개인차가 큽니다.

시오미 | 강제로 당한 경우에는 당한 정도를 생각하는 것이 의미가 있을지 모르겠네요. 그러나 강제가 아니라면, 자신이 속한 문화나 그 문화에서 볼 때 자신이 어떤 일을 하고 있느냐는 그 사람이 선택한 것이므로 고려하지 않아도 될 것 같아요. 가령 일본에서 성매매를 한 후 타이에 돌아가서 더 심한 차별과 멸시를 받는대도 그에 대해서 본인이 어떻게 생각할지, 어떻게 행동할지는 그 사람에게 맡기면 되지 않겠어요?

하시모토 | 가령 시모다테 사건의 세 타이인 여성이 일본과 타이에 인신매매 구조가 있어서 피해자가 되었다는 의식을 가지고 있었느냐

는 분명하지 않아요. 그러나 단란주점에 팔려 가서 이러이러한 일을 당했다는 것에 관해서는 피해자의 입장에서 분명히 말하고 있어요. 그녀들이 재판정에서도 말했을지 모르겠지만, 타이에 돌아가면 어떻게 될까, 저도 걱정이 됩니다.

시오미 │ 네, 그래요. 그러니까 그건 강제된 경우이죠. 인신매매나 강제 성매매는 고려해야 해요.

하시모토 │ 데라카와 씨가 말한 귀속 문화란 이런 건가요?

데라카와 │ 네, 바로 그거예요. 그럼, 거기에다 일반적인 '자유 성매매'라고 우선 말을 붙여 보면, 자유 성매매는 고려하지 않아도 된다는 건가요?

시오미 │ 고려할 수도 있지만, 그건 어디까지나 개인의 문제죠.

고지라 │ 반대로 말하면, 성매매가 노동으로서 분명히 사회적으로 인지된다면, 그런 건 신경 쓰지 않아도 좋아진다는 말이죠.

데라카와 │ 네, 그렇죠. 그렇게 말하면 그렇죠.

고지라 │ 벌써 10년쯤 전인가요. 이즈미 핀코(泉ピン子) 주연으로, 소프랜드의 아가씨가 주인공으로 나오는 드라마가 방영된 적이 있어요. 그때 소프랜드에서 성매매를 하는 장면은 거의 나오지 않았어요. 어디까지나 법률적 해석으로 목욕탕에 들어간 손님의 시중을 드는 장면이 좀 나오고, 십 몇 회에 이르는 방영 중에 샤워 신이 있었나 하는 정도였어요. 나중에 이 드라마와 관련된 인간 드라마가 표면화했죠. 즉 소프랜드의 아가씨를 주인공으로 내세우면서 실제로는 다르게 만들었으니까⋯⋯.

하시모토 | 못 만든 거죠.

고지라 | 네, 사실은 말이죠. 그 부분을 드라마에 넣어도 아직은 시청자들에게 받아들여질 소지가 없었겠구나, 하는 생각이 들어요.

하시모토 | 네, 그래요. 일본에서 이루어지는 여중생·여고생의 성매매와 타이인 여성이 처한 '자유 성매매', 그리고 그와 대비되는 '강제 성매매'로 나눠 봐도, 일본에서 성매매를 보는 눈에는 큰 차이가 없지 않나요?

고지라 | 성매매만으로 다 똑같이 판단하니까요.

치모토 | 성매매를 했던 여성을 받아들이지 않는 사회는 이미 그런 사회가 형성된 것이므로, 아직 그런 사회로 가지 않은 것이 아니라, 받아들이지 않는 사회로 봐야 한다는 점입니다. 예전에 일본에서는 아무렇지도 않게 받아들였으니까, 메이지 유신 공신의 본처 중에 게이샤였던 사람도 많은 거죠.

고지라 | 일본에서는 서양적인 문화와 가치관이 들어오기 전에는 성에 관해 아주 관대했죠.

치모토 | 지금 계속 '강제 성매매'와 '자유 성매매'라는 식으로 비교적 두 부분만 극단적으로 나눠서 말했는데, 실제는 어쩔 수 없이 중간적인 상태에서 성매매를 하는 경우도 있겠죠.

고지라 | 큰 소리로 "싫어요"라고 말하면 피할 수 있었을 것을, "하는 수 없으니까" 하는 식으로 말인가요?

치모토 | 그렇다고 할까, 정말 싫지만 집안 형편상 어쩔 수 없이 납득하고 팔려 가는 거죠. 전에는 그게 주류였으니까요. 그런 만큼, 아

니 그렇기 때문에, 집에 돌아가도 받아들여질 여지가 남아 있었던 겁니다. 그러니까 '자유 성매매'와 '강제 성매매'의 경계선도 없었고요. 지금도 그 선이 그렇게 분명하지는 않죠.

고지라 | 그 애매한 부분이 지금 남아 있다고 해도, 더 자유롭게 성매매를 하는 사람들이 있으니까요.

치모토 | 그건 그래요. 자유로운 성매매가 없다는 건 아니고, 경계선이 없다는 겁니다. 이전에는 그 구분이 명확하지 않았고, 경계선상의 여성이 많았다는 거죠.

하시모토 | 시모다테 사건을 접한 후, 뭔가를 느낀 내가 어떤 내용을 발언할 것인가 하는 부분을 아무래도 잘 모르겠어요. 처음에 말했듯이 성매매, 즉 일본에는 성을 사는 쪽을 용인하는 토양이 있는데 그것이 나쁘다는 식으로만 말할 수도 없고, 그렇다고 일본과 아시아의 경제적 구조 아래서 이러한 사건이 일어났다고 논하는 것만으로는 뭔가 부족한 듯하고…….

시오미 | 역시 하나는 노동관과 직업관으로 귀결되겠죠.

하시모토 | 네, 하나는 그렇죠. 또 하나는 개개인이 가진 성의 개념이죠. 나는 그 두 가지라고 생각해요.

데라카와 | 성매매가 노동이라는 점은 여기서 합의가 되었나요?

하시모토 | 아니, 아직 합의가 안 되었죠.

고지라 | 그 합의를 도출해 내려고 지금 논의 중이잖아요.

시오미 | 저는, 혼자서 합의되었다고 생각했는데요(웃음). 그 부분

은 아주 명확해진 듯해요. 이제 조건만 갖춰지면 되겠다, 하는 생각이 드는데(웃음).

하시모토 | 조건이요? 그럼 A씨, B씨, C씨 이렇게 지명한 사람이 있다면 그 남자의 몸을 받아들일 수 있나요? 괜찮은 조건이 갖춰지면 받아들일 수 있다는 건가요?

시오미 | 그럴 수 있을 것 같아요(웃음).

고지라 | 그것이 해야 할 일이라고 하면, 그런가 하는 식으로 말입니까?

시오미 | 네, 그러니까 또 한쪽에 남는 건, 저의 경우 도덕관·윤리관의 문제예요.

하시모토 | 도덕관·윤리관보다 저는 부모님이⋯⋯.

데라카와 | 그건 주위의 시선 문제가 아닌가요?

시오미 | 네, 네.

데라카와 | 그 시선이 오히려 이상하다고 반박할 수 있느냐는 문제겠네요.

시오미 | 네, 정말 그래요. 성매매를 해서 당당하게 먹고살 수 있는 여성이 있으면, 나는 그 여성이 멋지다고 봐요. 우치다 슌기쿠(內田春菊)가 그린 만화를 좋아해요.

하시모토 | 정말 멋져요.

시오미 | 그런데 나 자신이 그럼 해볼까, 하면 아주 힘들겠다 싶고, 왠지 기분이 나빠지면서, 마음이 무거워지니까요.

치모토 | 아까 부모님 이야기가 나왔죠? 애인보다 부모님이 더 신

경 쓰이나요?

하시모토 | 그렇죠. 부모님은 부모님이니까요. 부모님이 시골집에 사시고, 큰아버지 큰어머니 등 친척이 계시잖아요. 그런데 내가 지금 혼인 신고를 하지 않고 사니까 그 일로 눈총을 받는 건, 시골에 살지 않는 내가 아니고, 바로 우리 엄마 아빠예요. 그게 아무래도 좀 괴로워요.

치모토 | 애인은 그만큼 문제의식을 공유할 수 있다는 말인가요?

하시모토 | 네, 그래요.

시오미 | 저는 제가 좋아하는 길을 선택해서 잘 사니까, 저와 부모님의 관계는 어떻게든 회복할 수 있다고 해도…….

치모토 | 부모님과 주위의 관계?

시오미 | 네, 그래요. 그건 정말 힘들어요.

하시모토 | 부모님이 "너는 옆집에 누가 사는지도 모르는 도회지에 나가 사니까 호적에 올리지 않아도 괜찮지만 여기서는 그런 일이 가능하기나 하니" 하는 식으로 말씀하세요. 저도 "아세요? 그 집 아무개 말이에요……"라고 말하는, 지역 주민의 눈이 번뜩이는 곳에 살았으면 아마 그렇게 못했을 거예요. 그러니까 결혼이 아니어도 "엄마 아빠, 나요, 도쿄에 나가서 성매매 일을 하려고요" 하는 상황에서도 마찬가지예요. "나는 나대로 잘살 테니까" 하며 성매매 여성에 관한 논리를 가지고 부모님을 설득한대도 역시 부모님이 주위 사람들에게서 따가운 시선과 질책을 받는 상황은 바뀌지 않아요.

시오미 | 네, 그래요.

성을 사지 않는 '정의파'

치모토 | 오늘의 또 다른 주제는 시모다테 사건의 타이인 여성과 관련된 우리 운동이 과연 정의파의 운동이었나 하는 점입니다. 그런데 아무리 생각해도 정의파의 운동이라고 여겨지기 때문에 남자가……

고지라 | 규탄을 받는다고 할까, 남자가 나쁘다는 점을 일단 인정한 다음에 전개된 운동이었죠.

치모토 | 네, 다른 나라의 남자도 나쁘지만, 일본의 남자는 특히 나쁘다, 그런데 자신은 성을 사지 않으니까 비판할 수 있다는 그런 자세죠. 정의파 운동이 그런 의미를 띠었기에, 시간이 지나도 동지가 늘지 않았던 겁니다.

하시모토 | 오래전에 성매매에 관한 집회에 갔을 때, 남자란 원래 성매매를 하는 종족이라는 발언을 듣고서, 나중에 시오미 씨도 그렇게 생각하느냐고 물었더니, 자신이 신뢰하는 남자는 절대로 그럴 리 없다는 대답이 돌아온 적이 있었어요.

시오미 | 어, 그래요? 그럼 그 당시에 저는 성을 팔지도 않고 사지도 않겠다는 인식이 확실했었던 모양이네요. 그러니까 제가 신뢰하는 남자도 성을 사지 않을 것이라는 확신이 있었겠지요. 그런데 지금은 제 안에 성을 파는 요소, 사는 요소가 다 있음을 인정해요. 그러니까 제 주위의 남자들도 그런 요소를 다 가지고 있다고 봐요. 좋다, 나쁘다를 떠나서요. 그런데 만약 제가 성을 파는 처지가 된다면 그게 직업이니까 상대가 누구든 그 이상의 관계는 바라지 않을 것 같아요. 몸을 팔 뿐이죠. 그 이상은 누구든 상관하지 말았으면 해요. 그래도

파는 사람과 손님의 관계에서 한 발짝 나아가 어떻게 변할지는 모르는 일이에요.

하시모토 | 네, 그래요.

치모토 | 거꾸로 말하면, 나와 상당히 관계가 있는 남성이나 여성이 성을 사러 간다고 했을 때 당연히 가지 말라고 대응할 수도 있지만, 한편으로 가는 건 어쩔 수 없지만 될 수 있으면 좋은 기분으로 돌아오라고 말할 수 있느냐는 거죠. 저는 아직 자유롭지 못한 사람이어서 그렇겠지만, 데라카와 씨는 어떤가요?

데라카와 | 아니, 처음에 여자친구와 사귄 지 얼마 안 되어서 그녀가 "내가 성매매를 해도 그것을 이유로 우리 관계가 깨지는 일이 없겠느냐"고 나한테 물은 적이 있어요. 그때 그녀가 다른 남자와 섹스를 해서 돈을 벌어도 별로 구애받을 것 같지 않았는데, 다만 거기서 남자 쪽이 그녀에게 섹스 서비스만 기대할지, 마침 아까 말한 것과 중복되는데, 유사 연애를 기대할지, 요컨대 남녀 간의 관계를 기대하면서 돈으로 그것을 숨길지, 그럴지도 모른다는 생각이 끝까지 머릿속을 떠나지 않았어요.

제가 여성을 사러 가는 행위에도 그런 공포감이 있습니다. 아마 시작은 쉽겠죠. 기쁘게 해주려고 열심히 노력하지 않아도 상대방이 자신의 뭔가를 발산시켜 준다면 그걸로 족하죠. 단, 힘들이지 않고 마음이 편한 방향으로 흘러가면 이번에는 그녀와 하는 관계가 시큰둥해져 멀어지게 되죠. 즉 단지 돈을 매개로 한 섹스의 거래가 남녀 관계로 발전하는 게 무섭다고나 할까요. 역시 섹스는 그런 실마리를 제공할 가능성을 내포하고 있어요. 그러니까 성매매는 노동이라고 생각하지만, 노동임과 동시에 섹스 그 자체가 인간관계가 시작되는 한 부분일 수 있다는 겁니다. 이게 무서워서, 그래서 "그래 잘 갔다 와"라고 말할 수 없는, 석연치 않은 부분이 남는 겁니다.

치모토 | 그 부분인데요, 정말 상상입니다만, 아무래도 저는 여성을 살 때 유사 연애를 요구할 것 같아요. 진짜가 아니어도 괜찮아요. 그런데 그 유사라는 건 진짜 연애와 연결될 가능성이 반드시 있지 않습니까? 제 경우는 상대가 타이인 여성이라도 결국 같습니다만, 가능하면 정신적으로도 육체적으로 쾌적한 시간을 보내고 싶으니까요. 그래서 그런 노력을 할 것 같아요.

데라카와 | 알아요. 알 것 같아요.

치모토 | 이렇게 말하고 싶지는 않지만, 상대방에게 상냥하게 할 테고 또 그렇게 해주면 좋겠죠. 그럼 결국 유사 연애가 아닌, 진짜 연애가 될 가능성도 있을 테고 말이죠. 요컨대, 그 부분이 노동인가, 단순한 성매매인가 하는 구별을 어렵게 하는 문제라고 생각합니다. 거꾸로 말하면, 원래 노동이 그렇지 않았나 하는 겁니다. 본래 가장 인간적인 행위로 금전으로 매매할 일이 없었을 것이라는 거죠. 그러니까 그런 의미의 노동과 같은가, 그리고 인간과 인간의 관계란 무엇인가를 생각할 때 가장 근원적이고 직접적인 주제가 아닌가 하는 점입니다. 성매매를 생각하는 게 말이죠.

여기서 성을 살 가능성이 있는 남자로서 생각할 필요가 있는 건, 왜 제가 성을 사지 않느냐 하는 것입니다. 그건 제가 정의파여서도 아니고 체면 때문도 아니며, 사도 괜찮겠다는 마음보다 지금의 가족 관계·부부 관계를 소중히 하고 싶은 마음이 더 강하기 때문입니다. 그건 성의 한 가지 모습에 제가 얽매여 있기 때문이기도 하고, 넘겨 짚는 것인지 모르나 아마 제 아내도 얽매여 있을 테고요. 그런 의미 에서 겁쟁이여서 성을 사지 못한다는 요소도 포함되어 있습니다. 그 러니까 그걸 가지고 잘난 체하며, 나는 성을 사지 않아, 하는 식으로 는 말하고 싶지 않아요. 아마 대다수가 그렇겠지요.

데라카와 | 가령 제가 여자친구에게 "성매매 잘 갔다 와"라고 말한다 고 칩시다. 그래서 그녀가 성매매를 계기로 어떤 인간관계를 만들어 서 그쪽을 더 매력적이라고 여기게 되었을 때, 나는 "그럼 뭐, 새로운 다른 사람을 찾아보지" 하고 간단히 정리할 수 없을 듯해요. 거기서 어찌할 바를 모르고 우두커니 서 있겠죠. 그런데, 일 대 일로 묶여 있 는 건 왜일까요? 일 대 이, 일 대 삼의 관계가 있어도 될 것 같은데요.

치모토 | 이 대 이, 삼 대 삼이라도요.

데라카와 | 내면적으로는 말이죠.

치모토 | 저는 한 사람을 원으로 생각하고 인간과 인간의 관계는 원 이 중첩되는 식이라는 다원 이론(多圓理論)을 가지고 있는데, 그 중 첩되는 부분이 많을수록 풍부한 인간관계가 되는 거죠. 관계를 더 풍 부하게 하려면 각각의 원이 커져야 중첩되는 부분도 커지겠죠. 작은 원이면 완전히 중첩되어도 작은 부분뿐이지만, 큰 원이면 반만 중첩 되어도 그 부분이 크죠. 그 원 하나하나를 크게 하려면 일 대 일의 관 계뿐 아니라 그 외에도 여러 원과 중첩되어야 합니다. 가령 서로 관

계가 있는 세 사람이 있다면 세 사람의 중첩되는 부분이 있고, 앞으로 그중 어떤 부분이 커질지는 모르죠. 또 어느 부분이 커지든 상관없죠. 그런데 그때 저는 다른 부분보다 아내와 중첩되는 부분이 더 커졌으면 합니다. 그러니까 친한 여성과 중첩되는 부분을 크게 하고 싶어도 고작 같이 밥이나 먹고 술을 마시는 데서 끝나죠. 그런데 그게 억압이 아닌가 하는 거죠.

데라카와 | 그건 억압이에요.

치모토 | 그러니까 실제 억압으로 느낀다면 역시 타파해야겠죠.

고지라 | 그런데 사회 구성원 전원이 일제히 전면적으로 타파한다면 굉장한 세상이 되겠네요.

치모토 | 그렇게 극단적으로는 되지 않을 거예요.

하시모토 | 그래도 극단적이라고 할까, 억압받는 자신이 왠지 힘들다면 자신이 하고 싶은 대로 하면 좋지요(웃음). 역시나 극단적이죠.

치모토 | 그렇기는 하지만, 그 원과 원이 중첩되는 부분을 말하자면, 성매매도 그 중첩되는 부분이 아닌가 해요. 그게 바로 유사 연애죠. 그럼 실은 유사가 아니고 실제는 아주 작지만 연애와 그리 다르지 않을 수도 있어요. 그런데 상대를 성노예로 본다면 그 중첩되는 부분은 없겠죠.

고지라 | 거꾸로 성매매가 노동이라면 그 노동의 대상이 되는 사람 전부와 유사 연애·연애 관계를 갖는 게 가능한가 하는 겁니다. 섹스가 정말 사적인 개인의 일이라면 노동으로서 같은 서비스를 만인에게 제공한다는 건 좀 낯설게 느껴집니다. 왜냐하면, 어떤 노동도 하

는 사람에 따라 작업 완성도와 효율이 다를 테고, 잘하는 부분과 못하는 부분이 있을 테니까 말입니다. 그런 차이를 전제로 생각하면, 섹스에 공통되는 부분은 사적인 특성이라고 봅니다. 그건 섹스의 일이나 동작이 공통된다는 의미가 아니라, 섹스를 할 때 개인의 내면에 생겨나는 것이 사적이기 때문입니다. 잘 설명할 수 없지만요.

치모토 │ 근대 일본에서는 탄광과 제사(製絲) 공장과 성매매라는, 목숨을 잃을 수도 있는 아주 힘든 세 분야의 노동이 있었습니다. 이 세 분야의 노동을 생각할 때, 탄광과 제사 공장에서 일하는 것과 유곽에서 일하는 게 차이가 있었는가? 차이가 없는 데도 있는 것처럼 사회에서 보았는가? 세 분야의 노동이 다르다면 어디가 다른가 하는 점입니다. 여기에 섹스의 비밀이 있습니다.

고지라 │ 네, 맞아요. 아마 실제로 성매매는 천대받는 일이었을 테고, 소위 정당한 노동이 아니라고 생각했겠죠. 그러니까 아마 그게 섹스의 신비함이랄까, 본질에 가까운 것이겠죠.

장애인과 성매매

치모토 │ 오늘 논의하려는 또 한 가지 주제가 있습니다. 전에 '간토 (関東) 외국인노동자문제 포럼'의 제1회 집회 때, 저희 동료가 관계된 단체의 여성이, 장애인이 소프랜드에 갔다는 사실을 탄핵하는 듯한 발언을 했습니다. 제 경험에서 말하자면, 그건 20년 전에 했던 논의예요. 그러니까 그때 심한 위화감이 들었습니다. 지금은 그런 논의를 하지 않겠지만, 20년 전에 장애인 남성이 함께 운동을 하는 비장애인 여성에게, "너희가 우리를 차별해서 섹스를 할 기회가 없었다, 만약 너희가 나를 차별하지 않는다면 나와 같이 자야 한다"는 논리를 들이밀었어요. 그래서 장애인을 돌보던 여성들이 아주 곤란한 적이 있었어요. 저도 이 문제로 장애인과 비장애인이 모인 자리에 불려 나가, 장애인 여성에게서 "오늘 밤 같이 자자"는 말을 들은 적이 있습니다. 저는 거절했습니다. 단, 순서대로 불러내서 그런 말을 한 모양으로 강권하지는 않았습니다만.

최근에 있었던 일을 말하면, 젊은 장애인 남성이 역시 소프랜드에 가고 싶다는 말을 했어요. 그가 같은 세대 남성들처럼 섹스를 하지 못하는 것은 차별 때문인 건 분명해요. 그도 역시 경험해 보고 싶답니다. 결국 "그럼 데려가 줄까"라는 말이 나왔는데, 성매매는 그런 형태로 나타나기도 합니다.

고지라 | 성매매는 좋지 않다, 사회적으로 있어서는 안 된다고 말하는 건 간단하지만, 장애인 외에도 성욕이 있는데 해결하지 못하는 남자들이 있습니다. 여성도 같은 경우가 있겠죠. 그렇게 성욕을 해결하지 못하는 계층이 있다면, 그에 대한 사회적 조치로서 성적 서비스를 제공하는 곳이 있다면 결코 나쁘지 않다고 봐요.

치모토 | 문제는 섹스할 기회가 없는 장애인이 소프랜드에 가는 것에 대해, 성매매는 곧 악이라고 주장하는 사람들이 어떻게 생각하느냐 하는 것이네요. 당연한 반응으로 장애인 차별은 안 된다, 장애인 차별을 없애야 한다, 장애인 차별을 성매매라는 여성 차별로 대체해서는 안 된다는 논리를 펼치겠죠. 그러면 여기에 많은 사람들이 찬성

하겠죠. 결국 결론은 장애인 차별이 없어질 때까지 장애인들은 기다리라는 말이 됩니다.

고지라 | 그건 어떤 해결책도 되지 않는 논법이에요. 그런데 확실히 장애인 차별이 있어서는 안 되겠지만, 그것이 장애인의 섹스 파트너를 빼앗는 것과 직접 연결이 됩니까? 왠지 그렇지 않은 듯해요.

시오미 | 나도 그렇게 생각해요. 어느 정도 영향이 있을 수는 있겠지만…….

데라카와 | 장애가 원인이 되어 섹스를 할 수 없다, 그 정도로 장애와 섹스의 인과 관계가 밀접한가 하는 건가요?

시오미 | 네, 네.

데라카와 | 인과 관계가 있지 않나요?

하시모토 | 네, 있어요.

고지라 | 그러나 장애인을 하나로 묶어서 말할 수는 없어요. 가령 시각장애인이나 청각장애인은 비교적 쉽게 상대를 구할 수 있어요. 심한 마비 증상이 있는 중증 장애인은 좀 어렵겠죠.

치모토 | 그러니까 자연스러운 교제 속에서 섹스가 불가능할 경우에는 참든지 또는 주변에 있는 비장애인 여성에게 "너희가 차별자이니 내 섹스 파트너가 되어라"고 하거나, 아니면 직접 성을 사러 가는, 이 세 가지 방법밖에 없어요.

고지라 | 지금까지 일반적인 논조는 오로지 참아라 하는 것이었죠. 장애인 프로레슬링 단체인 'Doglegs'의 팸플릿에 쓰여 있는 문구가 있어요. 그 팀에 속한 경증 정신지체장애인인 '산보'라는 선수 앞으

로 여성 팬이 팬레터를 보냈는데, 이에 대해 기타지마(北島)라는 사람이 쓴 글인데요. 그 여성 팬은 장애인은 곧 순수한 사람이라는 도식에 빠져 있었어요. 이에 대해 기타지마는 그렇지 않다며, 팬레터에 그렇게까지 쓸 것 같으면 '산보'가 같이 자자고 하면 잘 것이냐는 말이죠. 잘 설명할 수 없지만, 비장애인 중에는 성 그 자체를 미화하는 사람도 있습니다.

치모토 | 사랑이 없으면 섹스를 해서는 안 된다는 것이 성에 대한 신성화이죠. 장애인이어서 섹스를 할 기회가 없어서 성을 사러 간다는데, 여성 차별이니 안 된다고 한다면 그건 결국 장애인 차별이 아닌가요?

고지라 | 네, 그건 오히려 여성 차별을 해서는 안 된다는 법률을 빌미로 한 장애인 차별이네요.

데라카와 | 아까 말씀하신 세 가지 방법 중에서 말하자면, 저는 성을 사러 갈 수밖에 없어요. 그런데 사러 갈 수밖에 없다는 것과, 성을 사러 가면 된다는 건 좀 다릅니다. 주워들은 지식이지만, 유럽 어느 나라에서는 장애인 남성을 상대하는 전문직 여성이 있다고 해요.

치모토 | 성매매가 아니라?

데라카와 | 카운슬링에 가까운 일을 한다고 해요. 그런데 그것이 오히려 장애인을 외부 사회와 차단하는 기능을 할 수도 있습니다.

고지라 | 그렇게 되면 자유연애의 가능성이 줄어들죠.

데라카와 | 말하고 보니 그렇네요. 사람들의 의식도 그쪽으로 향하고요. 그러니까 비장애인에게 성매매가 어떤 의미를 갖느냐와 장애

인에게 어떤 의미를 갖느냐는 큰 차이가 있는 듯해요.

고지라 | 장애의 유무보다 성이 더 근본적인 인간의 속성이 아닌가요? 그러니까 장애가 있든 없든 성에 관한 한 기본적으로는 똑같이 봐야 하지 않을까 하는 생각이 듭니다. 그런데 지금까지의 이야기라면, 장애인 본인에게 성적인 문제보다 장애 문제가 더 우선시되는 것처럼 들려요.

시오미 | 장애인은 사회적으로 고립되어 있잖아요. 그래서 만남의 기회도 적고, 만나는 사람들도 장애인을 성적인 상대가 아닌, 먼저 장애인으로 보잖아요. 그러니까 하는 수 없어요. 저도 실제 A씨를 돌보면서 생각한 것인데, A씨가 소프랜드에 가서 성매매를 하겠다는 것과, 내가 그의 상대가 되어 주겠다고 하는 건 본질적으로 같다는 거예요. 그렇지 않다면 어느 쪽도 인정할 수 없어요. 즉 성은 정신적인 것이 아니며, 내가 A씨에게 호감을 가지고 있으니까 도덕관과 윤리관의 문제만 불식할 수 있다면, 섹스를 해도 괜찮은 거죠. A씨가 성을 사러 가는 것을 인정한다는 건 곧 성을 노동으로 인정하는 것이라고 할까⋯⋯.

치모토 | 그렇네요. A씨가 성을 사러 갔을 때, 상대 여성이 잘 알아서, 동정일 수도 있지만 서비스를 정성껏 잘해 준다면, 그런 성행위는 정말 인간적인 노동이죠.

고지라 | 동정은 차별일 수 있지만, 그쪽이 훨씬 더 중요해요.

시오미 | 그러니까 내가 A씨에게 소프랜드에 갔다 오라고 말하는 건, 저의 내면에서는 대단히 모순된 것이에요.

데라카와 | 그런 차원에서 용인하는 것과, 나 대신에 누군가 상대해 줄 사람이 있어서 잘되었다는 생각에서 용인하는 건 정말 다른 일이에요.

치모토 | 아직 더 깊은 이야기가 남아 있지만, 꽤 본질적인 부분까지 이야기가 좁혀졌다고 봅니다. 성매매는 곧 노동이라는 점을 통해서 노동이 얼마나 인간적인가 하는 부분을 생각해야 됩니다. 노동 그 자체는 인간과 인간의 관계를 만드는 매개라고 봅니다.

고지라 | 거기까지 말하면, 저는 따라가지 못합니다.

치모토 | 현상은 고통스런 노동이지만, 그것을 기쁜 노동으로 바꾸어 가는 것이 바로 변혁입니다. 본래 노동은 기쁨이었을 텐데, 사회 시스템에 의해서 고통으로 바뀌어 버린 것이죠. 그것을 어떻게 되찾을 것인가 하는 속에서 가장 소외된 노동인 성매매가 있는 겁니다.

데라카와 | 그런데 원래 노동이 기쁨이라니 실제로 정말 그럴 수 있나요? 아니면 단지 그럴 것이라고 상정하고 그곳을 지향하는 건가요?

고지라 | 음악인과 이야기를 나눈 적이 있는데, 아마추어일 때에는 음악을 하는 것이 정말 즐겁지만, 프로가 되면 아주 힘들고 고통스럽다는 말을 들었어요.

시오미 | 그게 자본이 끼어드니까 문제예요. 주말 농장은 즐겁지만 농업을 생업으로 삼으면 아주 힘들어요.

고지라 | 맞아요. 자본 속에 편입되어 먹고살려고 하지 않으면 안 될 때 힘든 거예요. 아, 그렇죠! 그러니까 여고생의 성매매는 그런 의미에서는 아마추어네요. 그걸로 먹고사는 게 아니니까요.

치모토 | 여고생이 성매매를 하는 것과 프리터[freeter, free와 Arbeiter의 합성어로 학교를 졸업한 후 정식으로 취업하지 않고 아르바이트로 생계를 이어가는 젊은 층을 일컫는다—옮긴이)는 똑같다고 봐요. 저는 직장이든 직업이든 책임을 지지 않는 사람은 프리터로 봅니다. 그러니까 내용이 문제인데 형식만 가지고 비판할 수 없어요. 거기서 '성이란 무엇인가'는 바로 '노동이란 무엇인가'가 되는 겁니다.

고지라 | 그건 당연히 그렇죠. 성이란 무엇인가 하는 것만 가지고 이야기하면 그것으로 끝나지만, 노동과 관련지어 말하면 말할수록 노동이란 무엇인가라는 형태를 갖추게 되죠.

치모토 | 거기에 여성 차별이란 무엇인가, 장애인 차별이란 무엇인가를 포함해 생각하면 더 확실해질 거예요.

고지라 | 뭐랄까, 포함하지 않을 수 없게 되는 거겠죠. 아까 말한 것처럼, 성은 기본적인 것이고, 먹고사는 것 다음으로 강한 측면을 지니고 있으니까요. 그러니까 장애인과 인종에 대한 사회적 차별로 말미암아 성적인 대우가 다른 것은 본래 있어서는 안 된다고 봅니다. 그런데 현실이 그러니까 생각하면 할수록 그럼 장애는 무엇인가, 노동은 무엇인가 하는 물음에 직면하게 됩니다. 저는 인간은 본래 게으르다고 봐요. 확실히 노동의 기쁨이 있겠지만, 그것을 느끼기에는 어느 정도 훈련이 필요합니다. 자연 상태로 내버려두면 인간은 게으름뱅이만 남게 되지 않을까요?

고지라 | 오늘은 더 이야기가 진전되지 않을 듯하니, 다음 기회로 미룹시다. 성의 비밀 부분은 더 깊이 생각해 봐야 하겠고, 또 장애인

에게 성은 무엇인가, 사회와 성의 관계도 앞으로 계속 천착할 문제라
고 하겠습니다. 오랜 시간 함께 해주셔서 고맙습니다.

엮은이의 말

이 책은 기본적으로 '성매매는 노동이다' 라는 견지에서 엮은 책이다. 각 집필자와 좌담회 참여자의 견해나 생각은 반드시 일치하지 않으며, 한 가지 입장으로 수렴되지 않음은 각 논고를 보면 알 수 있을 것이다. 그렇지만 이 책을 구성하는 논고들의 공통된 점은 종래 일본에서 이루어지던 논의가 '젠더' 에 비중을 두었던 성매매론이었던 데 비해, 그와 다른 관점, 가령 섹슈얼리티 문제나 세계 자본주의의 현 단계에서 성매매론을 바라보았다는 점이다. 더욱이 무엇보다 강조해 두어야 할 것은 이 모두가 성매매 여성 자신들의 저항, 그 저항이 조직된 것이든 개인적인 것이든 어떤 주체적 저항에서 촉발된 것이라는 점이다.

내 경험을 말하자면, 에이즈 문제와 관련된 운동을 하면서 성매매를 어떻게 생각해야 하는가 동료들과 고민하고 논의한 것이 이 책을 펴내는 출발점이 되었다. 성노동의 관점은 그때 알았다. 성매매 종사자들의 운동에 대해서도 그때 알았다. 기업에서의 성희롱, 가정에서의 폭력, 사회에 만연한 여성 차별과 동성애 차별, 그리고 선진국과 제3세계의 경제적 격차·실업·빈곤 등 이러한 문제들이 다양하게 얽히면서 구조화한 현실이 있다. 이런 상황에서 선진국에서든 제3세계에서든 '성노동자를 벗어나는 것' 이 '성노동자로 사는 것' 보다 무조건 좋다고는 할 수 없다. 다양한 구조들을 불문에 부친 채 '성매매'만을 '성적 노예제' 라고 문제 삼는 것은 오히려 문제를 은폐할 우려가 있다.

이 책에서는 원래 상품경제가 성립되는 근거(노동력의 상품화)를 재검토하는 글(가네지카의 논문), 또는 여성 교환을 둘러싼 인류학적 논의까지 거슬러 올라가서 원리적으로 사고하려는 글(오구라의 논문)에서부터 근대 일본에서 생식과 쾌락이 분리되는 과정(간노의 논문), 그리고 현대 일본 성노동자들의 상황(와타나베, 치모토의 논문, 좌담회)에 대한 분석에 이르기까지, 원리론적인 고찰에서 현상 분석까지 다루었다. 형식도 대상도 다르지만 아마 모든 집필자들에게 공통된 점은 일종의 '유래' 에 대한 천착이 아닌가 하고 지금 다시 읽으면서 깨달았다. 나는 왜 여기에 있고, 상대방은 왜 저기에 있는가? 이 물음에 대한 천착을 이 책의 집필자들은 공유하는 듯하다.

섹스를 포함한 오늘날의 수많은 상품 교환이 그렇듯이, 파는 이와 사는 이는 때로는 거의 아무런 공통된 경험을 갖지 않을 만큼 그 유래를 달리한다. 그런데 그 양자가 어떤 한 상품을 사이에 두고 만나는 것이다. 파는 이와 사는 이를 만나게 하는 힘은 때로는 계급·젠더·섹슈얼리티·인종·종족의 차이에 기초한 차별이다. 사람과 사람을—억지로—만나게 하는 힘을 주시하면서 한편으로는 개별적인 경험의 축적에 관심을 가질 것, 즉 상대방을 오로지 희생자이자 나약한 존재로만 보지 않는 관점이 오늘날에는 더더욱 요구되고 있다. 이 책의 원고를 쓰신 분들이 다 이러한 관점에 입각한 듯해서 엮은이로서 정말이지 다행이라고 하지 않을 수 없다.

엮은이가 게으른 탓에 기획 단계에서 간행까지 시간이 많이 걸렸다. 그 때문에 집필자 선생님들에게도 폐를 끼쳐서 송구스럽게 생각한다. 또한 지금 기획을 세웠다면, 반드시 다뤄야 할 문제 중 하나로 일본군 '위안부'가 있는데, 이를 주제로 다루지 못했다.

'위안부' 문제에 대해 "그것은 상행위였고 당시에는 공창 제도가 있어서 합법이었으니 비난받을 이유가 없다"는 거친 언설이 나오고 있다. 또 최근에 돈을 모은 '위안부'가 있었다는 사실을 가지고 '무구한 희생자'의 이미지를 깨뜨리고 전 '위안부'들의 증언에 대한 사람들의 신뢰를 뒤흔드는 전략을 취하며 일본의 전쟁과 식민주의에 대한 책임을 불문에 부치려는 사람들이, '자유주의 사관'을 자처하면서 여기저기 매체에 등장하고 있다. 그들에 맞서 우리가 어떻게 싸울 것이냐는 문제는 지금 직면한 절실한 과제이다. 상대방을 '희생자'로 보며 낭만화하지 않고 스스로의 책임을 물으려면 어떻게 해야 하느냐가 바로 문제인 것이다(왜냐하면, '희생자화'의 논리는 뒤집

어보면 누가 봐도 동정할 만한 '비참한' 처지에 있는 사람 이외에 대해서는 책임을 느끼지 않아도 된다는 말이 되기 때문이다).

이 책은 섹슈얼리티와 경제·사회를 둘러싼 논의일 뿐만 아니라 '희생자화'에 맞선 연대의 방식을 모색하는 것이기도 하다는 의미에서, 그러한 논의에도 공헌하리라고 생각된다. 아무튼 우리가 답을 얻었다고 하기에는 아직 갈 길이 멀다. 이 책에 실린 논고들은 앞으로 한걸음 더 나아가고자 하는 실마리일 뿐이다. 이 책이 엮은이가 예기치 못한 곳에서 논의의 활성화에 기여할 수 있다면, 엮은이로서는 그보다 더 기쁜 일은 없겠다.

마지막으로 이 책을 출판함에 야노 게이지(矢野惠二) 씨를 비롯해 세이큐샤(青弓社) 분들에게 감사드린다. 엮은이의 무능함으로 편집자들에게 번거로움을 끼쳤다. 다시 한 번 깊이 감사드린다.

1997년 5월
다자키 히데아키

옮긴이의 말

　이 책은 『売る身体/買う身体—セックスワーク論の射程』(田崎英明 편저, 青弓社, 1997)을 한국어로 번역한 것이다. '엮은이의 말'에서도 밝혔듯이, 이 책은 "성매매에 관해 기본적으로 성매매를 노동"이라고 보는 관점에서 기획·편집된 것이다.

　책의 출판은 그 사회의 모습을 반영한다. 이 책은 여러 집필자와 대담자가 참가해 반드시 그 논의나 입장이 일관되지는 않지만, 기존의 젠더 패러다임에서 성매매 종사자를 '피해자'나 '희생자'로 보는 것에 문제를 제기하고, 자본주의 체제 안에서 생산·재생산되는 '사는 신체'에 주목해 섹슈얼리티를 둘러싼 경제·사회적 논의를 진행한 점이 특징이다. 나아가 근대 가족과 일부일처제와 관련지어 제도 밖에 놓인 또 한 시스템으로서 성매매를 보고, '성노동의 상품화'에 천착해 논의를 전개한다.

　한국에서도 '성노동자'라는 논의는 낯설지 않다. 작년 2005년 6

월 29일, 스스로를 '성노동자'라고 규정한 성매매 종사자들이 나서 '성노동자의 날'을 선포하고, 성노동자 노동조합인 '전국성노동자연대'를 출범시키기에 이르렀다. 이는 2004년 9월 23일, 성매매특별법이 시행된 지 9개월 만에 드러난, 당사자들의 목소리였다. 이들은 성매매특별법을 시행한 현 정부에 대해 "'성매매 피해 여성'이라는 호칭을 부여하고 몇 푼 안 되는 돈으로 자활시키겠다는 등 성노동자들을 위해 주는 척하면서 실제로는 성노동자들에게 오명과 낙인을 찍으며 시혜를 베푸는 양 선전에 급급했다"고 비난했다. 또한 이 법의 시행을 적극 지지한 여성계에 대해서도 "여성계 권력자들은 성매매특별법을 통해 우리 성노동자들이 모두 '성매매 피해 여성'이 되길 바란다"며 자신들을 '피해자'나 '희생자'로 보는 것에 대해 명백히 반대 입장을 취했다. 나아가 8월 27일에는 평택 지역의 성매매 종사자 220여 명이 중심이 되어 '전국성노동자연대'를 탈퇴하고 법외노조인 '민주성노동자연대(민성노련)'을 결성해 활동에 들어갔다.

이러한 움직임은, 다른 한편에서 성 상품화나 빈곤 등 사회 구조적인 문제와 성을 사는 주체인 남성의 성욕에 문제를 제기하여 '성노동'에 관한 공론화로 이어지는 기폭제 구실을 했다. 또한 성매매 종사자들이 스스로 '성노동자'임을 천명하면서 '매춘'이 노동인가 노예제인가 하는 논의를 피해 갈 수 없게 되었다. 성매매를 여성에 대한 인권 유린이자 성폭력으로 규정하면 성매매는 당연히 이 사회에서 사라져야 할 것이 되지만, 그것을 한 가지 먹고사는 수단으로 규정한다면 현장 여건을 개선하고 일하는 이들의 생존권을 보장해야 하는, 당연한 것이 될 터이다. 실정법과 국민 정서를 내세워 이들에게 싸늘한 시선을 보내기 전에, 왜 이들을 둘러싼 차별과 착취 구조가 온존되어 왔는지 뒤돌아보는 자기 성찰이 필요하지 않을까?

한편, 성산업은 법망을 피해 '합법'의 틈새를 찾아 변신을 거듭하며 도시로 주택가로 침투·확대되어 가는 듯하다. 이는 일본에서 성매매 금지와 처벌을 골자로 하는 '매춘방지법'이 전면 실시된 뒤 걸어온 사정과 유사하다.

일본의 성매매 종사자들은 1956년 1월 '매춘방지법'(1956년 5월 21일 성립·공포, 1957년 4월 1일부터 실시)에 반대해 전국 규모로 '종업원조합'을 결성하고 "매춘 처벌 법안은 자신들에게 실업자나 범죄자가 되라는 일방적인 통고와 마찬가지"라고 호소하며, 업자와 공동으로 전업과 갱생을 뒷받침할 정책을 정부에 요구했다. 이들은 "빈곤한 정치 탓에 성매매 여성이 되었다"며, '계급도 아닌 계급'에 눈떠 성매매 일을 하도록 내버려 둔 정치의 질을 비판하며 국가에 맞섰다. 그러나 시민적 여성운동으로부터 무지한 업자의 꼭두각시라는 멸시를 받고 고립되어, 결국 벌칙을 정한 단속 규칙 시행(1958년 4월 1일)과 함께 종업원조합 운동도 막을 내렸다(후지메 유키 저, 김경자·윤경원 옮김, 『성의 역사학』 10장 참조). 그 후 이들은 '범죄자'가 되어 암흑세계로 흘러들거나 일부는 다시 홍등가로 돌아갔고, 일본의 성산업은 법망을 피해 '합법'의 틈새에서 동남아시아 여성들을 끌여들여 다종다양한 모습으로 비대 일로의 길을 걷고 있다.

성매매특별법이 시행된 지 1년이 되던 시기에 이 책의 번역을 시작하게 되었다. 책의 내용은 전에 번역한 『성의 역사학』(삼인, 2003)과 연결되는 부분도 있고 관심 있는 분야여서 비교적 빨리 끝낼 수 있었다. 한국어로 번역하면서 '매춘'은 '성매매로', '매춘부'는 성매매 여성 또는 성매매 종사자로 옮겼음을 밝혀 둔다. 또한 역사적인 용어나 한국어로 번역하기 어려운 용어는 독자들의 이해를 돕기 위해 일본어 발음대로 쓰고 옮긴이의 주를 달았다. 집필자마다 문투나 글의 분위기가 달라서 좀 까다로웠지만, 글의 흐름을 우선하면서 알기 쉽게 번역했다. 일본어투 문장을 깔끔한 우리말에 가깝게 다듬어 준 편집자에게 감사한다. 그러나 혹시 오역이 있다면 그것은 전적으로 옮긴이의 책임이다. 독자의 질정을 바란다.

현재 성매매 여성들이 주장하는 성매매의 '비범죄화'는 한국의 상황을 고려해 볼 때 요원한 듯하다. 그러나 어쨌든 성매매특별법이 시행된 뒤 성매매를 둘러싼 담론이 활발하게 진행되고 한편에서는 성매매 종사자의 '탈성매매 운동'이, 다른 한편에서는 '성노동자'로서 성매매 종사자의 권리 운동이 전개되고 있다. 성매매 종사자라 해도 그들이 직면한 상황과 요구는 한가지가 아닐 것이다. 그들의 주장에 귀 기울이고 함께 고민하는 작업이 필요한 시점이라고 하겠다. 이 책이 한국에서도 "나는 왜 이곳에 있고, 저들(성매매 종사자)은 왜 나와 다른 곳에 있어야 하는가" 하는 문제를 돌아보는 계기가 되었으면 한다.

5장의 뒷부분에서 언급된, 페미니즘에서 말하는 개인의 자립이 달성된 사회, 경제적 자립·생활적 자립·문화적 자립·성적 자립이 실현된 사회를 갈망한다. 여성도 남성도 경제적 자립과 생활적 자립에 만족하지 않고, "강제된 개념을 의심하고, 거부하고, 낡은 개념을 극복하는 가운데 문화적 자립"을 실현해 나갈 수 있다면, "성매매가 있을 수는 있어도 반드시 필요하지 않고 강간도 일어나기 힘든, 성적으로 자립"된 사회를 실현해 나갈 수 있다면, 얼마나 좋을까?

2006년 4월

김경자

후주

1장

1) Frederique Delacoste 외 엮음, *Sex Work: Writings by Women in the Sex Industry*, 쓰노다 유키코(角田由起子) 외 감역, 『セックス・ワーク ─ 性産業に携る女性たちの声』(パンドラ 발행, 現代書館 발매, 1993).

2) 캐슬린 배리 지음, 다나카 가즈코(田中和子) 옮김, 『性の植民地』(時事通信社, 1984).

3) 조반나 프랑카 달라 코스타 지음, 이다 구미코(伊田久美子) 옮김, 『愛の労働』(インパクト出版会, 1991).

4) Shannon Bell, *Reading, Writing, and Rewriting the Prostitute Body*, Indiana University Press, 1994.

2장

5) 에하라 유미코(江原由美子) 엮음, 『フェミニズムの主張』(勁草書房, 1992).

6) 졸고, 「肛門はいかにして商品になったか」, 『別冊宝島「特集＝威風堂々！ワイセツ大行進」』 제174호(宝島社, 1993).

3장

7) 카를 마르크스 지음, 후지노 와타리(藤野渉) 옮김, 『経済学・哲学手稿』(大月書店, 1963), 143쪽.

8) 위 책, 199쪽.

9) 아우구스트 베벨 지음, *Die Frau und der Sozialismus*, 구사마 헤이사쿠(草間平作) 옮김, 『婦人論』上(岩波文庫, 1971), 236쪽.

10) 위 책, 236~237쪽.

11) 위 책, 237쪽.

12) 해블록 엘리스 지음, 사토 하루오(佐藤晴夫) 옮김, 『性の心理』(未知谷, 1996), 244쪽.

13) 위 책, 243쪽.

14) 위 책, 305쪽.

15) 위 책, 313쪽.

16) 위 책, 313쪽.

17) 위 책, 314쪽.

18) 위 책, 344쪽.

19) 클로드 레비스트로스 지음, *Les Structures élémentaires de la parenté*, 마부치 도이치(馬渕東一) 옮김/마지마 사다오(田島節夫) 감역, 『親族の基本構造』上(番町書房, 1978), 100쪽.

20) 위 책, 108쪽.

21) 엘리자베트 바댕테르 지음, 우에무라 구니코(上邨くにこ)/아이바 치요코(饗庭千代子) 옮김, 『男は女, 女は男』(筑摩書房, 1992), 126쪽.

22) 뤼스 이리가라이 지음, 다나사와 나오코(棚沢直子) 외 옮김, 『ひとつではない

女の性』(勁草書房, 1987), 224쪽.

23) 레비스트로스의 앞 책, 229쪽.

24) 위 책, 229쪽.

25) 위 책, 230쪽.

26) 조르주 바타유 지음, *L'Érotisme*, 시부사와 다쓰히코(澁沢竜彦) 옮김, 『エロティ
　　シズム』(二見書房, 1973), 162쪽.

27) 위 책, 183쪽에서 재인용.

28) 존 머니 지음, 아사야마 하루에(朝山春江)/아사야마 고키치(朝山耿吉) 옮김,
　　『Love and Love Sickness─愛と性の病理学』(人文書院, 1987), 161~162쪽.

29) 위 책, 139쪽.

30) "이들 패러필리아는 사회 관행에 따라 과학적이라기보다 사회적 또는 법적으로
　　정의된 것이다. 지구상 모든 곳에서 같은 낙인이 찍힌 상태는 아니다. 따라서 노
　　출증은 사람들이 옷을 입고 있는 곳에서만 적용되며, 청년성애(ephebophilia)
　　는 젊은이와 성년의 섹스를 금한 법률이 있는 곳에서만 적용된다. 동물성애
　　(zoophilia)는 콜롬비아의 카리브 해안에서처럼 10대 소년들이 어른이 되려면
　　당나귀와 섹스를 하는 것이 당연시되는 (생략) 문화에서는 적용되지 않는다."
　　(위 책, 139~140쪽)

31) 위 책, 138쪽.

32) 위 책, 307쪽.

33) 위 책, 85쪽.

34) Leopoldina Fortunati, *The arcane of Reproduction*, Autonomedia, 1995,
　　p.33.

35) 위 책, 105쪽.

36) 브로니슬라브 말리노프스키 지음, 이즈미 세이치(泉靖一)/가모우 마사오(蒲生正男)/시마 기요시(島澄) 옮김, 『未開人の性生活』(新泉社, 1978, 신장판), 69쪽.

37) 엘리 자레츠키 지음, *Capitalism, the Family and Personal Life*, 가지 에쓰코(加地永都子)/그룹7221 옮김, 『資本主義・家族・個人生活』(亜紀書房, 1980), 38쪽.

38) 칼 폴라니 지음, *The great transformation*, 요시자와 히데나리(吉沢英成) 옮김, 『大転換―市場社会の形成と崩壊』(東洋経済新報社, 1975) 참조.

39) 말리노프스키 지음, *Argonauts of the Western Pacific*, 데라다 가즈오(寺田和夫)/마스다 요시오(増田義郎) 옮김, 「西太平洋の遠洋航海者」, 『世界の名著71』(中央公論社, 1971) 참조.

40) Stuart Hall, "Encoding, decoding", Simon During ed., *The Cultural Studies Reader*, London, Routledge, 1993 참조.

41) 패러마켓에 관해서는 졸저 『アシッド・キャピタリズム』(青弓社, 1992) 참조.

42) 마르크스는 『자본론』 제1권의 서두에서 "상품의 물신숭배적 성격"에 관해 논했다. 상품 가치의 성격은 상품이 지닌 사용 가치의 자연적 성질에 의해 생겨나는 것이 아니라 사람과 사람의 사회 관계에 의해서 만들어지는 것인데도 마치 그 상품 자체에 가치가 내재된 듯이 보이는 사태를 상품의 신비성이라고 불렀다. 마르크스는 상품의 사용 가치 그 자체에는 아무런 불가사의도 없다고 보았다. 그렇지만 나는, 사용 가치도 사회 관계 속에서 형성된 것이고 상품 그 자체에 내재하는 것이 아니라는 관점을 덧붙여 두고자 한다. 이 글에서 물신주의＝페티시즘을 논할 때는 이렇게 확장된 정의를 사용했다.

43) 이 점에 관해서는 졸고 「欲望の再生産と貨幣の権力―交換をめぐる未決の課

題」(『現代思想』 1995년 9월호) 참조.

44) 『사회학연보(L'Année Sociologique)』 7권(1904), 엘리스의 앞 책 262쪽에서
재인용.

45) 시몬 드 보부아르 지음, 이쿠시마 료이치(生島遼一) 옮김, 『제2의 성(第二の
性)』(新潮文庫, 1959), 256쪽.

4장

46) 구리야가와 하쿠손(厨川白村), 『近代の恋愛観』(改造社, 大正 11), 28쪽.

47) 위 책, 69쪽.

48) 요사노 아키코(与謝野晶子), 「未来の婦人となれ」(『雄弁』大正 7년 4월 증간
호), 『定本与謝野晶子全集』 제17권(講談社, 1980), 6~7쪽.

49) 요사노 아키코, 「婦人と経済的自覚」, 위 책, 66쪽.

50) 야마카와 기쿠에(山川菊栄), 「景品つき特価品としての女」(『婦人公論』昭和 3
년 1월호), 『山川菊栄集』 제5권(岩波書店, 1982), 3쪽.

51) 야마모토 센지(山本宣治), 「結婚 三角関係 離婚」(『改造』大正 12년 1월호),
『山本宣治全集』 제3권(汐文社, 1979), 136쪽.

52) 사카이 도시히코(堺利彦), 「婦人生活の三種類」, 『改造』(大正 12년 5월호),
183쪽.

53) 야마모토 센지의 앞 논문, 143쪽.

54) 졸고, 「近代日本の二重規範一性と家族をめぐる諸相」, 『法学研究』 제67권 제
12호(1994년 12월) 참조.

55) 야마카와 기쿠에의 앞 논문, 4~5쪽.

56) 모리모토 고키치(森本厚吉), 『新生活研究』(文化生活研究会), 422쪽.

57) 스기모리 고지로(杉森孝次郎), 『性意識の哲学化』(黎明社, 大正 13), 128쪽.

58) 요사노 아키코, 앞 논문 외.

59) 이와노 호메이(岩野泡鳴), 『男女の貞操問題』(新潮社, 大正 4), 『泡鳴全集』17
권(国民図書, 1922), 362~364쪽.

60) 야마카와 기쿠에의 앞 논문, 8쪽.

61) 야마카와 기쿠에의 앞 논문, 6쪽.

62) 우부가타 도시로(生方敏郎), 「大正十年歳晩記録」, 『明治大正見聞史』(中公文
庫, 1988).

63) 하기노 미호(荻野美穂), 『生殖の政治学』(山川出版社, 1994) 참조.

64) 다니엘 J. 케블즈(Kevles, Daniel J.) 지음, In Name of Eugenics, 『優生学の
名のもとに』(朝日新聞社, 1993) 참조.

65) 가와무라 구니코(川村邦光), 『オトメの身体』(紀伊国屋書店, 1994), 80쪽.

66) 히라쓰카 라이초(平塚らいてう), 「避妊の可否を論ず」(『日本評論』大正 6년 9
월), 『平塚らいてう著作集』제2권(大月書店, 1983), 338쪽.

67) 히라쓰카 라이초, 「‘個人’としての生活と‘性’としての生活との間の争鬪につ
いて」(『青鞜』제5권 8호, 大正 15년 9월), 『青鞜女性解放論集』(岩波文庫,
1991), 286쪽.

68) 위 책, 293쪽.

69) 처자가 있는 이시하라 준(石原純)과 가인(歌人) 하라 아사오(原阿佐緒)의 연
애 관계가 매스컴에 보도되자 이시하라는 도호쿠(東北)대학에 사표를 제출, 휴
직 기간이 만료된 뒤 사직했다. 이시하라는 하라와 동거하다 파경을 맞이하자,
본처와 별거한 지 12년 만에 병을 얻어 처자에게 돌아갔다.

70) 노무라 와이한(野村隈畔)에 관해서는 졸고, 「大正思想界の関心事―自我, 文

化, 及び恋愛を中心として」,『近代日本休研究』제11권(1995) 참조.

71) 탄광왕의 부인이자 가인(歌人)으로 알려진 뱌쿠렌(白蓮) 이토 사치코(伊藤燁子)가 남편에게 이별 편지를 보내고 미야자키(宮崎) 백작의 아들인 미야자키 류스케(宮崎竜介)에게로 간 것은 많은 연애 사건 중에서도 가장 반향이 컸다.

72) 리타 아르디티(Arditti, Rita) 외 엮음,『試驗管の中の女』(共同通信社, 1986), 40쪽.

73) 엘렌 케이, Love and Marriage,『恋愛と結婚』上(岩波文庫, 1973), 57~61쪽.

74) 위 책, 130~137쪽.

75) 위 책, 153쪽.

76) 위 책, 162쪽.

77) 위 책, 225쪽.

78) 위 책, 225쪽.

79) 히라쓰카 라이초(平塚らいてう),「社会改造に対する婦人の使命」(『女性同盟』大正 9년 10월호),『平塚らいてう評論集』(岩波文庫, 1987), 157쪽.

80) 요사노 아키코(与謝野晶子),「女子の徹底した独立」(『婦人公論』大正 7년 3월호),『定本与謝野晶子全集』제18권, 549쪽.

81) 요사노 아키코,「堺枯川様に」(『太陽』大正 8년 2월호),『定本与謝野晶子全集』제17권, 343쪽.

82) 요사노 아키코,「平塚, 山川, 山田三女子に答ふ」, (『太陽』大正 7년 11월호),『与謝野晶子評論集』(岩波文庫, 1985), 233쪽.

83) 히라쓰카 라이초,「母性保護問題について再び与謝野晶子氏に寄す」, (『婦人公論』大正 8년 7월호),『平塚らいてう評論集』, 121~123쪽.

84) 위 책, 121~129쪽.

85) 히라쓰카 라이초, 「結婚の道徳的基礎」, 『平塚らいてう著作集』 제3권, 18~
20쪽.

86) 사사키 히데아키(佐々木英昭), 『「新しい女」の到来』(名古屋大学出版会,
1994), 196~197쪽.

87) 졸고, 「昭和モダニズムに関する一考察」, 『近代日本研究』 제6권(1989) 참조.

88) 오타 덴레(太田典礼), 『日本産児調節史』(家族計画協会, 1969).

5장

89) 오사카시립대학 경제연구소 엮음, 『経済学辞典』 2판(岩波書店, 1979), 1339쪽.

90) 하시즈메 다이사부로(橋爪大三郎), 「売春のどこがわるい」, 에하라 유미코(江
原由美子) 엮음, 『フェミニズムの主張』(勁草書房, 1992).

91) 다치와 신야(立岩真也), 「何が'性の商品化'に抵抗するのか」, 에하라 유미코
(江原由美子) 엮음, 『フェミニズムの主張2 性の商品化』(勁草書房, 1995),
206쪽.

92) 앤터니 스토 지음, 야마구치 야스지(山口泰司) 옮김, 『性の逸脱』(岩波書店,
1992), (원저, 1964), 4쪽.

93) 위 책, 48쪽.

94) 오이 다다시(大井正), 『性と婚姻のきしみ』(福村出版, 1980), 106쪽.

95) 위 책, 108쪽.

96) 하야시 다카시(林髞), 『性=この不思議な原理』(講談社, 1966), 210쪽.

97) 세키구치 유코(関口裕子), 「対偶婚の終焉と買売春の発生」, 『歴史評論』(1995
년 4월호).

98) 세키구치 유코의 앞 논문.

99) 세키구치 유코(関口裕子), 『日本古代婚姻史の研究』(塙書房, 1993).

100) 다카무레 이쓰에(高群逸枝), 『女性の歴史』上(講談社文庫, 1972), 331쪽.

101) 버트런드 러셀 지음, 안도 사다오(安藤貞雄) 옮김, 『ラッセル結婚論』(岩波文庫, 1996), 144쪽.

102) 프리드리히 엥겔스 지음, 오우치 효에(大内兵衛)/호소카와 기로쿠(細川嘉六) 감역, 「家族・私有財産・国家の起源」, 『マルクス・エンゲルス全集』제21권(大月書店, 1971), 79쪽.

103) 세가와 기요코(瀬川清子), 『若者と娘をめぐる民俗』(未来社, 1972).
이시카와 히로요시(石川弘義)/노구치 다케노리(野口武徳), 『性』(弘文堂, 1974) 등.

104) 아스카이 마사미치(飛鳥井雅道), 「'国民'の創出」, 『国民文化の形成』(筑摩書房, 1984).

105) 이사야마 요타로(諫山陽太郎), 『家・愛・姓—近代日本の家族思想』(勁草書房, 1994), 138~139쪽.

106) 이토 미키하루(伊藤幹治), 『家族国家観の人類学』(ミネルヴァ書房, 1982), 12쪽.

107) 세가와 기요코, 앞의 책, 295~300쪽.

108) 오고시 아이코(大越愛子) / 하라 준코(源淳子) / 야마시타 아키코(山下明子), 『性差別する仏教』(法蔵館, 1990). 야마시타 아키코 엮음, 『日本的セクシュアリティ』(法蔵館, 1991), 집필자는 위 책과 같다.

109) 하라 준코(源淳子), 「日本の貧困なる性風土」, 『日本的セクシュアリティ』.

110) 사이토 신이치(斎藤真一), 『明治吉原細見記』(河出書房新社, 1985).

111) 야마시타 아키코(山下明子), 「性侵略・性暴力の歴史と構造」, 『日本的セク

シュアリテイ』27쪽.

112) 모리쿠리 시게카즈(森栗茂一), 『夜這いと近代買春』(明石書店, 1995).

113) 이사야마 요타로, 앞의 책, 96~97쪽.

114) 마루야마 마사오(丸山眞男), 『日本の思想』(岩波新書, 1961).

115) 야마시타 아키코 편, 앞의 책, 17쪽.

116) 이시카와 다케요시(石川武美), 『わが愛する家庭』(主婦之友社, 1942), 2쪽.

117) 위 책, 30쪽.

118) 이시카와 다케요시, 『わが愛する生活』(主婦之友社, 1940), 118쪽.

119) 이시카와 다케요시, 『石川武美全集』 제5권(石川文化事業財団, 1980).

120) 아카가와 마나부(赤川学), 「売買春をめぐる言説のレトリック分析」, 『フェミ
ニズムの主張 2 性の商品化』175쪽.

121) 오치아이 게이코(落合恵子), 『氷の女』(文春文庫, 1985), 373쪽.

122) 미야 요시코(宮淑子), 『セクシュアル・ハラスメント』(朝日文庫, 1993).

123) 가토 슈이치(加藤秀一), 「‘性の商品化’をめぐるノート」, 『フェミニズムの主張
2 性の商品化』235쪽.

124) 위 책, 236쪽.

125) 위 책, 245쪽.

126) 위 책, 252쪽.

127) 위 책, 258쪽.

128) 오사나이 미치코(小山内美智子), 『車椅子で夜明けのコーヒー』(ネスコ, 1995).

129) 위 책, 79~80쪽.

130) 위 책, 121쪽.

131) 위 책, 87쪽.

132) 위 책, 153쪽.

133) 위 책, 156쪽.

134) 마쓰우라 리에코(松浦理英子), 『親指Ｐの修業時代』上(河出文庫, 1995), 10~11쪽.

135) 히라쓰카 라이초(平塚らいてう), 「矢島楫子氏と婦人矯風会の事業を論ず」, 『平塚らいてう著作集』제2권(大月書店, 1983), 290쪽.

136) 쓰지 아키오(辻暉夫), 『結婚差別』(解放出版社, 1992), 163~164쪽.

137) 아사노 모토메(浅野素女), 『フランス家族事情』(岩波新書, 1995).

138) 야마시타 에쓰코(山下悦子), 「上野千鶴子は女を救えるか」, 『諸君』1991년 1월호.

139) 아사쿠라 후미(朝倉ふみ), 「なんだかおかしいオバフェミ＆フェミ男」, 『ACT』 1996년 11월 4일자.

140) 우에노 치즈코(上野千鶴子) / 나카무라 유지로(中村雄二郎), 『‘人間’を超えて―移動と着地』(河出文庫, 1994), 131쪽.

141) 아사쿠라 후미의 앞 책.

142) 마루모 준(丸茂ジュン), 『出生届に父の名はなし』(ごま書房, 1994).

6장

143) Promilla Kapur, *The Life and World of Call-girls in India: A Socio-psychological Study of the Aristocratic Prostitute*, New Delhi: Vikas Publishing House, 1978, p.43. 〔도리 치요카(鳥居千代香) 옮김, 『インドのコールガール ― 高級売春婦の生活と世界』(新宿書房, 1993).〕

144) 오우치 오사무(大内治), 『タイ‘天使の国’から―性を売る女たち』(マルジュ

社, 1994), 41~44쪽.

145) Cleo Odzer, *Patpong Prostitution : Its Relationship to, and Effect on, the Position of Women in Thai Society*, Ann Arbor, Michigan: University Microfilms International, 1990, p.13.

146) Kamol Hengkietisak, "A Green Harvest of a Different Kind", *Bangkok Post*, March 20, 1994, p.17.

147) 下館事件タイ三女性を支える会 編, 『買春社会日本へ―タイ女性からの手紙』(明石書店, 1995).

148) 오우치의 앞 책, 78~104쪽. 마쓰이 히로시(松井浩), 『少女はなぜ娼婦になったのか』(マガジンハウス, 1993), 27~28쪽.

149) 타이인 여성 이주노동자가 '약하다'는 견해에 관해서는 예컨대, Yayori Matsui, "The Plight of Asian Migrant Women Working in Japan's Sex Industry," in Kumiko Fujimara-Fanselow and Atsuko Kameda eds., *Japanese Women: New Feminist Perspectives on the Past, Present, and Future*, New York: Feminist Press, 1955, pp. 309~319 참조.

150) 자율주의적(autonomist) 마르크스주의는 이탈리아의 아우토노미아(autonomia) 운동이나 카리브 출신 흑인 사상가인 C. L. R. 제임스로 대표되는 미국의 존슨 포레스트 운동과 연결된다. 그 계보의 이론에 관해서는, Harry Cleaver, *Reading Capital Politically*, Austin: University of Texas Press, 1979 참조.

151) Matsui의 앞 책, 313쪽.

152) 앞 책, 313쪽.

153) 프랑스의 이민노동자와 프랑스인 노동자, 독일의 터키 이민여성과 독일 여성 간에도 같은 상황이 보인다. Yann Moulier and Pierre Ewenzyck, "Immi-

gration: the Blockage of Mobility in the Mediterranean Basin" (type-script), p.9. (원문은 *Critique de l' Economie Politique*, Nouvelle Serie 3, September, 1978에 수록). 또 Cornelia Mansfeld, "Turkish Women in Berlin" in Edith Hoshino Altbach et al, eds., *German Feminism: Readings in Politics and Literature*, Albany: State University of New York Press, 1984, pp.190~192 참조.

154) Silvia Federici, "Wages Against Housework," in Ellen Malos, ed., *The Politics of Housework*, London: Allison and Busby, 1980(Revised edition 1982), p.220.

155) 성매매가 노동이냐에 관해서는 페미니스트들 사이에 아직 논의가 갈리는데, 많은 활동가와 연구자가 성매매는 노동이라고 지적하고 있으며, 또 섹스 워커 자신들도 그렇게 주장한다. 예컨대, Priscilla Alexander, "Prostitution: A Difficult Issue for Feminists", in Frederique Dalacoste & Priscilla Alexander eds., *Sex work: Writings by Women in the Sex Industry*, Pittsburgh: Cleis Press, 1987, pp.188~189. (일본어 번역은, 『セックス・ワーク― 性産業に携わる女性たちの声』(パンドラ発行, 現代書館 발매). 또 Anne McClintock, "Sex Workers and Sex Work: Introduction," in her ed., *Social Text* No.37, Winter 1993, p.4 참조.

156) 일본의 여성 활동가 사이에서는 "성산업에 관여하는 타이인 여성=성적 노예"가 가장 지배적인 견해이다. 예컨대, Matsui의 앞 책; Mizuho Matsuda, "Women from Thailand", *AMPO Japan-Asian Quarterly Review* Vol.23, No.4, 1992, pp.16~19; Noriko Murata, "The Trafficking of Women," *AMPO Japan-Asian Quarterly Review*, Vol.25, No.4~vol 26,

No.1, 1995, pp.63~65 참조.

157) Moulier와 Ewenzyck는 북유럽에 돈 벌러 간 노동자가 많은 지중해 연안의 여러 나라에도 같은 경향이 있다고 지적했다. Moulier and Ewenzyck, 앞의 책, 10쪽 참조.

158) 최근에 타이에서는 임금 인상을 요구하는 파업이 급증한 한편, 건설이나 플랜 테이션 등 저임금·중노동 부분에는 타이인 노동자가 잘 모이지 않게 되어, 중 국이나 미얀마(버마)에서 돈 벌러 온 이주노동자가 수백만 명에 달한다. "호황 에 복병, 노사 분규 빈발"(『朝日新聞』 1996년 4월 11일자 12면) 참조.

159) 야나기하라 시게오(柳原滋雄), 「入管行政を考える―外国人芸能人立ち入り 調査の明闇」, 『月刊社会党』(1996년 1월호), 162~169쪽. 야나기하라 시게 오, 「フィリピン・パブ全滅状況に見る法務省·入管行政 "場当たり主義" の 波紋」, 『噂の真相』(1996년 3월호), 90~95쪽.

글쓴이 소개 (수록순)

■ **다자키 히데아키**(田崎英明)

1960년생. 주요 논저로 「유령의 정치학」(『현대사상』 1996년 10월호), 「세계와는 다른 장소에서」(『사상』 1997년 4월호), 「무능한 자들의 공동체」(『미래』 1996년 8월호), 『젠더/섹슈얼리티』(岩波書店) 등이 있다.

■ **가네지카 사다후미**(金塚貞文)

1947년생. 주요 논저로 『오나니스트 선언』, 『오나니즘의 장치』(이상 靑弓社), 『잠자는 것, 꿈꾸는 것』(靑土社) 등이 있다.

■ **오구라 도시마루**(小倉利丸)

1951년생, 도야마(富山)대학 교원. 주요 논저로 『지배의 '경제학'』(レ ンガ書房新社), 『Acid Capitalism』(靑弓社), 『문화 충돌(Culture Crash)』(社会評論社), 『일하는 또는 일하지 않는 페미니즘』(편저, 靑弓社) 등이 있다.

■ **간노 사토미**(菅野聡美)

1963년생, 류큐(琉球)대학 법학부 교원. '에로 구로 난센스(erotic-grotesque-nonsense)', 문화주의, 근대 일본의 성애 등에 관해 다수 논문을 썼으며, 현재는 다이쇼(大正) 지식인과 연애론에 관해서 집필 중이다.

■ **치모토 히데키**(千本秀樹)

1949년생, 치쿠바(筑波)대학 역사인류학계 교원. 주요 논저로 「젊은 날의 니시오 스에히로(西尾末廣)와 일본노동총연맹의 발전」(『인문학보』 48호), 『천황제의 침략 책임과 전후 책임』(青木書店), 「일본노동조합운동사와 야마시로 요시무네(山代吉宗)」(『飛礫』, 3호, 5~7호) 등이 있다.

■ **와타나베 사토코**(渡辺里子)

1955년생, 텍사스대학 오스틴교 대학원 박사과정(경제학). 국제적인 노동력 재생산과 여성들의 투쟁이라는 관점에서 여성 노동력이 일본으로 이동하는 것에 관해 논문을 집필 중이다.

옮긴이 소개 / 김경자

1960년 서울에서 태어나 서울시립대에서 한국사를, 이화여자대학교 대학원에서 한국학(외국어로서의 한국어 교육)을 전공했다. 현재 오타니(大谷)대학 한국어 강사, 번역가로 활동 중이다.

옮긴 책에 『옥중 19년』 『오키나와 이야기』 『우리나라의 음식 문화』 『성의 역사학』 『民俗文化と民衆─韓國傳統文化の自生的傳承』 『ナヌムの家のハルモニたち─元日本軍慰安婦の日々の生活』 『忘れえぬ人々』 『秘密の花園─韓國現代中·短編小說選』 등이 있다.